电路

微·课·版

黄辉◎主编

叶晶晶 王喜莲 何婷婷◎副主编

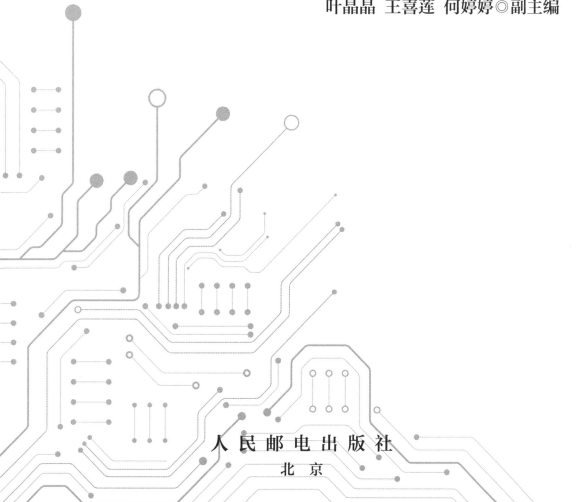

人民邮电出版社

北京

图书在版编目（CIP）数据

电路：微课版 / 黄辉主编. -- 北京：人民邮电出版社，2025. -- （新工科电子信息类新形态教材精品系列）. -- ISBN 978-7-115-67004-5

Ⅰ. TM13

中国国家版本馆 CIP 数据核字第 202528RJ66 号

内 容 提 要

本书由编者在多年教学研究和实践的基础上精心编写而成，共分为 8 章：电路的基本概念与基本定律、基本电路元件、电路的等效变换分析、电路的一般分析方法与电路定理、一阶电路与二阶电路的时域分析、正弦稳态电路的分析、含耦合电感电路的分析、三相电路。每章开头设有"本章内容概要"和"本章学习目标"模块，每章最后一节设有"走近科学家"栏目，引导读者逐步培养科学家精神和创新意识。

本书可作为高校相关专业电路课程的教材，也可作为相关领域工程技术人员的参考用书。

◆ 主　　编　黄　辉
　　副 主 编　叶晶晶　王喜莲　何婷婷
　　责任编辑　王　宣
　　责任印制　焦志炜

◆ 人民邮电出版社出版发行　　北京市丰台区成寿寺路 11 号
　　邮编　100164　　电子邮件　315@ptpress.com.cn
　　网址　https://www.ptpress.com.cn
　　三河市君旺印务有限公司印刷

◆ 开本：787×1092　1/16
　　印张：13.75　　　　　　　　　2025 年 8 月第 1 版
　　字数：368 千字　　　　　　　2025 年 8 月河北第 1 次印刷

定价：59.80 元

读者服务热线：(010)81055256　印装质量热线：(010)81055316
反盗版热线：(010)81055315

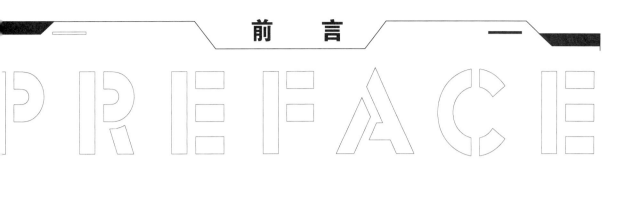

前言

◆ 时代背景

电路是高校工科相关专业的一门工程基础课，它涉及的内容是工科相关专业学生应掌握的知识结构的重要组成部分，同时也是一些交叉领域学科的生长点和新兴边缘学科的发展基础。学好该门课程有助于提高学生的适应能力和创造能力。

◆ 写作初衷

本人从事高校教学工作已近 30 年，除了出国访学，从未中断过电路课程的教学工作。经过多年的教学研究和实践，本人希望将对电路课程教学的"沉淀"以教材形式呈现，供广大院校教师教学和学生学习参考。

◆ 本书内容

本书内容主要分为 3 部分：基础部分包括电路的基本概念与基本定律、基本电路元件、电路的等效变换分析、电路的一般分析方法与电路定理；暂态部分包括一阶电路与二阶电路的时域分析；交流部分包括正弦稳态电路的分析、含耦合电感电路的分析、三相电路。

◆ 本书特色

1．以学生为中心，注重综合素质教育

本书每章开头设有面向学生的"本章学习目标"模块，用以指引学习方向和检验学习成效；每章最后一节设有"走近科学家"栏目，分享电学领域知名科学家的故事，在增加阅读趣味性的同时，可以激发学生勇于探索未知、不断突破自我的科学精神和创新意识。

2．以理解为目标，删繁就简传授知识

本书各章关键内容力图阐述公式背后的物理意义，不仅给出数学推导，还通过深入浅出的讲解方式进行知识阐述，以帮助学生理解理论知识并触类旁通。

3．以教育为基础，扎实服务高校育人

本书配套 PPT 课件、教学大纲、教案、习题答案、模拟试卷等多类教辅资源，以期助力高校培养更多拔尖创新人才。用书教师可以通过人邮教育社区（www.ryjiaoyu.com）下载并使用相关教辅资源。

◆ 学时建议

编者根据我国高校电路课程的教学情况，给出了表 1 所示的学时建议，供高校教师教学参考。高校教师可以根据实际情况进行合理选择。

表 1　学时建议

章名	学时建议一/学时	学时建议二/学时
第 1 章　电路的基本概念与基本定律	3	4
第 2 章　基本电路元件	4	5
第 3 章　电路的等效变换分析	6	7
第 4 章　电路的一般分析方法与电路定理	6	8
第 5 章　一阶电路与二阶电路的时域分析	5	9
第 6 章　正弦稳态电路的分析	10	12
第 7 章　含耦合电感电路的分析	6	8
第 8 章　三相电路	8	11
合计	48	64

◆ 编者团队

本书由黄辉担任主编，叶晶晶、王喜莲、何婷婷担任副主编。此外，何婷婷老师负责各章的习题及答案整理，课程组的叶晶晶、王喜莲等老师对本书的多个章节进行了不同程度的审阅。

由于编者水平有限，书中难免存在不足之处，敬请读者批评指正。意见请发送至本人邮箱：hhuang@bjtu.edu.cn。

黄辉
2025 年春于北京

目 录

CONTENTS

第5章

一阶电路与二阶电路的时域分析

第6章

正弦稳态电路的分析

第7章

含耦合电感电路的分析

第 8 章

三相电路

第 **1** 章

电路的基本概念与基本定律

本章内容概要

概述电路理论，一般性地描述电路分析的意义，介绍电压、电流等电路变量，引入参考方向的概念，并介绍电流和电压与功率和电能的关系，最后介绍集总参数电路中的基本定律——基尔霍夫定律。

本章学习目标

1．参考方向

（1）能阐释引入参考方向的必要性；

（2）能在电路图中正确、简洁地表示电压/电流的参考方向；

（3）能根据电压/电流参考方向的标示和表达式正确判断实际方向；

（4）能正确判断出电压、电流对于某一元件或网络是否关联。

2．功率

能正确区分在电流/电压参考方向关联或非关联条件下的功率表达式，并正确计算某一元件或网络吸收的功率。

3．基尔霍夫定律

（1）能准确阐释基尔霍夫电流定律和基尔霍夫电压定律的内容；

（2）针对某一节点（或广义节点），能正确书写符合基尔霍夫电流定律约束的电流方程；

（3）针对某一回路，能正确书写符合基尔霍夫电压定律约束的电压方程。

1.1 电路模型

电路分析，更准确地说是针对电路模型而非实际电路进行分析和计算。本节将简单介绍电路模型与实际电路的关系，并对电路模型进行简单分类。

1.1.1 概述

电气系统包括通信系统、计算机系统、控制系统、电力系统和信号处理系统等，广泛分布在我们日常生活、学习和工作的每一个角落。无论是在家庭、学校、车间，还是在汽车、飞机上，都能找到它的身影。电气工程与生产、传输、测量电信号的系统有关，它将自然现象的物理模型与数学工具结合在一起，并运用这些系统和模型来满足实际需求。电气工程领域涉及面广，但每一个分支都有其共同的部分——电路。

实际电路是为完成某种预期目的而设计、安装、运行的，由电路元件（如蓄电池、电阻器、电容器等）和电路器件（如晶体管、运算放大器等）相互连接而成的电流通路装置。实际电路的元件种类繁多、电磁关系复杂，有些难以用数学公式表达，不便于分析和计算。例如，常见的白炽灯利用灯丝的电阻特性消耗电能，将其转化为热能，加热后的灯丝再将热能转化为光能。然而，电流经过白炽灯时还会产生磁场，因此白炽灯还具有电感的性质；导线用于提供电能通道，但导线内必然存在电阻，且在有变化电流通过时，导线周围还会产生变化的磁场。考虑到这些情况给电路分析带来的困难，有必要在一定条件下将实际元件理想化，忽略其次要性质，用足以表征其主要性能的模型——理想电路元件及其组合来表示。

因此，为了方便分析和计算，在工程上通常对实际电路元件进行近似或理想化，用理想电路元件及其组合代表实际电路元件，再用理想导线将这些理想电路元件的端子连接起来。这样，实际电路就被抽象成了电路模型。

图 1-1（a）所示为简单照明电路的实际电路，该实际电路由电池、开关、灯泡以及实际导线等组成。图 1-1（b）所示为该电路的模型，其中电池由电压源 U_s 与电阻元件 R_0 的串联组合表示；开关近似为理想开关 S；灯泡表示为电阻元件 R；忽略导线中的微小电阻，将其近似为电阻为零的理想导线。

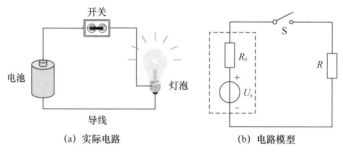

(a) 实际电路　　　　　(b) 电路模型

图 1-1　简单照明电路的实际电路与电路模型

将实际电路转化为由理想电路元件构成的电路模型，这一过程称为电路建模。电路建模时必须考虑实际电路的工作条件，结合准确度要求，将实际电路的主要物理现象和功能反映出来。电路建模时应注意以下两点：（1）在一定条件下，不同的器件可以使用同一种模型，如电阻器、白炽灯、电炉等器件在电路中可能用于设置工作点、采样或消耗电能，但都可以用理想电阻元件作为它们的模型；（2）在不同工作条件、不同准确度要求下，同一个器件或实际电路对应的电路模型往往不同。例如，一个线圈在工作频率较低时，可以用理想电感元件作为模型；若要考虑线圈的能耗，则使用理想电阻元件和理想电感元件的串联形式作为模型；而在工作频率较高时，则需考虑线圈绕线之间相对位置的影响，此时的模型中还应包含理想电容元件。

本书未对电路建模进行详细介绍，而是直接以由理想电路元件构成的电路模型为研究对象。同时，在不引起混淆的情况下，将电路模型和理想电路元件分别简称为电路和电路元件。此外，虽然电路理论包括电路分析、综合和设计等内容，但本书着眼于电路分析，主要任务是探讨电路的基本定律和定理，并讨论各种分析方法。具体而言，本书对结构和参数已知的电路进行分析与计算，研究其电路性能。电路分析为后续的电路综合和设计提供了必要的理论基础，也是进行电路故障诊断和设计的前提条件。

1.1.2 电路的分类

根据不同的分类标准，电路可以分为不同的类别。

（1）集总参数电路与分布参数电路：根据电路几何尺寸与工作频率对应波长的关系来确定。电路被称为集总参数电路的条件是电路元件和电路本身的几何尺寸远小于其正常工作频率所对应的电磁波波长（通常小于波长的 1/10）。若不满足此条件，电路即为分布参数电路。

如表 1-1 所示，c 表示光速，光速约为 3×10^8m/s。在工频（50Hz）条件下，电磁波的波长为 6000km。这一尺寸远大于实验室中电路的尺寸，因此，除了电力系统的传输线以外，日常使用的电路在工频情况下均可被视为集总参数电路。然而，对于计算机电路，其工作频率目前已高于 1000MHz，对应的波长为 0.3m。用集总参数电路来描述难以准确模拟，应该使用分布参数电路来模拟。

表 1-1 不同频率电磁波的波长

频率 f	电磁波波长 $\lambda = c/f$
50Hz	6000km
1000MHz	0.3m

（2）线性电路与非线性电路：根据组成电路的元件是否包含非线性元件来确定。如果元件的参数与通过它的电流以及施加在其两端的电压的大小和方向无关，那么该元件就是线性元件；如果有关，则为非线性元件。例如，线性电阻元件是指阻值不随电压或电流变化的电阻；而二极管是一个典型的非线性元件，其阻值会随着通过它的电流方向和大小的变化而改变。如果电路中的所有元件都是线性元件，那么该电路被称为线性电路；反之，只要电路中包含一个非线性元件，该电路即为非线性电路。

（3）时变电路与非时变电路：根据组成电路的元件参数是否随时间变化来确定。如果元件的参数与时间无关，那么该元件就是非时变元件；如果有关，则为时变元件。如果电路中所有元件都是非时变元件，该电路被称为非时变电路；反之，只要电路中包含一个时变元件，该电路即为时变电路。

本书重点分析集总参数、线性的时变和非时变电路等。

1.2 电路分析的基本变量

电路中的变量是描述电路特性的物理量。在电路分析中，电压和电流无疑是最重要的基本变量。除此之外，功率与电能也是工程中的重要物理量。

1.2.1 电流

1．电流的定义

电子带负电荷，质子带正电荷，电荷的定向移动形成电流。物理学规定：电流的实际方向为正电荷运动的方向。电流 i 在数值上等于单位时间内通过导体路径中某一横截面的电荷量，即

$$i = \frac{\mathrm{d}q}{\mathrm{d}t} \qquad\qquad (1\text{-}1)$$

如果在任意瞬间通过导体横截面的电量都是相等的，并且方向也不随时间变化，则这种电流叫作恒定电流，用符号 I[①]表示，即

$$I = \frac{Q}{t} \qquad\qquad (1\text{-}2)$$

式中 Q 为时间 t 内通过导体横截面的电荷量。

国际单位制（SI）中，电荷的单位是 C（库仑，简称库），时间的单位是 s（秒），电流的单位为 A（安培，简称安）。表 1-2 所示为部分 SI 词头。例如：1mA（毫安）$=10^{-3}$ A，1μA（微安）$=10^{-6}$ A 等。

表 1-2　部分 SI 词头

因数	词头名称		词头符号	因数	词头名称		词头符号
	中文	英文			中文	英文	
10^{12}	太［拉］	tera	T	10^{-1}	分	deci	d
10^{9}	吉［咖］	giga	G	10^{-2}	厘	centi	c
10^{6}	兆	mega	M	10^{-3}	毫	milli	m
10^{3}	千	kilo	k	10^{-6}	微	micro	μ
10^{4}	百	hecto	h	10^{-9}	纳［诺］	nano	n
10	十	deca	da	10^{-12}	皮［可］	pico	p

2．电流的参考方向

参考方向

尽管规定正电荷的运动方向为电流方向，但在某些复杂电路的某些支路中，事先无法确定电流的实际方向；而且在实际电路中，有些电流是交变的，无法标出实际方向。因此，为了方便分析电路，引入了参考方向的概念。

在一段电路中，电流在某一瞬时的方向只有两种可能性。分析电路时，可以任意假定一个方向作为电流的参考方向，并在电路图中用箭头标记在电流符号附近。如图 1-2 所示，i_1 下的实线箭头表示电流 i_1 的参考方向。

如果电流的实际方向与参考方向一致，则电流为正值；如果电流的实际方向与参考方向相反，则电流为负值。这样，在规定参考方向后，电流就成为具有正负号的代数量。同时，在指定参考方向的前提下，结合电流的正负值，就能够确定电流的实际方向。图 1-2（a）中，电流 i_1 的实际方向（虚线箭头表示）与参考方向相同，则 $i_1>0$；图 1-2（b）中，电流 i_1 的实际方向（虚线箭头表示）与参考方向相反，则 $i_1<0$。

需要注意的是，本书电路图中标示的所有电流方向都是参考方向，不一定是实际方向。而且，出现在图中的电流都应该在电路图中标示其参考方向，否则其正负号没有任何意义。今后在分析电路时，若涉及电流变量，首先要假定其参考方向，然后才能以此为基准进行分析和计算。

---

① 当电路中的变量随时间变化时，一般用小写字母表示；用大写字母则表示变量相对于时间是恒定量。但有时也采用小写字母表示恒定的变量，可根据上下文判断。

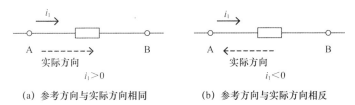

(a) 参考方向与实际方向相同 　　(b) 参考方向与实际方向相反

图 1-2　电流的参考方向与实际方向

1.2.2　电压

1. 电压的定义

电荷在电路中流动时，必然会发生能量的交换。电荷在电路中的某些部分（如电源处）获得电能，而在另一些部分（如电阻处）失去电能。为了计量电场力对电荷做功的大小，引入了电压这一物理量，记为 $u(t)$ 或 U。电路中 A、B 两点之间的电压 U_{AB} 定义为单位正电荷由 A 点转移到 B 点时电场力所做的功，即

$$U_{AB} = \frac{\mathrm{d}W_{AB}}{\mathrm{d}q} \tag{1-3}$$

式中 $\mathrm{d}q$ 为从 A 点移动到 B 点的电荷，单位为 C；$\mathrm{d}W_{AB}$ 为移动过程中电场力所做的功，单位为 J（焦耳，简称焦）。电压的单位为 V（伏特，简称伏），常用的还有 kV（千伏）、mV（毫伏）或 μV（微伏）等。

另外，电压也常用电位差来表示。例如：A、B 两点的电压 U_{AB} 为 A 点的电位 U_A 与 B 点的电位 U_B 之差，即

$$U_{AB} = U_A - U_B \tag{1-4}$$

电位是描述电路中某点电位能分布的物理量。如果正电荷由 A 点转移到 B 点时获得电能，则 A 点电位较低，通常标示为 "−" 极；B 点电位较高，标示为 "+" 极。物理学规定：电压的实际方向是电位降低的方向。

2. 电压的参考方向

与电流情况类似，虽然电压的实际方向规定为从高电位指向低电位，但由于分析前电压的实际方向不易判断或者随时间不断变化，因此，在分析电路前，必须为电压指定参考方向。

电压参考方向的表示方法通常有 3 种：箭头、正负极性和双下标，具体如图 1-3 所示。图 1-3（a）中，箭头的指向表示电压（降）的参考方向，即箭头从参考高电位指向参考低电位；图 1-3（b）中，"+" 极标示参考高电位所在点，"−" 极标示参考低电位所在点，即电压（降）的参考方向为从 "+" 极指向 "−" 极；图 1-3（c）中，u_{AB} 表示 A 点为参考高电位，B 点为参考低电位，即电压（降）的参考方向为从 A 点指向 B 点。

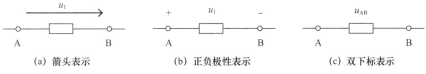

(a) 箭头表示　　　　(b) 正负极性表示　　　　(c) 双下标表示

图 1-3　电压参考方向的表示方法

当电压的实际方向与参考方向一致时，电压为正值；否则，电压为负值。这样，电压与电流一样，也成为带有正负号的代数量。另外，在指定电压参考方向并完成对电路的分析和计算后，可以依据计算结果中电压的正负号确定电压的实际方向。

3．电流、电压的参考方向小结

电流、电压这两个物理量都具有参考方向，在使用时应注意以下几点。

（1）分析电路前必须选定电压和电流的参考方向，选定后必须在图中相应位置标注（包括方向和物理量符号）。

（2）参考方向原则上可以任意选定，但一经选定，在整个计算过程中不得改变。

（3）参考方向也称为假定正方向，以后的分析和计算均在参考方向下进行，无须考虑实际方向。

（4）对同一个电流或电压，参考方向不同时，其表达式的正负也不同，但实际方向不变。

在图 1-4 所示的电路中，假设图 1-4（a）中有 1A 电流从 A 点流向 B 点。如果选择电流参考方向为从 A 点指向 B 点（图中标注为 i_1），则 $i_1 = 1A$；若选择另一种参考方向（图中标注为 i_2），则 $i_2 = -1A$。稍加分析即可得知：虽然 i_1 与 i_2 的参考方向不同，但它们的表达式仅相差一个正负号，因此表示的是同一个电流，具有相同的实际方向和大小。类似地，在图 1-4（b）中，若表示 A、B 两点间的电压，一种选择是电压参考方向为从 A 点指向 B 点（图中标注为 u_1），另一种选择是电压参考方向为从 B 点指向 A 点（图中标注为 u_2），则：$u_1 = -u_2$。可以看出，参考方向是可以任意选取的，只要表达式与参考方向匹配，不同的参考方向选择不会影响实际电流或电压的方向和大小。

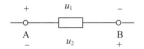

(a) 选择不同参考方向表示同一电流　　　　(b) 选择不同参考方向表示同一电压

图 1-4　参考方向可任意选定

4．电流、电压的参考方向关联与否

在分析和计算电路时，我们既需要为通过元件的电流选择参考方向，也需要为元件两端的电压选择参考方向。这两者可以独立地任意指定，而且对于一个元件而言，其电流和电压的参考方向只可能有两种关系：关联或非关联。对于一个二端元件而言，如图 1-5（a）所示，如果流过元件的电流参考方向被指定为从元件电压的正极性（指参考方向）流入，经过该元件后，从电压的负极性（指参考方向）流出，即两者参考方向一致，则将电流和电压的这种参考方向称为关联参考方向；否则称为非关联参考方向。在图 1-5（b）中，N 表示电路的一个部分，它有两个端子与外电路连接。电流 i_1 的参考方向是从电压 u_1 的正极性流入，经过 N 后，从电压 u_1 的负极性流出，因此电流 i_1 与电压 u_1 相对于 N 而言参考方向是关联的。相反，图 1-5（c）所示的电流 i_1 与电压 u_1 相对于 N 而言参考方向是非关联的。在图 1-5（d）所示的简单电路中，对于电源而言，电流 i_1 与电压 u_1 的参考方向是非关联的；对于电阻而言，同样的电流 i_1 与电压 u_1 的参考方向则是关联的。通常情况下，除电源以外的元件都采用关联参考方向。

关联与非关联

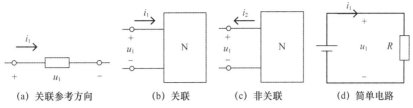

图 1-5　电流、电压的参考方向关联与否的示意

1.2.3　功率与电能

在电路的分析与计算中，对功率和电能的计算是非常重要的。一方面是因为电路在工作状态下总伴随着电能与其他形式能量之间的相互转换；另一方面，电气设备、电路元件本身都有功率的限制，使用时要注意其电流、电压不能超过额定值，否则过载会使设备或元件损坏，或者无法正常工作。

1．功率的定义

功率与电压和电流密切相关。当正电荷从元件的高电位端经过元件运动到低电位端时，电场力对电荷做正功，电场力做功消耗的电能被元件吸收，即元件吸收电能；反之，当正电荷从元件的低电位端经过元件运动到高电位端时，电场力对电荷做负功，元件将其他形式的能量转换为电能，即元件对外释放电能。

单位时间内元件消耗的电能即该元件吸收的电功率（简称功率），记为 $p(t)$ 或 p，即

$$p = \frac{\mathrm{d}W}{\mathrm{d}t} \qquad (1\text{-}5)$$

式中 $\mathrm{d}W$ 为元件在 $\mathrm{d}t$ 时间内消耗的电能。功率的单位为 W（瓦特，简称瓦），常用的还有 kW（千瓦）或 mV（毫瓦）。

2．功率的计算

假设在 $\mathrm{d}t$ 时间内，有 $\mathrm{d}q$ 电荷从元件的电压"+"极到达电压"–"极，且电压为 u，电场力所做的功为正功，据式（1-3）可知，元件吸收的电能 $\mathrm{d}W=u\mathrm{d}q$。若对于此元件电压 u 与电流 i 的参考方向是关联的，据式（1-1）可知，$\mathrm{d}q=i\mathrm{d}t$，则元件在此瞬时所吸收的功率为

$$p = \frac{u\mathrm{d}q}{\mathrm{d}t} = ui \qquad (1\text{-}6)$$

由于电流、电压的参考方向存在关联与非关联两种关系，在计算功率时使用的表达式并不相同。

（1）当元件上电压 u 与电流 i 的参考方向关联时，该元件吸收的瞬时功率为

$$p_{吸} = ui \qquad (1\text{-}7)$$

（2）当元件上电压 u 与电流 i 的参考方向非关联时，该元件吸收的瞬时功率为

$$p_{吸} = -ui \qquad (1\text{-}8)$$

（3）上述功率计算不仅适用于元件，也适用于任意二端网络。

（4）由于电压 u 与电流 i 均为带有正负号的代数量，计算结果 $p_{吸}$ 也是带有正负号的代数量，

但是此正负号的意义与电压、电流的正负号意义不同。若 $p_{吸}>0$，说明元件从外界吸收电能；若 $p_{吸}<0$，说明元件实际上对外释放电能。

例 1-1　在图 1-6 所示的电路中，两个电压源与一个 $R=5\Omega$ 的电阻串联。已知电压源电压分别为 $U_1=10\mathrm{V}$，$U_2=2\mathrm{V}$，求两个电压源及电阻的功率。

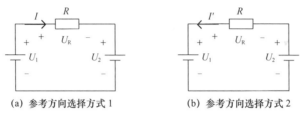

(a) 参考方向选择方式 1　　　　　(b) 参考方向选择方式 2

图 1-6　例 1-1 电路

解：若选取电路中电流 I 参考方向如图 1-6（a）所示，根据欧姆定律，电路中电流为

$$I=\frac{U_R}{R}=\frac{U_1-U_2}{R}=\frac{10-2}{5}=1.6(\mathrm{A})$$

对电压源 U_1，电压 U_1 与电流 I 的参考方向为非关联关系，此电源吸收的功率为

$$P_{U_1吸}=-U_1I=-10\times1.6=-16(\mathrm{W}) \qquad （实际释放电能）$$

对电压源 U_2，电压 U_2 与电流 I 的参考方向为关联关系，此电源吸收的功率为

$$P_{U_2吸}=U_2I=2\times1.6=3.2(\mathrm{W}) \qquad （实际吸收电能）$$

对电阻 R，电压 U_R 与电流 I 的参考方向为关联关系，此电阻吸收的功率为

$$P_{R吸}=U_RI=(U_1-U_2)I=(10-2)\times1.6=12.8(\mathrm{W}) \qquad （实际吸收电能）$$

若选取电路中电流 I' 参考方向如图 1-6（b）所示，则电流为

$$I'=-\frac{U_R}{R}=-\frac{U_1-U_2}{R}=-\frac{10-2}{5}=-1.6(\mathrm{A})$$

对电压源 U_1，电压 U_1 与电流 I' 的参考方向关联，此电源吸收的功率为

$$P_{U_1吸}=U_1I'=10\times(-1.6)=-16(\mathrm{W})$$

对电压源 U_2，电压 U_2 与电流 I' 的参考方向非关联，此电源吸收的功率为

$$P_{U_2吸}=-U_2I'=-2\times(-1.6)=3.2(\mathrm{W})$$

对电阻 R，电压 U_R 与电流 I' 的参考方向非关联，此电阻吸收的功率为

$$P_{R吸}=-U_RI'=-(U_1-U_2)I'=-(10-2)\times(-1.6)=12.8(\mathrm{W})$$

由以上两种计算过程和结果可以得出以下结论。

（1）无论电流和电压的参考方向如何选择，只要计算过程正确，得出的结果都能准确反映相同的实际情况。

（2）电流和电压的参考方向可以任意选择，但随后的表达式与参考方向直接相关。因此，表达式必须与参考方向的选择相对应并配套使用。

（3）在本例中，功率交换的情况是：电压源 U_1 对外释放了 16W 的功率，而电压源 U_2 和电阻 R 分别吸收了 3.2W 和 12.8W 功率，整个电路实现了功率平衡。实际上，对于一个完整的电路来说，各元件吸收功率的代数和等于零，或者说电路中所有元件释放的功率等于所有元件消耗的功率。这一结论称为电路的功率平衡。显然，这体现了能量守恒定律在电路中的应用。

3．电能

功率是单位时间内电场力所做的功，而电能是一段时间内电场力所做的功。若在 t_1 至 t_2 时间段内，元件吸收的瞬时功率为 $p(t)$，则其在这段时间内吸收的电能为

$$W = \int_{t_1}^{t_2} p(\xi)\mathrm{d}\xi \tag{1-9}$$

式中，若功率单位为 W，时间单位为 s，则电能的单位是 J。电能还有一个常用单位是 kW·h（千瓦·时），$1\mathrm{kW\cdot h} = 3.6 \times 10^6 \mathrm{J}$。

4．电气设备的额定值

任何电气设备都有一个标准规格问题，在电工术语中称为"额定值"。所谓电气设备的额定值，是指为确保电气设备安全、正常运行，生产厂家对电气设备使用的电压、电流、频率、消耗或输出功率等所提出的限定数值。电气设备的额定值是根据设备的工作要求和特殊性能制定的。

额定值的表示方法通常有 3 种：（1）通过铭牌标注（如电动机、电冰箱、电视机的铭牌）；（2）直接标注在产品上（如灯泡、电阻）；（3）从产品目录中查询（如半导体器件）。

由于功率与电压、电流等物理量之间存在一定的关系，因此无须提供设备的所有额定值。例如，灯泡和电烙铁通常只标注额定功率 P_N 和额定电压 U_N，而电阻则通常只标注额定功率 P_N 和阻值 R。

在额定电压下，当负载的工作电流超过额定电流时，称为"超载"或"过载"。负载超载时，其温度将升高，长期超载是不允许的。反之，当工作电流低于额定电流时，称为"欠载"或"轻载"。在这种情况下，设备的利用率无法充分发挥，导致功率损耗增大，效率降低。而当工作电流等于额定电流时，称为"满载"。在满载情况下，电气设备处于最佳工作状态，其利用率和效率最高。

1.3　基尔霍夫定律

基尔霍夫定律是集总参数电路的基本定律。它与元件的电压电流关系（Voltage Current Relation，VCR，具体内容将在本书第 2 章介绍）共同构成了分析集总参数电路的理论基础。本节将介绍基尔霍夫定律，该定律包括基尔霍夫电流定律（Kirchhoff's Current Law，KCL）和基尔霍夫电压定律（Kirchhoff's Voltage Law，KVL）。

1.3.1　基本术语

为了说明基尔霍夫定律，先结合图 1-7 介绍支路、节点、路径、回路及网孔等概念。

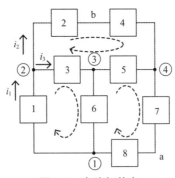

图 1-7　支路与节点

支路：每一个二端元件可以构成一条支路。两条或两条以上支路的连接点叫作节点（如图 1-7 中的 a、b、①、②、③、④等）。一般情况下，电位相同的点归为一个节点。为了分析方便，可以将若干个元件串联并具有两个端点的部分看作一条支路。例如，元件 2 与 4、7 与 8 可分别看作一条支路。a、b 点不算节点，因此图 1-7 所示电路有 6 条支路、4 个节点。

路径：指两节点间的一条通路。路径由支路构成。

回路：指由支路组成的闭合路径。在图 1-7 中，共有 7 个回路，其中由元件 1、3、6 组成的回路未被其他支路切割，即回路内部不含有其他支路。这种回路是电路自然形成的网眼，称为网孔。可以看出，图 1-7 中共有 3 个网孔。

1.3.2　基尔霍夫电流定律

基尔霍夫电流定律的内容如下：在集总参数电路中，任意时刻，对任意节点，所有流出该节点的支路电流的代数和为零，即对节点有

$$\sum i = 0 \qquad （1-10）$$

KCL

此处，表达式中电流前的正负号需根据电流的参考方向流出节点还是流入节点来确定：若电流的参考方向为流出节点，则在表达式中该电流前取 "+" 号；若电流的参考方向为流入节点，则在表达式中该电流前取 "−" 号。

例如，针对图 1-7 所示电路，对节点②应用 KCL，有

$$\sum i = -i_1 + i_2 + i_3 = 0$$

上式可以改写为

$$i_1 = i_2 + i_3$$

此式表明：在任意时刻，流入一个节点的电流总和等于从该节点流出的电流总和。这也是 KCL 的另一种形式。

KCL 通常应用于电路中的节点，但也可以推广到电路中的任意闭合面（也称为广义节点）。如图 1-8 所示，闭合面 S（虚线表示）包围的电路部分有 3 条支路与电路的其他部分相连接，且内部包含 3 个节点。对内部的 3 个节点分别应用 KCL，可得

　　节点①：$i_1 + i_5 + i_6 = 0$

　　节点②：$-i_2 - i_5 + i_4 = 0$

　　节点③：$-i_3 - i_4 - i_6 = 0$

将上述 3 式相加得到：$i_1 - i_2 - i_3 = 0$

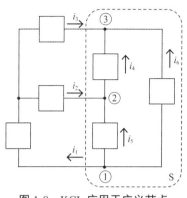

图 1-8　KCL 应用于广义节点

此式表明：在任意时刻，流出一个闭合面的电流的总和等于零，即 KCL 也适用于广义节点。

例 1-2　图 1-9 所示为某电路的一部分，测得某些支路电流如图所示，求电流 i_3 和 i_6。

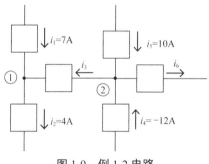

图 1-9　例 1-2 电路

解：对节点①运用 KCL，有 $-i_1 - i_3 + i_2 = 0$

得 $i_3 = -i_1 + i_2 = -7 + 4 = -3(\text{A})$

画一个闭合面使之包含 i_3 所在的支路，且切割 i_1、i_2、i_4、i_5 和 i_6 所在的支路，对此广义节点运用 KCL，有 $-i_1 + i_2 - i_4 - i_5 + i_6 = 0$

得 $i_6 = i_1 - i_2 + i_4 + i_5 = 7 - 4 + (-12) + 10 = 1(\text{A})$

1.3.3　基尔霍夫电压定律

基尔霍夫电流定律表明了电路中各支路电流之间必须遵守的规律，而基尔霍夫电压定律则揭示了电路中各支路电压之间必须遵守的规律。

基尔霍夫电压定律的内容如下：在集总参数电路中，在任意时刻，沿任意回路，所有支路电压的代数和为零。即对回路有

$$\sum u = 0 \qquad\qquad （1\text{-}11）$$

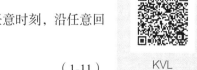

KVL

此处，需要事先选定一个方向作为回路的环绕方向，表达式中电压前的正负号根据支路电压的参考方向与环绕方向是否一致来确定：若电压的参考方向与回路环绕方向相同，则在表达式中该电压前

取"+"号；若电压的参考方向与回路环绕方向相反，则在表达式中该电压前取"–"号。

例如，对于图 1-10 所示的电路，若选取顺时针方向为回路环绕方向，由 KVL 有

$$\sum u = u_1 - u_2 + u_3 + u_4 - u_5 = 0$$

上式可以改写为 $-u_2 + u_3 = -u_1 + u_5 - u_4$

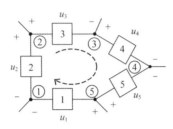

图 1-10　KVL 回路

等式左右两边都是节点①和③之间的电压，但所沿路径不同：左边是沿元件 2 和 3 所在路径；右边是沿元件 1、5 和 4 所在路径。

此式表明：电路中任意两个节点间的电压为单值，等于两节点间任一条路径经过的各元件电压的代数和（元件电压方向与路径绕行方向一致时取正号，相反时取负号），与计算选择路径无关。

小结一下，在使用基尔霍夫定律时应注意以下几点。

（1）基尔霍夫定律的适用范围是所有集总参数电路，无论电路是否线性、是否时变，电流及电压是直流或交流，都适用此定律。KCL 反映了集总参数电路中所有支路电流的约束关系，KVL 反映了集总参数电路中所有支路电压的约束关系。

（2）基尔霍夫定律与支路上元件的性质、参数无关。

（3）本质上，KCL 是电流连续性的表现，即任意节点都不会有电荷的堆积或消失；KVL 是电压单值性的具体体现（电压与路径无关）。

（4）在列写 KCL、KVL 方程时，要注意电压、电流的正负号。具体来说，在 KCL 方程中，支路电流前的正负号只与电流的参考方向是流出或流入节点有关；而每一个支路电流仍然是自身带有正负号的代数量，其正负取决于参考方向与实际方向是否相同。在 KVL 方程中，支路电压前的正负号只与电压的参考方向是否与回路环绕方向相同有关；而每一个支路电压仍然是自身带有正负号的代数量，其正负取决于参考方向与实际方向是否相同。

1.4　走近科学家

1.4.1　安培简介

安德烈-马里·安培（André-Marie Ampère，1775—1836 年），法国物理学家、数学家，奠定了电动力学的基础，其肖像如图 1-11 所示。

安培定义了电流，并在 19 世纪 20 年代发明了测量电流的电流计。他是一位杰出且多产的科学

家，提出了多项电磁学定律。安培——电流的单位，就是以他的名字命名的。

图 1-11　安培肖像

1.4.2　伏特简介

亚历山德罗·伏特（Alessandro Volta，1745—1827 年），意大利物理学家，其肖像如图 1-12 所示。

伏特于 1796 年发明了电池，彻底改变了电力的使用方式。他于 1800 年发表了这一发明，标志着电路理论的开端。他一生中获得许多荣誉。伏特——电压或电势差的单位，就是以他的名字命名的。

图 1-12　伏特肖像

1.4.3 基尔霍夫简介

古斯塔夫·罗伯特·基尔霍夫（Gustav Robert Kirchhoff, 1824—1887 年），德国物理学家，其肖像如图 1-13 所示。

基尔霍夫于 1845 年提出了关于电路中电流和电压关系的基本定律——基尔霍夫定律，该定律与欧姆定律共同构成了电路理论的基础。

图 1-13　基尔霍夫肖像

《 本章小结 》

1．电流

电流 i 在数值上等于单位时间内通过导体路径中某一横截面的电荷，即

$$i = \frac{\mathrm{d}q}{\mathrm{d}t}$$

2．电流的参考方向

分析电路时，任意假定一个方向作为电流参考方向，在电路图中直接用箭头标记在电流符号附近。

电流的实际方向与参考方向一致⇔电流为正值；

电流的实际方向与参考方向相反⇔电流为负值。

3．电压

电路中 A、B 两点之间的电压 W_{AB} 定义为单位正电荷由 A 点转移到 B 点时电场力所做的

功，即

$$U_{AB} = \frac{\mathrm{d}W_{AB}}{\mathrm{d}q}$$

4．电压的参考方向

电压的参考方向的表示方法有 3 种：箭头、正负极性和双下标。

电压的实际方向与参考方向一致 $\Leftrightarrow$ 电压为正值；

电压的实际方向与参考方向相反 $\Leftrightarrow$ 电压为负值。

5．电流、电压的参考方向关联与否

对于一个二端元件（或网络）而言：

电流的参考方向定义为从元件（或网络）电压的正极性（指参考方向）流入，经过该元件（或网络）后，从电压的负极性（指参考方向）流出。电流与电压的参考方向关联；

电流的参考方向定义为从元件（或网络）电压的负极性（指参考方向）流入，经过该元件（或网络）后，从电压的正极性（指参考方向）流出。电流与电压的参考方向非关联。

6．功率

当元件上电压 u 与电流 i 的参考方向关联时，该元件吸收的瞬时功率

$$p_{吸} = ui$$

当元件上电压 u 与电流 i 的参考方向非关联时，该元件吸收的瞬时功率

$$p_{吸} = -ui$$

7．基尔霍夫电流定律

在集总参数电路中，在任意时刻，对任意节点或广义节点，有

$$\sum i = 0$$

电流的参考方向为流出节点 $\Rightarrow$ 在表达式中此电流前取 "+" 号；

电流的参考方向为流入节点 $\Rightarrow$ 在表达式中此电流前取 "−" 号。

8．基尔霍夫电压定律

在集总参数电路中，在任意时刻，沿任意回路，有

$$\sum u = 0$$

电压的参考方向与回路环绕方向相同 $\Rightarrow$ 在表达式中此电压前取 "+" 号；

电压的参考方向与回路环绕方向相反 $\Rightarrow$ 在表达式中此电压前取 "−" 号。

《 本章思维导图 》

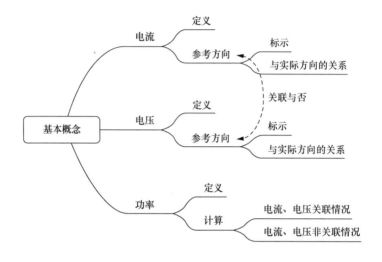

第 1 章知识点思维导图

《 习　题 》

基础题

1-1. 计算题 1-1 图中各个时刻的电流：

（1）$t=1$ms；（2）$t=6$ms；（3）$t=10$ms。

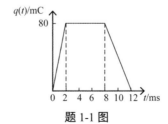

题 1-1 图

1-2. 确定题 1-2 图中：

（1）u、i 的参考方向是否关联？

（2）元件吸收的功率是多少？（u=5V，i=2A）

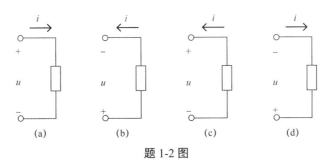

题 1-2 图

进阶题

1-3. 某元件两端的电压和电流曲线如题 1-3 图所示，计算该元件的电能。

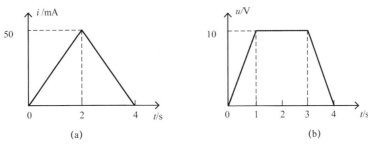

题 1-3 图

1-4. 通过某元件的电流 $i(t)$=10cos4t(A)，两端电压 $u(t)$=120cos4t (V)，电压与电流采用关联参考方向。计算该元件在 2s 内吸收的总电能。

应用题

1-5. 确定题 1-5 图中：

（1）对于网络 A 和 B，u、i 的参考方向是否关联？

（2）试求下列情况下，网络 A 和 B 的功率分别是多少，并说明是吸收还是发出功率。

① i=5A，u=120V。

② i=-8A，u=100V。

③ i=10A，u=-150V。

④ i=-8A，u=-200V。

（3）上述 4 种情况是否满足功率守恒定理？

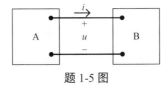

题 1-5 图

1-6. 计算题 1-6 图中各个元件的功率，并说明是吸收还是发出功率。判断是否满足功率守恒定理。各元件电压、电流如题 1-6 表所示。

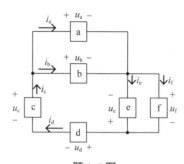

题 1-6 图

题 1-6 表

元件	a	b	c	d	e	f
电压/mV	150	150	100	250	300	−300
电流/A	0.6	−1.4	−0.8	−0.8	−2.0	1.2

1-7. 题 1-7 图中共 5 个元件，已知其中 4 个元件的吸收功率分别为 $p_1 = -205\text{W}$，$p_2 = 60\text{W}$，$p_4 = 45\text{W}$，$p_5 = 30\text{W}$，计算元件 3 的功率，并说明是吸收还是发出功率。

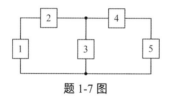

题 1-7 图

1-8. 在题 1-8 图所示的参考方向和条件下，求：

（1）题 1-8 图（a）电路中各未知支路电压；

（2）题 1-8 图（b）电路中电流 I；

（3）题 1-8 图（c）电路中各未知支路电流。

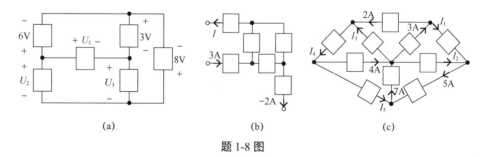

(a)   (b)   (c)

题 1-8 图

1-9. 根据给定的电流尽可能多地确定题 1-9 图所示电路中各元件上的未知电流。

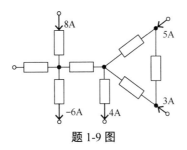

题 1-9 图

1-10. 根据给定的电压尽可能多地确定题 1-10 图所示电路中各元件两端的未知电压。

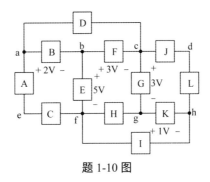

题 1-10 图

第 **2** 章

基本电路元件

📋 **本章内容概要**

　　针对电阻、电容、电感、独立源、受控源等基本电路元件，介绍它们的特点、电压电流关系（VCR）、功率与电能的关系等内容。同时，分别介绍无源元件——电阻、电容、电感的串联与并联等效。

📋 **本章学习目标**

　　1. 无源元件的 VCR

　　（1）能写出电阻、电容和电感等元件在电压、电流关联和非关联情况下的 VCR 表达式；

　　（2）能利用各元件的 VCR 表达式阐述元件的伏安特性；

　　（3）能写出各元件的功率表达式，并阐述各元件在功率方面的特性。

　　2. 独立源的特性

　　（1）能根据图形符号正确区分电压源和电流源；

　　（2）能在电路图中正确绘制电压源和电流源；

　　（3）能写出电压源和电流源的 VCR 表达式，并阐述其特性。

　　3. 受控源的特性

　　（1）能根据图形符号正确判断受控源的类型；

　　（2）能根据受控源的类型列出其 VCR 表达式，并阐述其特性。

2.1 概述

　　电路中的电流和电压由两大约束共同决定：一是电路的联结形式，即电路联结后对支路电流和支路电压的约束。这类约束体现为支路电流和电压分别遵循 KCL 和 KVL；二是构成电路的元件特性，即元件电压与电流的约束关系。这类约束体现为电路中每个元件的电流和电压遵循各元件的 VCR。

　　电路元件是实际电气元件的理想化模型，是构成电路的基本单元。在 1.1 节中已讨论过可以用理想电路元件代替实际的电气元件进行电路分析。本章将介绍集总参数电路中常用的理想电路元件，包括电阻元件、电容元件、电感元件，以及独立电源和受控源等，着重讨论各种元件的 VCR。

电阻元件

2.2 电阻元件

　　电阻元件是表示耗能的电路元件，即电流流过电阻时必然会消耗电能。实际使用中的电阻器、白炽灯、电炉等器件在一定条件下都可以用电阻元件作为其模型。本节主要介绍电阻元件的 VCR、功率与电能，最后简单介绍非线性电阻元件。

2.2.1 电阻元件的 VCR

线性电阻元件的图形符号如图 2-1 所示，其电流与电压遵循欧姆定律：当电流和电压取关联参考方向时，任何时刻，电阻两端电压 u 与电流 i 成正比，有

$$u = Ri \tag{2-1}$$

式中，R 为电阻元件的参数，称为元件的电阻。当电压单位为 V、电流单位为 A 时，电阻的单位为 Ω（欧姆，简称欧）。

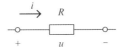

图 2-1　线性电阻元件的图形符号

令 $G = \dfrac{1}{R}$，式（2-1）变为

$$i = Gu \tag{2-2}$$

式中，G 为电阻元件的电导，单位为 S（西门子，简称西）。电阻和电导都是表征电阻元件的参数。对于线性电阻元件，R 和 G 与元件上的电流、电压无关；对于非线性电阻元件，R 和 G 将随着元件的电流或电压的变化而改变。

根据式（2-1）和式（2-2），可以得出线性电阻元件的伏安特性（即电压与电流之间的关系）曲线是一条经过原点的直线，如图 2-2 所示。

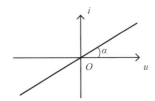

图 2-2　线性电阻元件的伏安特性曲线

其中，电导与直线的斜率成正比，即 $G \propto \tan\alpha$。从中可以得出以下结论。

（1）伏安特性曲线是一条直线，说明线性电阻元件的参数与电压、电流的大小无关。

（2）伏安特性曲线关于原点对称，说明线性电阻元件具有双方向性，其参数的大小与电压、电流的方向无关。换言之，大小相同但极性相反的电压将在电阻元件上产生大小相同但方向相反的电流。因此，在线性电阻元件的使用中，它的两个端子没有任何区别。

（3）电阻元件在某一瞬时的电压总是与此刻的电流成正比，即在任何时刻，其电压（电流）完全由同一时刻的电流（电压）决定。因此，电阻元件是一种"无记忆"元件，其电压或电流与其过去的历史状态无关。

（4）开路情况：当电阻 $R = \infty$，伏安特性曲线为图 2-3（a）所示的与 u 轴重合的直线时，此元

件无论电压为何值，电流均恒等于零，称为开路。如图 2-3（b）所示，1-1'端子间断开，相当于两端子间接有 $R = \infty$ 的电阻，则 1-1'处于开路状态。

（5）短路情况：当电阻 $R = 0$，伏安特性曲线为图 2-3（c）所示的与 i 轴重合的直线时，此元件无论电流为何值，电压均恒等于零，称为短路。如图 2-3（d）所示，1-1'端子间直接以理想导线相连，相当于两端子间接有 $R = 0$ 的电阻，则 1-1'处于短路状态。

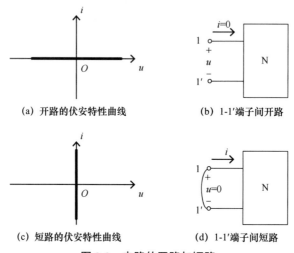

(a) 开路的伏安特性曲线　　　　　　(b) 1-1'端子间开路

(c) 短路的伏安特性曲线　　　　　　(d) 1-1'端子间短路

图 2-3　电路的开路与短路

需要指出的是，当电阻元件的电流、电压取非关联参考方向时，欧姆定律的形式为

$$u = -Ri \text{ 或 } i = -Gu \tag{2-3}$$

2.2.2　电阻元件的功率与电能

当电阻的电压 u 与电流 i 取关联参考方向（如图 2-1 所示）时，结合其 VCR 表达式如式（2-1），可以得到电阻所吸收的功率为

$$p = ui = i^2 R = \frac{u^2}{R} \tag{2-4}$$

当电阻的电压 u' 与电流 i' 取非关联参考方向时，结合其 VCR 表达式如式（2-3），则电阻所吸收的功率为

$$p = -u'i' = i'^2 R = \frac{u'^2}{R} \tag{2-5}$$

可以看出：功率 p 在电阻 R 为正实数时始终为非负值，这意味着电阻元件在任何时刻都只会吸收和消耗功率，而无法向外提供功率。因此，它被称为无源元件。

从 t_0 到 t_1，电阻元件所吸收的电能为

$$W = \int_{t_0}^{t_1} p(\xi)\mathrm{d}\xi = \int_{t_0}^{t_1} Ri^2(\xi)\mathrm{d}\xi \tag{2-6}$$

根据焦耳定律，从 t_0 到 t_1，电阻元件所释放的热能为

$$Q = \int_{t_0}^{t_1} Ri^2(\xi)\mathrm{d}\xi \tag{2-7}$$

可以看出：电阻元件在一段时间内吸收的电能 W 始终等于这段时间内释放的热能。这表明电阻元件能够将吸收的电能完全转化为热能加以消耗。因此，电阻是一种耗能元件，并且不能储存电能。

2.2.3　非线性电阻元件

前面讨论的都是线性电阻元件，即电阻 R 的大小与元件的电流、电压的大小和方向无关。实际上，工程应用中有很多非线性电阻元件，其电阻 R 的大小与元件的电流、电压的大小和方向密切相关。典型的例子是二极管，其图形符号如图 2-4（a）所示，其伏安特性曲线如图 2-4（b）所示。

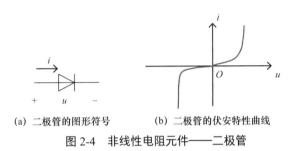

(a) 二极管的图形符号　　　(b) 二极管的伏安特性曲线

图 2-4　非线性电阻元件——二极管

显然，非线性电阻元件的电阻会随着电压或电流的大小和方向的变化而改变，并不是一个常数。它的特性需要通过伏安特性曲线来表示，不能简单地用一个数值来描述。

如果没有特殊说明，本书中提到的电阻元件一般指线性电阻元件。

2.3　电容元件

电容元件

电容元件是一种能够存储电荷和电能的电路元件。在工程技术中，电容器的应用极为广泛，种类和规格各异，但其构成原理相同：由两块金属板构成，这两块金属板之间间隔着不同的介质（如绝缘纸、云母、空气等）。实际使用中的各种类型电容器都可以用电容元件作为其模型。本节主要介绍电容元件的 VCR、功率与电能，最后简单介绍实际电容器。

线性电容元件的图形符号如图 2-5 所示，其极板上的电荷 q 与两极板之间的电压 u 成正比，有

$$q = Cu \tag{2-8}$$

式中，C 为电容元件的参数，称为元件的电容。当电压单位为 V、电荷单位为 C 时，电容的单位为 F（法拉，简称法）。由于法拉这个单位能表示的电容值较大，实际应用中常使用较小的单位，如 μF（微法）、pF（皮法）等。

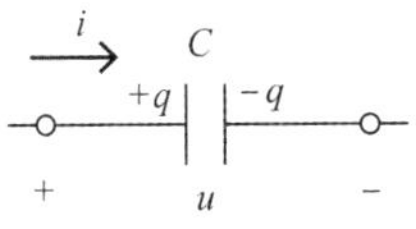

图 2-5　线性电容元件的图形符号

根据式（2-8），可以得出线性电容元件的库伏特性（电荷与电压之间的关系）曲线是一条经过原点的直线，如图 2-6 所示。其中，电容与直线的斜率成正比，即 $C\propto\tan\alpha$。对于线性电容元件，C 与元件上的电流和电压无关；而对于非线性电容元件，C 将随着元件的电流或电压变化而发生改变。

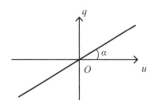

图 2-6　线性电容元件的库伏特性曲线

2.3.1　电容元件的 VCR

若电容元件上的电压、电流取关联参考方向，如图 2-5 所示，则电容的 VCR 表达式为

$$i = \frac{\mathrm{d}q}{\mathrm{d}t} = \frac{\mathrm{d}(Cu)}{\mathrm{d}t} = C\frac{\mathrm{d}u}{\mathrm{d}t} \tag{2-9}$$

$$
\begin{aligned}
u(t) &= \frac{1}{C}\int_{-\infty}^{t} i(\xi)\mathrm{d}\xi = \frac{1}{C}\int_{-\infty}^{t_0} i(\xi)\mathrm{d}\xi + \frac{1}{C}\int_{t_0}^{t} i(\xi)\mathrm{d}\xi \\
&= u(t_0) + \frac{1}{C}\int_{t_0}^{t} i(\xi)\mathrm{d}\xi
\end{aligned}
\tag{2-10}
$$

从式（2-9）和式（2-10）可以看出以下几点。

（1）电容元件在某一瞬时的电流总是与此刻电压的变化率成正比，与电压的大小无关。如果电压不变，即电压变化率为零，此刻虽有电压，但电流也为零；电容电压变化越快，电流就越大。这说明电容元件不同于电阻元件，是一种动态元件，其 u-i 关系不能用简单的代数方程来描述，而要用微分关系来表征。

（2）若电容元件上的电压不随时间变化，其电流为零。因此，电容在直流情况下两端电压恒定，相当于开路。这种特性称为电容的"隔直"（隔断直流）特性。

（3）电容元件在某一瞬时 t 的电压 $u(t)$，不仅与初始电压 $u(t_0)$有关，而且与从初始时刻 t_0 到时刻 t 的电流的积分相关。这说明电容元件是一种"记忆元件"。

当电容元件的电流、电压取非关联参考方向时，其 VCR 表达式为

$$i = -C\frac{\mathrm{d}u}{\mathrm{d}t} \tag{2-11}$$

$$u(t) = -\frac{1}{C}\int_{-\infty}^{t} i\mathrm{d}\xi = u(t_0) - \frac{1}{C}\int_{t_0}^{t} i\mathrm{d}\xi \tag{2-12}$$

2.3.2　电容元件的功率与电能

当电容的电压 u 与电流 i 取关联参考方向（如图 2-5 所示）时，结合式（2-9），可以得到电容

所吸收的功率为

$$p = ui = u \cdot C \frac{\mathrm{d}u}{\mathrm{d}t} \tag{2-13}$$

从 t_0 到 t_1，电容元件所吸收的电能为

$$\begin{aligned} W &= \int_{t_0}^{t_1} p(\xi)\mathrm{d}\xi \\ &= \int_{t_0}^{t_1} Cu \frac{\mathrm{d}u(\xi)}{\mathrm{d}\xi}\mathrm{d}\xi = \frac{1}{2}Cu^2(t_1) - \frac{1}{2}Cu^2(t_0) \end{aligned} \tag{2-14}$$

从式（2-13）和式（2-14）可以看出以下几点。

（1）吸收的功率 p 在电压 u 与电压变化率 $\frac{\mathrm{d}u}{\mathrm{d}t}$ 同号时为正，异号时为负。这意味着电容元件既可以吸收功率（$p > 0$），也可以释放功率（$p < 0$）。这与电阻元件在任何时刻总是吸收功率的特性不同。

（2）在某段时间（t_0 到 t_1）内，电容元件所吸收的电能 W 与初始时刻的电压 $u(t_0)$ 和终止时刻的电压 $u(t_1)$ 的平方差成正比。若 $u(t_1) > u(t_0)$，电容元件吸收的电能大于零，实际情况是外界对电容元件充电；若 $u(t_1) < u(t_0)$，电容元件吸收的电能小于零，实际情况是电容元件对外界放电。

（3）电容元件在充电时，会从外界吸收电能并以电场能量的形式将其储存起来，因此它是一种储能元件；在放电时，可以将储存的能量全部释放，并且不消耗电能，因此它又是一种无损元件。此外，它释放的电能不可能超过吸收的电能，因此它还是一种无源元件。

2.3.3　实际电容器

在实际使用中，电容器按容量是否可调可分为可变电容和固定电容。固定电容根据采用介质材料的不同又可分为云母电容器、瓷介电容器、纸介电容器以及电解电容器等。云母电容器绝缘性能好、损耗小、精度高，容量一般小于 $0.1\mu\mathrm{F}$，适用于高频电路；瓷介电容器的优点与云母电容器相仿，但价格较低廉；纸介电容器稳定性差、损耗大，但制作工艺简单且价格低廉，适用于性能要求不高的低频电路；电解电容器一般具有正负极性，其最大特点是容量大，只需很小的体积就可以实现很大的容量，但损耗大、稳定性差。根据阳极材料的不同，电解电容器可分为铝电解电容器、钽电解电容器、铌电解电容器等几种，其中后两种性能较好。

如果用理想的电容器模型近似地作为实际的电容器模型，在某些条件下，近似性可能较差。为了能够比较准确地描述实际的电容器，通常根据不同情况采用不同的模型。

在使用频率较低、电路分析精度要求不高的场合，一般可以直接用理想电容器来表示实际的电容器，如图 2-7（a）所示。如果电容器消耗的能量不可忽略，这些能量的损失一方面是由电容器的漏电流造成的，另一方面是介质在反复极化时的能量消耗造成的，可以在模型中添加一个并联电阻来计算这部分能量损失，如图 2-7（b）所示。如果电路使用频率较高，实际电容器两端电压的变化率较高，电流 $C\frac{\mathrm{d}u}{\mathrm{d}t}$ 将产生不可忽视的磁场，因此，还应当在模型中添加电感元件 L，如图 2-7（c）所示。

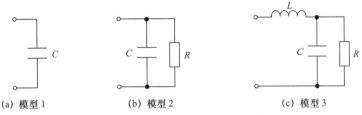

(a) 模型 1 　　　　(b) 模型 2 　　　　(c) 模型 3

图 2-7　电容器的几种近似模型

电感元件

2.4 电感元件

从 2.3 节对电容元件的讨论可知，电容元件能够储存电荷，电荷依靠电场力的作用聚集在极板上。换句话说，电容元件可以将能量储存在电场中。电感元件则是将能量储存在磁场中的元件。本节主要介绍电感元件的 VCR、功率与电能，最后简单介绍实际电感器。

因为导线中有电流时，其周围会产生磁场，如图 2-8 所示。如果将导线绕成线圈，其磁场的分布如图 2-9 所示。这样做的目的是增强线圈内部的磁场，这种线圈称为电感器或电感线圈。

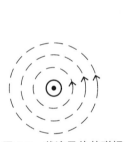

图 2-8　载流导体的磁场

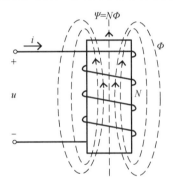

图 2-9　电感线圈及周围磁场

如图 2-9 所示，当电感线圈中有电流 i 时，便产生磁通 Φ，磁通 Φ 与线圈的线匝相交链的磁链 $\Psi=N\Phi$，其中 N 为线圈匝数。当元件周围的介质为非铁磁物质（如空气）时，磁链 Ψ 与电流 i 成正比，其比例系数定义为电感，以符号 L 表示，即

$$L = \frac{\Psi}{i} \tag{2-15}$$

当磁链单位为 Wb（韦伯），电流的单位为 A 时，电感的单位为 H（亨利，简称亨）。习惯上电感元件也称为电感。

电感元件的图形符号如图 2-10 所示。根据式（2-15），可以得出线性电感元件的韦安特性（磁链与电流之间的关系）曲线是一条经过原点的直线，如图 2-11 所示。其中，电感与直线的斜率成正比，即 $L \propto \tan\alpha$。对于线性电感元件，L 与元件的电流或电压无关；而对于非线性电感元件，L 随着元件的电流或电压变化而发生改变。

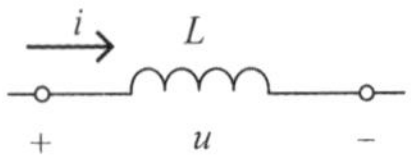

图 2-10　电感元件的图形符号

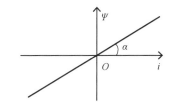

图 2-11　线性电感元件的韦安特性曲线

2.4.1　电感元件的 VCR

若电感元件的电流 i 和磁链 ψ 、感应电动势 e 和磁链 ψ 满足右手螺旋定则，如图 2-10 所示，由楞次定律：

$$e_L = -L\frac{\mathrm{d}i}{\mathrm{d}t}$$

可知，当电流 i 和电压 u 取关联参考方向时，电感的 VCR 表达式为

$$u = -e_L = L\frac{\mathrm{d}i}{\mathrm{d}t} \qquad (2\text{-}16)$$

$$
\begin{aligned}
i(t) &= \frac{1}{L}\int_{-\infty}^{t} u(\xi)\mathrm{d}\xi = \frac{1}{L}\int_{-\infty}^{t_0} u(\xi)\mathrm{d}\xi + \frac{1}{L}\int_{t_0}^{t} u(\xi)\mathrm{d}\xi \\
&= i(t_0) + \frac{1}{L}\int_{t_0}^{t} u(\xi)\mathrm{d}\xi
\end{aligned}
\qquad (2\text{-}17)
$$

从式（2-16）和式（2-17）可以看出以下几点。

（1）电感元件在某一瞬时的电压总是与此刻的电流变化率成正比，与电流的大小无关。如果电流不变，即电流变化率为零，则此刻虽然有电流，但电压也为零；电感电流变化越快，电压就越大。这说明电感元件与电容元件一样，都是动态元件。

（2）若电感元件的电流不随时间变化，则其两端电压为零。因此，电感在直流情况下其两端电压始终为零，相当于短路。这称为电感具有"通直阻交"的特性。

（3）电感元件在某一瞬时 t 的电流 $i(t)$，不仅与初始电流 $i(t_0)$ 有关，而且与从初始时刻 t_0 到时刻 t 的电压积分相关。这说明电感元件同电容元件一样，也是一种"记忆元件"。

当电感元件的电流和电压取非关联参考方向时，其 VCR 表达式为

$$u = -L\frac{\mathrm{d}i}{\mathrm{d}t} \qquad (2\text{-}18)$$

$$i(t) = -\frac{1}{L}\int_{-\infty}^{t} u(\xi)\mathrm{d}\xi = i(t_0) - \frac{1}{L}\int_{t_0}^{t} u(\xi)\mathrm{d}\xi \qquad (2\text{-}19)$$

2.4.2　电感元件的功率与电能

当电感的电压 u 与电流 i 取关联参考方向（如图 2-10 所示）时，结合式（2-16），可以得到电感所吸收的功率为

$$p = ui = i \cdot L \frac{\mathrm{d}i}{\mathrm{d}t} \qquad （2\text{-}20）$$

从 t_0 到 t_1，电感元件所吸收的电能为

$$
\begin{aligned}
W &= \int_{t_0}^{t_1} p(\xi)\mathrm{d}\xi \\
&= \int_{t_0}^{t_1} Li \frac{\mathrm{d}i(\xi)}{\mathrm{d}\xi}\mathrm{d}\xi = \frac{1}{2}Li^2(t_1) - \frac{1}{2}Li^2(t_0)
\end{aligned}
\qquad （2\text{-}21）
$$

从式（2-20）和式（2-21）可以看出以下几点。

（1）吸收的功率 p 在电流 i 与电流变化率 $\dfrac{\mathrm{d}i}{\mathrm{d}t}$ 同号时为正，异号时为负。这意味着电感元件既可以吸收功率（ $p>0$ ），也可以释放功率（ $p<0$ ）。这一特性不同于电阻元件，后者在任何时刻总是吸收功率。

（2）在某段时间（ t_0 到 t_1 ）内，电感元件所吸收的电能 W 与终止时刻的电流 $i(t_1)$ 和初始时刻的电流 $i(t_0)$ 的平方差成正比。当 $i(t_1)>i(t_0)$ 时，电感元件吸收的电能大于零，实际情况是外界对电感元件充电；当 $i(t_1)<i(t_0)$ 时，电感元件吸收的电能小于零，实际情况是电感元件向外界放电。

（3）电感元件在充电时，从外界吸收电能并将其以磁场能量的形式储存起来，因此它是一种储能元件。而在放电时，电感元件能够将储存的能量全部释放出来，而不消耗电能，因此它是一种无损元件。同时，电感元件释放的电能不可能超过其吸收的电能，因此它也是一种无源元件。

总之，电感元件与电容元件都是动态元件和"记忆元件"。它们的特性比较详见表2-1。

表 2-1　电感元件与电容元件的特性比较

项目	电感元件	电容元件
变量	电流 i、磁链 Ψ	电压 u、电荷 q
关系式	$\Psi = Li$	$q = Cu$
VCR（关联）表达式	$u = L\dfrac{\mathrm{d}i}{\mathrm{d}t}$	$i = C\dfrac{\mathrm{d}u}{\mathrm{d}t}$
能量关系表达式	$W_L = \dfrac{1}{2}Li^2$	$W_C = \dfrac{1}{2}Cu^2$

可以看出以下两点。

（1）电感元件与电容元件的各种方程都是同一类型的。例如，它们的 VCR 表达式都是微分方程，与电阻的代数方程不同，这也是它们同为动态元件的原因。

（2）若将 $u\text{-}i$、$q\text{-}\psi$、$C\text{-}L$、$i\text{-}u$ 互换，可由电容元件的方程得到电感元件的方程。因此，我们称电容 C 和电感 L 为对偶元件，称 Ψ、q 等为对偶元素。

2.4.3　实际电感器

实际的电感器由导线绕制而成，通常使用绝缘骨架（也有不使用骨架的情况）。根据工作频率的不同，电感器可分为低频和高频两类。低频电感器通常配备硅钢片磁芯，多数应用于电源的滤波电路。由于电感-电容式滤波器体积大、重量重且成本高，通常更倾向于使用电阻-电容式滤波器。

高频电感器的种类繁多，包括仅由一组线圈构成的自感器，以及由两组或多组线圈构成的互感器，例如接收音机中的中频变压器、天线线圈和振荡线圈等。在结构上，高频电感器可以分为单层或多层、带磁芯或不带磁芯、有屏蔽或无屏蔽，以及密封型或非密封型等多种形式。高频电感器主要应用于无线电设备中，它属于一种非标准元件，仅有极少数品种具有统一的规格，例如接收音机中的中频变压器、振荡线圈和天线线圈等。

实际的电感线圈除具备储存磁能的主要性质外，也会消耗一些能量。这是因为线圈是由导线绕制的，导线总有一定电阻，有电流时就会消耗能量。如果消耗的能量忽略不计，实际的电感线圈可用一个理想电感元件作为它的模型，如图 2-12（a）所示。考虑导线电阻的能量消耗（尽管导线电阻消耗是沿整条导线分布的，但可用一个集中电阻 R 来表示），实际的电感器的模型就如图 2-12（b）所示。由于线圈匝与匝之间还有电容存在，当施加于线圈的电压频率很高时，电容的作用不可忽略，其模型可用图 2-12（c）表示。

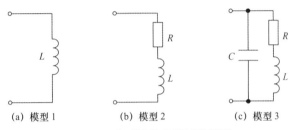

(a) 模型 1　　　　(b) 模型 2　　　　(c) 模型 3

图 2-12　电感器的几种近似模型

一个实际的电感线圈，除了标明它的电感量外，还应标明它的额定电流。电流过大时，会导致线圈过热或因受到过大的电磁力作用而发生机械形变，甚至烧毁线圈。

为了使每单位电流所产生的磁场增强，常在线圈中加入铁磁物质。这样可以使同样电流所产生的磁链比未加入铁磁物质时增加成百上千倍，此时磁链与电流的关系变为非线性。

2.5 独立电源

独立电源

前文讨论的电阻、电容和电感元件都是无源元件。本节开始介绍电源。电源可分为独立电源（也称独立源）和非独立电源（也称受控源）。独立源是能够独立向电路提供电压或电流的元件；而受控源也能向外界提供电压或电流，但其数值受到电路中其他部分的电压或电流控制。

通常，在不引起混淆的情况下，独立源可以省略"独立"二字，直接称为电压源或电流源。本节主要介绍电压源和电流源的特性及其 VCR。

2.5.1 电压源

电压源是理想的电路元件，其两端电压 $u(t)$ 与电流 i 无关，表达式为

$$u(t) = u_s(t) \tag{2-22}$$

式中，$u_s(t)$ 称为电压源的激励电压，是一个给定的时间函数。

电压源的一种图形符号如图 2-13（a）所示。如果 $u_s(t)$ 为恒定值，这种电压源被称为恒定电压源或直流电压源，通常用 U_s 表示；另一种图形符号如图 2-13（b）所示，其长线段代表高电位端（即正极），短线段代表低电位端（即负极）。

(a) 图形符号 1　　　　　　　　　(b) 图形符号 2

图 2-13　电压源的图形符号

电压源的特点如下。

（1）电压源两端的电压 $u_s(t)$ 是由电源本身决定的，与外电路无关。对于直流电压源，u_s 为常数；而对于交流电压源，$u_s(t)$ 是一个确定的时间函数。例如，对于正弦交流电压源，其电压可以表示为 $u_s(t) = U_m \sin(\omega t)$。

（2）电压源的电流的大小和方向均与外电路直接相关。同一个电压源，当外电路不同，其电流的大小和方向通常也不同。如图 2-14（a）所示，电压为 U_s 的电压源，当外电路开路时，其电流 i_a 为零；如图 2-14（b）所示，当电压源的外接电阻为 R 时，其电流不为零，且大小为 U_s/R。因此，电压源的电流完全由外电路决定，而不是由电压源本身决定。

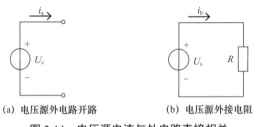

(a) 电压源外电路开路　　　　　　(b) 电压源外接电阻

图 2-14　电压源电流与外电路直接相关

若选择图 2-15（a）所示的电压、电流参考方向（对外电路而言为关联方向，对电压源而言为非关联方向），当电压源为直流时，其伏安特性曲线是一条平行于电流 i 轴的直线，如图 2-15（b）所示，即电压源的电压与电流无关；当电压源激励电压 u_s 随时间变化时，其某一时刻的伏安特性也是如此，伏安特性曲线成为一组平行于 i 轴的直线，如图 2-15（c）所示。可以看出：无论 u_s 是否随时间变化，电压源两端的电压大小都与通过它的电流无关。

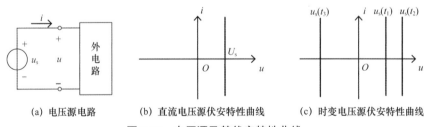

(a) 电压源电路　　　　(b) 直流电压源伏安特性曲线　　　　(c) 时变电压源伏安特性曲线

图 2-15　电压源及其伏安特性曲线

当电压源激励电压 $u_s = 0$ 时，其伏安特性曲线与电流 i 轴重合，相当于短路。

若仍然选择图 2-15（a）所示的电压、电流参考方向，电压源所吸收的功率为

$$p = -u_s i$$

由于电流随外电路的不同而可正可负，电压源所吸收的功率也随之可正可负，因此，电压源在电路中可以吸收电能，也可以释放电能——这取决于外电路。

事实上，这里的电压源模型是完全理想化的，实际的电压源模型通常是由理想电压源与一个阻值不大的电阻串联组合而成的，如图 2-16（a）虚线框内所示。实际电压源的端口电压 u 与端子电流 i 的关系为 $u = u_s - iR_0$，其伏安特性曲线如图 2-16（b）所示。随着端子电流 i 的增大，实际电压源的端口电压会略有下降。

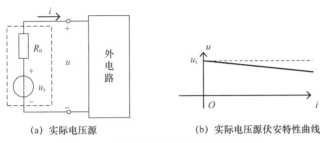

(a) 实际电压源　　　　　　　　(b) 实际电压源伏安特性曲线

图 2-16　实际电压源及其伏安特性曲线

2.5.2　电流源

电流源也是理想的电路元件，其输出电流 $i(t)$ 与两端电压 u 无关，为

$$i(t) = i_s(t) \tag{2-23}$$

式中 $i_s(t)$ 为电流源的激励电流，是给定的时间函数。

电流源的图形符号如图 2-17 所示，若 $i_s(t)$ 为恒定值，这样的电流源称为恒定电流源或直流电流源，可用 I_s 表示。

图 2-17　电流源的图形符号

电流源的特点如下。

（1）电流源的输出电流 $i_s(t)$ 由电源本身决定，与外电路无关。对于直流电流源，i_s 为常数；而对于交流电流源，$i_s(t)$ 是确定的时间函数。例如，对于正弦交流电流源，其电流可以表示为 $i_s(t) = I_m \sin(\omega t)$。

（2）电流源两端电压的大小和方向均与外电路直接相关。同一个电流源在不同的外电路中，其两端电压的大小和方向通常也会不同。如图 2-18（a）所示，当电流为 i_s 的电流源外电路短路时，电流源两端电压 u 为零；当其外接电阻 R 时，电压 u 不为零，其值为 $i_s R$。因此，电流源的电压与外电路直接相关，并不由电流源自身决定。

若选择图 2-18（a）所示的电压、电流参考方向（对外电路而言关联，对电流源而言非关联），当电流源为直流时，其伏安特性曲线为一条平行于电压 u 轴的直线，如图 2-18（b）所示，即电流源的电流与电压无关。当电流源的激励电流 i_s 随时间变化时，它在某一时刻的伏安特性曲线依然是平行于电压 u 轴的一组直线，如图 2-18（c）所示。由此可以看出，无论 i_s 是否随时间变化，电流源的电流大小始终与其两端的电压无关。

当电流源激励电流 $i_s = 0$ 时，它的伏安特性曲线与电压 u 轴重合，相当于开路。

若仍然选择图 2-18（a）所示的电压、电流参考方向，电流源所吸收的功率为

$$p = -ui_s$$

由于电压随外电路的不同而可正可负，电流源所吸收的功率也随之可正可负，因此，电流源在电路中可以吸收电能，也可以释放电能——取决于外电路。

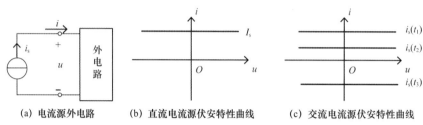

(a) 电流源外电路　　(b) 直流电流源伏安特性曲线　　(c) 交流电流源伏安特性曲线

图 2-18　电流源外电路及伏安特性曲线

同样，这里的电流源模型是完全理想化的，在实际中是不存在的。实际电流源可以通过稳流电子设备产生——某些电子设备具备电流源的特性，例如晶体管的集电极电流与负载无关，或者光电池在一定光线照射下被激发产生恒定值的电流等。以光电池为例，被光激发后产生的电流中，有一部分将在光电池内部流动而无法输出。这种实际的电流源可以用一个理想电流源 i_s 与一个阻值较大的电阻 R_0 并联组合而成，如图 2-19（a）虚线框内所示。实际电流源的端子电流 i 与端口电压 u 的关系为 $i = i_s - u/R_0$，其伏安特性曲线如图 2-19（b）所示。随着端口电压 u 的升高，实际电流源的端子电流 i 会略有减小。

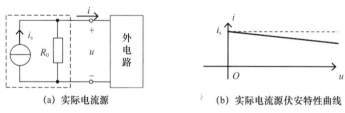

(a) 实际电流源　　　　　(b) 实际电流源伏安特性曲线

图 2-19　实际电流源及其伏安特性曲线

2.6 受控源

受控源又称为非独立电源或非独立源。受控源的激励电压或电流由电路中其他部分的电压或电流（即控制量）所决定，这与独立源的激励电压或电流完全独立于电路其他部分的特性不同。本节主要介绍受控源的类型，并将其与独立源进行比较。

2.6.1　受控源的类型

受控源可以分为 4 种类型，即电压控制电压源（Voltage Controlled Voltage Source，VCVS）、

电流控制电压源（Current Controlled Voltage Source，CCVS）、电压控制电流源（Voltage Controlled Current Source，VCCS）、电流控制电流源（Current Controlled Current Source，CCCS）。它们的图形符号如图 2-20 所示。与独立源的圆形符号不同，受控源使用菱形符号表示。

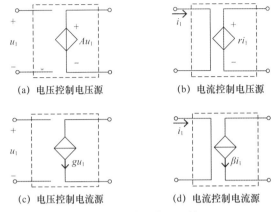

(a) 电压控制电压源   (b) 电流控制电压源

(c) 电压控制电流源   (d) 电流控制电流源

图 2-20　受控源的图形符号

图中 u_1、i_1 分别为控制电压与控制电流，A、r、g、β 分别为相应的控制系数，其中 A 为电压放大倍数，量纲为 1；r 为转移电阻，具有电阻的量纲；g 为转移导纳，具有导纳的量纲；β 为电流放大倍数，量纲也为 1。当这些控制系数为常数时，称这样的受控源为线性受控源，本书只考虑这种情况，所以通常略去"线性"二字。

2.6.2　受控源与独立源的比较

受控源虽然也被称为"源"，但它与独立源有所不同。

（1）独立源激励电压（或电流）由电源本身决定，与电路中其他电压、电流无关，而受控源电压（或电流）直接由控制量决定。

（2）独立源作为电路中的"激励"，在电路中产生电压、电流，而受控源只反映输出端与输入端的关系，在电路中不能作为"激励"。

（3）在分析含受控源的电路时，受控源可以参照独立源的方法处理，但应注意分析时一般不得丢失控制量。

例 2-1　分别求出图 2-21 所示电路中开关 S 打开和闭合时的 i_1 和 i_2。已知：$U_s = 10\text{V}$，$R_1 = R_2 = 5\Omega$。

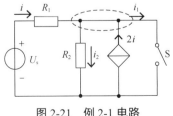

图 2-21　例 2-1 电路

解：对图中虚线所示的广义节点列写 KCL 方程，得 $-i + i_2 - 2i + i_1 = 0$

对 R_1、R_2、U_s 的回路列写 KVL 方程得 $R_1 i + R_2 i_2 = U_s$

（1）当开关 S 打开时，$i_1 = 0$

KCL、KVL 方程化为 $\begin{cases} i_2 - 3i = 0 \\ 5i + 5i_2 = 10 \end{cases}$

解得 $i_1 = 0$，$i_2 = 1.5\text{A}$

（2）当开关 S 闭合时，R_2 上电压为零（短路），$i_2 = 0$

KCL、KVL 方程化为 $\begin{cases} i_1 - 3i = 0 \\ 5i = 10 \end{cases}$

解得 $i_1 = 6\text{A}$，$i_2 = 0$

可以看出：由于 CCCS 的存在，此支路的电流由 R_1 的电流 i 控制。在开关 S 打开或者闭合时，R_1 的电流 i 不同，此支路的电流也不同。

2.7 走近科学家

2.7.1 欧姆简介

乔治·西蒙·欧姆（Georg Simon Ohm，1787—1854 年），德国物理学家，其肖像如图 2-22 所示。

欧姆发现了电阻中电流与电压的正比关系，即著名的欧姆定律；他证明了导体的电阻与其长度、横截面积和电阻率的关系；还发现，在稳定电流的情况下，电荷不仅在导体的表面上运动，还在导体的整个横截面上运动。电阻的单位"欧姆"以他的名字命名。

图 2-22 欧姆肖像

2.7.2 法拉第简介

迈克尔·法拉第（Michael Faraday，1791—1867 年），英国物理学家、化学家，其肖像如图 2-23 所示。

1831 年，法拉第首次发现电磁感应现象，并进而提出产生交流电的方法，改变了人类文明。他被称为电学之父和交流电之父。

由于他在电磁学方面作出的伟大贡献，电容的单位被命名为"法拉"。

图 2-23　法拉第肖像

2.7.3　亨利简介

约瑟夫·亨利（Joseph Henry，1797—1878 年），美国物理学家，其肖像如图 2-24 所示。

亨利在电学领域有杰出的贡献。他发明了继电器（电报的雏形），比法拉第更早发现了电磁感应现象，还研究了电子自动打火的原理，但未能及时发表。他对电磁学的贡献颇大，电感的单位以他的名字命名。

图 2-24　亨利肖像

《 本章小结 》

1．电阻元件

（1）VCR 表达式：$\begin{cases} u = +Ri & u、i\,关联 \\ u = -Ri & u、i\,非关联 \end{cases}$

（2）吸收的功率：$p = i^2 R = \dfrac{u^2}{R} \geqslant 0$

（3）从 t_0 到 t_1，吸收的电能：$W = \displaystyle\int_{t_0}^{t_1} Ri^2(\xi)\mathrm{d}\xi$

2．电容元件

（1）VCR 表达式：$\begin{cases} i = +C\dfrac{\mathrm{d}u}{\mathrm{d}t} & u、i\,关联 \\[2mm] i = -C\dfrac{\mathrm{d}u}{\mathrm{d}t} & u、i\,非关联 \end{cases}$

（2）吸收的功率：$p = u \cdot C\dfrac{\mathrm{d}u}{\mathrm{d}t}$

（3）从 t_0 到 t_1，吸收的电能：$W = \dfrac{1}{2}Cu^2(t_1) - \dfrac{1}{2}Cu^2(t_0)$

3．电感元件

（1）VCR 表达式：$\begin{cases} u = +L\dfrac{\mathrm{d}i}{\mathrm{d}t} & u、i\,关联 \\[2mm] u = -L\dfrac{\mathrm{d}i}{\mathrm{d}t} & u、i\,非关联 \end{cases}$

（2）吸收的功率：$p = i \cdot L\dfrac{\mathrm{d}i}{\mathrm{d}t}$

（3）从 t_0 到 t_1，吸收的电能：$W = \dfrac{1}{2}Li^2(t_1) - \dfrac{1}{2}Li^2(t_0)$

4．电压源

（1）VCR 表达式：$u(t) = u_s(t)$，电流与外电路有关。
（2）特殊情况：$u_s(t) = 0$ 的电压源相当于短路。

5．电流源

（1）VCR 表达式：$i(t) = i_s(t)$，电压与外电路有关。
（2）特殊情况：$i_s(t) = 0$ 的电流源相当于开路。

6．受控源

（1）4 种类型：VCVS、VCCS、CCVS、CCCS。
（2）受控源不作为电路的"激励"。

《 **本章思维导图** 》

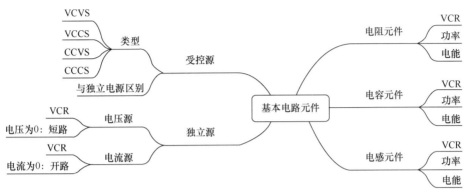

第 2 章知识点思维导图

《 **习 题** 》

基础题

2-1. 计算题 2-1 图所示电路中的电流、电压、电阻功率，并说明是吸收还是发出功率。

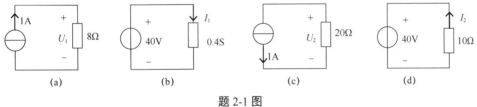

题 2-1 图

2-2. 计算题 2-2 图所示电路中的电压、电流、电导、电阻功率，并说明是吸收还是发出功率。

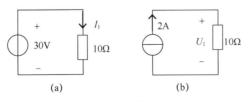

题 2-2 图

2-3. 计算题 2-3 图所示电路中电流源的功率，并说明是吸收还是发出功率。

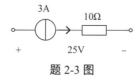

题 2-3 图

2-4. 计算题 2-4 图所示电路中电压源发出的功率。

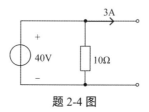

题 2-4 图

进阶题

2-5. 某电容两端电压如题 2-5 图所示，其电容为 $200\mu F$，求电容的电流，并画出其波形图。

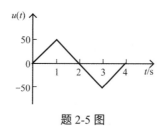

题 2-5 图

2-6. 某电感电流如题 2-6 图所示，$L=375mH$，写出：

（1）电流表达式；

（2）电压、功率和电能的表达式。采用关联参考方向。

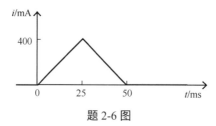

题 2-6 图

2-7. 如题 2-7 图所示，在 $t < 0$ 时，$i_L(t) = 2.5A$，在 $t \geq 0$ 时，两端电压表达式为 $u_L(t) = 30e^{-3t}mV$，求电流 $i_L(t)$ 的表达式，并画出变化曲线。

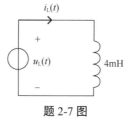

题 2-7 图

2-8. 计算题 2-8 图电路中的电压 U_0 和电流 i。

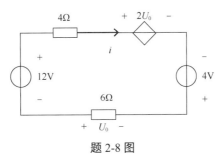

题 2-8 图

应用题

2-9. 电路如题 2-9 图所示，试求电压 U 和电阻 R。

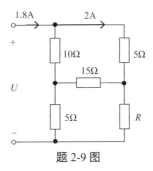

题 2-9 图

2-10. 电路如题 2-10 图所示，试求 R_x 为何值时，4V 电压源发出功率为 0W。

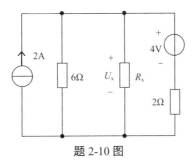

题 2-10 图

2-11. 求题 2-11 图所示电路中的受控电压源发出的功率。

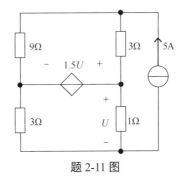

题 2-11 图

2-12. 计算题 2-12 图所示电路中的各个元件的功率，并说明是吸收还是发出功率。

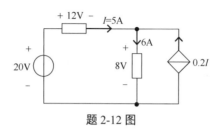

题 2-12 图

第 3 章

电路的等效变换分析

本章内容概要

本章介绍电路等效变换的概念，内容包括：电阻的△-Y 等效变换、电源的串并联、电源的等效变换、一端口输入电阻的定义和计算等。

本章学习目标

1. 等效原则

（1）能阐述等效原则，即对外等效、对内不同；

（2）能根据待求物理量选择是否使用等效简化以及可以被等效的部分。

2. 电阻的△-Y 等效变换（惠斯通电桥）

（1）能利用△-Y 等效变换简化电路并求解；

（2）能判断出平衡的惠斯通电桥，并利用其特点简化电路求解。

3. 电源的串并联

（1）能找出多个电压源串联、多个电流源并联的等效电路；

（2）能阐述电压不等的电压源不能并联、电流不等的电流源不能串联的原因；

（3）能找出多个电源混联的等效电路。

4. 实际电源的两种模型相互间的等效变换

能将电压源串联电阻与电流源并联电阻进行等效变换，从而简化电路并求解。

5. 输入电阻

（1）能利用等效简化直接求解不含受控源的一端口电路的输入电阻；

（2）能利用输入电阻的定义求解含受控源的一端口电路的输入电阻。

3.1 基本概念

等效

等效是电路分析中一种重要的思维方法。根据电路等效的概念，可以将一个结构较复杂的电路转换为结构较简单的电路，从而简化电路分析。

本章主要研究仅由电阻、独立源及受控源等组成的少回路或少节点的简单电阻电路，探讨等效变换的应用方法。同时，通过分析此类电路，加强读者对电路分析中两大约束关系的理解与应用。

首先，介绍本章涉及的基本概念。

一端口（两端子）电路：对外仅引出两个端子（这两个端子可以与外部电源或其他电路相连接）的电路，如图 3-1 所示的电路 N。一端口电路的特点是从一个端子流入的电流总是等于从另一个端子流出的电流。通常将任意一个端子上的电流称为端口电流，两端子之间的电压称为端口电压。电阻、电容、电感、独立源等二端子元件可以视为一端口电路的特例，也称为二端元件。一端口电路端口电压与电流的关系称为一端口的端口特性或端口 VCR。

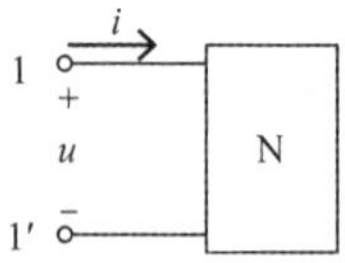

图 3-1　一端口电路

等效电路：两个一端口电路 N_1 和 N_2，只要它们的端口电压、电流的关系（VCR）相同，则称 N_1 和 N_2 是等效的。换句话说，无论 N_1 或 N_2 的内部结构如何不同，两者对任何外电路的效果完全相同。如图 3-2 所示，若 N_1 和 N_2 相互等效，则 N_1 被其等效电路 N_2 替代后，未被替代部分（即等效电路以外的外电路 N）的端口电压和电流保持不变，即 $i_1 = i_2$，$u_1 = u_2$。

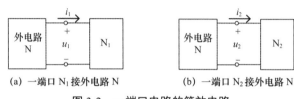

(a) 一端口 N_1 接外电路 N　　　　　(b) 一端口 N_2 接外电路 N

图 3-2　一端口电路的等效电路

需要注意的是，等效的原则是"对外等效、对内不同"，即等效是对外电路而言的。对于互相等效的两个电路 N_1 和 N_2，内部的工作状态是不等效的。另外，等效具有传递性：如果电路 N_1 和 N_2 等效，而 N_2 又与 N_3 等效，则必然有 N_1 与 N_3 等效。

3.2 单一无源元件的串联和并联

基本的无源元件包括电阻、电容、电感等。本节主要介绍多个同种无源元件串联或并联后的等效变换。

3.2.1 电阻的串联和并联

当电阻为串联或并联组合时，它们可以用一个电阻来等效。

1. 电阻的串联

如图 3-3 所示，当 n 个电阻串联时，由 KCL 可知：所有电阻的电流均相等，为 i。

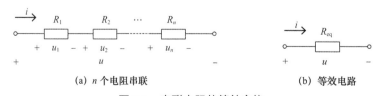

(a) n 个电阻串联　　　　　　　　(b) 等效电路

图 3-3　串联电阻的等效变换

每个电阻的 VCR 表达式为

$$u_k = R_k i \qquad k = 1, 2, \cdots, n$$

由 KVL 可知，总电压为

$$u = u_1 + u_2 + \cdots + u_n = (R_1 + R_2 + \cdots + R_n)i = R_{eq}i$$

可知：n 个电阻串联后的等效电阻为所有电阻之和，即

$$R_{eq} = R_1 + R_2 + \cdots + R_n \tag{3-1}$$

可以看出，串联后的等效电阻一定大于任意一个串联电阻。

电阻串联时，各电阻两端的电压分别与电阻成正比，即

$$u_k = R_k i = \frac{R_k}{R_{eq}}u \qquad k = 1, 2, \cdots, n \tag{3-2}$$

式（3-2）为串联电路的分压公式。

2．电阻的并联

如图 3-4 所示，当 n 个电阻并联时，由 KVL 可知：所有电阻两端的电压均相等，为 u。

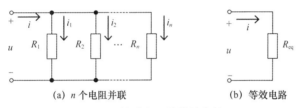

(a) n 个电阻并联   (b) 等效电路

图 3-4　并联电阻的等效变换

每个电阻的 VCR 表达式为

$$i_k = \frac{u}{R_k} \qquad k = 1, 2, \cdots, n$$

由 KCL 可知，总电流为

$$i = i_1 + i_2 + \cdots + i_n = \left(\frac{1}{R_1} + \frac{1}{R_2} + \cdots + \frac{1}{R_n}\right)u = \frac{1}{R_{eq}}u$$

可知：n 个电阻并联后等效为一个电阻，其参数为

$$\frac{1}{R_{eq}} = \frac{1}{R_1} + \frac{1}{R_2} + \cdots + \frac{1}{R_n} \text{ 或 } G_{eq} = G_1 + G_2 + \cdots + G_n \tag{3-3}$$

即 n 个电阻并联后的等效电导为所有电导之和。可以证明，并联后的等效电阻一定小于任意一个并联电阻。

电阻并联时，各电阻上的电流分别与其电导成正比，即

$$i_k = G_k u = \frac{G_k}{G_{eq}}i \qquad k = 1, 2, \cdots, n \tag{3-4}$$

式（3-4）为并联电路的分流公式。

3.2.2　电容的串联和并联

当电容为串联或并联组合时,它们可以用一个等效电容来替代。

1.电容的串联

如图 3-5 所示,当 n 个电容串联时,由 KCL 可知:所有电容的电流均相等,为 i。

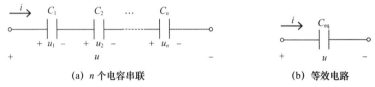

(a) n 个电容串联　　　　　　　　(b) 等效电路

图 3-5　串联电容的等效变换

每个电容的 VCR 表达式为

$$u_k(t) = u_k(t_0) + \frac{1}{C_k}\int_{t_0}^t i(\xi)\mathrm{d}\xi \qquad k = 1, 2, \cdots, n$$

式中 $u_k(t_0)$ 为第 k 个电容上的初始电压。

由 KVL 可知,总电压为

$$u = \sum_{k=1}^n u_k = \sum_{k=1}^n u_k(t_0) + \left(\sum_{k=1}^n \frac{1}{C_k}\right)\int_{t_0}^t i(\xi)\mathrm{d}\xi = u(t_0) + \frac{1}{C_{\mathrm{eq}}}\int_{t_0}^t i(\xi)\mathrm{d}\xi$$

可知:n 个电容串联后等效为一个电容,其参数为

$$\frac{1}{C_{\mathrm{eq}}} = \frac{1}{C_1} + \frac{1}{C_2} + \cdots + \frac{1}{C_n} \tag{3-5}$$

且等效电容的等效初始电压为

$$u(t_0) = \sum_{k=1}^n u_k(t_0) \tag{3-6}$$

2.电容的并联

如图 3-6 所示,当 n 个电容并联,且初始电压相同均为 $u(t_0)$ 时,由 KVL 可知:所有电容的电压均相等,为 u。

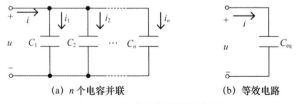

(a) n 个电容并联　　　　　　　　(b) 等效电路

图 3-6　并联电容的等效变换

每个电容的 VCR 表达式为

$$i_k = C_k \frac{\mathrm{d}u}{\mathrm{d}t} \qquad k = 1, 2, \cdots, n$$

由 KCL 可知，总电流为

$$i = i_1 + i_2 + \cdots + i_n = (C_1 + C_2 + \cdots + C_n)\frac{\mathrm{d}u}{\mathrm{d}t} = C_{\mathrm{eq}}\frac{\mathrm{d}u}{\mathrm{d}t}$$

可知：n 个电容并联后的等效电容为所有电容之和，即

$$C_{\mathrm{eq}} = C_1 + C_2 + \cdots + C_n \qquad\qquad （3\text{-}7）$$

3.2.3　电感的串联和并联

当电感为串联组合或并联组合时，它们可以用一个等效电感来替代。

1．电感的串联

如图 3-7 所示，当 n 个电感串联时，由 KCL 可知：所有电感的电流均相等，为 i。

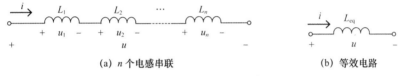

(a) n 个电感串联　　　　(b) 等效电路

图 3-7　串联电感的等效变换

每个电感的 VCR 表达式为

$$u_k = L_k \frac{\mathrm{d}i}{\mathrm{d}t} \qquad k = 1, 2, \cdots, n$$

由 KVL 可知，总电压为

$$u = u_1 + u_2 + \cdots + u_n = (L_1 + L_2 + \cdots + L_n)\frac{\mathrm{d}i}{\mathrm{d}t} = L_{\mathrm{eq}}\frac{\mathrm{d}i}{\mathrm{d}t}$$

可知：n 个电感串联后的等效电感为所有电感之和，即

$$L_{\mathrm{eq}} = L_1 + L_2 + \cdots + L_n \qquad\qquad （3\text{-}8）$$

2．电感的并联

如图 3-8 所示，当 n 个电感并联时，由 KVL 可知：所有电感的电压均相等，为 u。

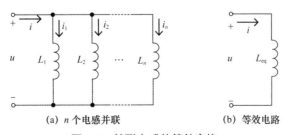

(a) n 个电感并联　　　　(b) 等效电路

图 3-8　并联电感的等效变换

每个电感的 VCR 表达式为

$$i_k(t) = i_k(t_0) + \frac{1}{L_k} \int_{t_0}^{t} u(\xi)\mathrm{d}\xi \qquad k = 1, 2, \cdots, n$$

式中 $i_k(t_0)$ 为第 k 个电感上的初始电流。

由 KCL 可知，总电流为

$$i = \sum_{k=1}^{n} i_k = \sum_{k=1}^{n} i_k(t_0) + \left(\sum_{k=1}^{n} \frac{1}{L_k}\right)\int_{t_0}^{t} u(\xi)\mathrm{d}\xi = i(t_0) + \frac{1}{L_{eq}} \int_{t_0}^{t} u(\xi)\mathrm{d}\xi$$

可知：n 个电感并联后等效为一个电感，其参数为

$$\frac{1}{L_{eq}} = \frac{1}{L_1} + \frac{1}{L_2} + \cdots + \frac{1}{L_n} \tag{3-9}$$

且等效电感的等效初始电流为

$$i(t_0) = \sum_{k=1}^{n} i_k(t_0) \tag{3-10}$$

3.3 电阻的桥形结构与惠斯通电桥

本节将介绍基本的桥形结构及其特殊形式——惠斯通电桥，主要讨论惠斯通电桥平衡的条件及特点。

在图 3-9（a）所示的桥形结构中，电路中的电阻既不是串联也不是并联，用串并联等效的方式无法求解。加上外电源以后，此结构称为惠斯通电桥，如图 3-9（b）所示，其中 R_1、R_2、R_3、R_4 所在的支路称为桥臂，R_5 所在的支路称为对角线支路。

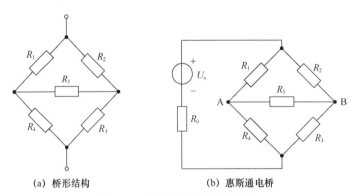

(a) 桥形结构　　　　(b) 惠斯通电桥

图 3-9　桥形结构和惠斯通电桥

可以证明，惠斯通电桥平衡的条件是

$$R_1 \cdot R_3 = R_2 \cdot R_4 \tag{3-11}$$

当电桥处于平衡状态时，节点 A 与节点 B 的电势相等，对角线支路的电压为零，因此经过电

阻 R_5 的电流也为零。此时，R_5 的阻值大小对电路的整体性能没有影响，在进行分析和计算时，可以将节点 A 与节点 B 视为短路（即 $R_5 = 0$），如图 3-10（a）所示，也可以把节点 A 与节点 B 视为开路（即 $R_5 = \infty$），如图 3-10（b）所示，随后，电路即可应用串并联的等效方法进行分析和计算。

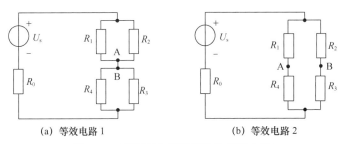

(a) 等效电路 1　　　　　　　　(b) 等效电路 2

图 3-10　惠斯通电桥平衡时的等效电路

　　然而，当式（3-11）不满足时，电桥处于不平衡状态，节点 A 与节点 B 的电势不再相等。此时无法利用上述方法进行简化计算，必须采用 3.4 节中将要介绍的△-Y 等效变换来进行分析和计算。

3.4　电阻的△-Y 等效变换

　　由线性电阻混联构成的网络，其最简等效电路为线性电阻。然而，并非所有由线性电阻混联构成的网络都能通过串并联的方式直接化简为线性电阻。本节将介绍△-Y 等效变换的化简方法。通过这种方法，再结合电阻的串联与并联化简，可以实现任何由线性电阻构成网络的等效化简。

3.4.1　电阻的△-Y 联结

　　元件的△联结或 Y 联结都属于三端无源网络，即对外引出 3 个端子，且内部没有独立源的网络。
　　△联结又称三角形联结，以电阻为例，3 个电阻分别接在 3 个端子的每两个之间，如图 3-11（a）所示。Y 联结又称星形联结，3 个电阻的一端都接在一个公共节点上，另一端分别接在 3 个端子上，如图 3-11（b）所示。

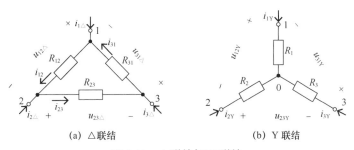

(a) △联结　　　　　　　　　(b) Y 联结

图 3-11　△联结与 Y 联结

△联结、Y 联结也可分别变形为π形、T 形联结，如图 3-12 所示。

(a) π形联结（△联结）　　　　　　(b) T 形联结（Y 联结）

图 3-12　△联结与 Y 联结的变形

3.4.2　电阻的△-Y 变换

当△联结电路和 Y 联结电路的电阻满足一定条件时，它们可以相互等效，即在端子之外的特性相同——当它们对应端子的电压相同时，流入对应端子的电流也分别相等。如果两种联结电路的外特性相同，则二者可以相互等效。

电阻的△-Y 变换

如图 3-11 所示，两种联结等效的条件为：$i_{1\triangle} = i_{1\mathrm{Y}}$，$i_{2\triangle} = i_{2\mathrm{Y}}$，$i_{3\triangle} = i_{3\mathrm{Y}}$，且 $u_{12\triangle} = u_{12\mathrm{Y}}$，$u_{23\triangle} = u_{23\mathrm{Y}}$，$u_{31\triangle} = u_{31\mathrm{Y}}$。

△联结中：

$$i_{12} = \frac{u_{12}}{R_{12}} \quad i_{23} = \frac{u_{23}}{R_{23}} \quad i_{31} = \frac{u_{31}}{R_{31}}$$

根据 KCL，解出端子电流与电压的关系为

$$\begin{cases} i_{1\triangle} = i_{12} - i_{31} = \dfrac{u_{12}}{R_{12}} - \dfrac{u_{31}}{R_{31}} \\[2mm] i_{2\triangle} = i_{23} - i_{12} = \dfrac{u_{23}}{R_{23}} - \dfrac{u_{12}}{R_{12}} \\[2mm] i_{3\triangle} = i_{31} - i_{23} = \dfrac{u_{31}}{R_{31}} - \dfrac{u_{23}}{R_{23}} \end{cases}$$

Y 联结中：

$$\begin{cases} u_{12} = i_1 R_1 - i_2 R_2 \\ u_{23} = i_2 R_2 - i_3 R_3 \\ i_1 + i_2 + i_3 = 0 \end{cases}$$

解出端子电流与电压的关系为

$$\begin{cases} i_{1\mathrm{Y}} = \dfrac{R_3 u_{12} - R_2 u_{31}}{R_1 R_2 + R_2 R_3 + R_3 R_1} \\[3mm] i_{2\mathrm{Y}} = \dfrac{R_1 u_{23} - R_3 u_{12}}{R_1 R_2 + R_2 R_3 + R_3 R_1} \\[3mm] i_{3\mathrm{Y}} = \dfrac{R_2 u_{31} - R_1 u_{23}}{R_1 R_2 + R_2 R_3 + R_3 R_1} \end{cases}$$

两种电路等效，则端子处的 VCR 应相同。比较△联结和 Y 联结的 VCR，可得△联结等效变换成 Y 联结的条件为

$$\begin{cases} R_1 = \dfrac{R_{31}R_{12}}{R_{12}+R_{23}+R_{31}} \\[2mm] R_2 = \dfrac{R_{12}R_{23}}{R_{12}+R_{23}+R_{31}} \\[2mm] R_3 = \dfrac{R_{23}R_{31}}{R_{12}+R_{23}+R_{31}} \end{cases} \tag{3-12}$$

这是把已知的△联结变换为 Y 联结的电阻的公式。反之，将已知的 Y 联结变换为△联结的电阻的公式为

$$\begin{cases} R_{12} = \dfrac{R_1R_2 + R_2R_3 + R_3R_1}{R_3} \\[2mm] R_{23} = \dfrac{R_1R_2 + R_2R_3 + R_3R_1}{R_1} \\[2mm] R_{31} = \dfrac{R_1R_2 + R_2R_3 + R_3R_1}{R_2} \end{cases} \tag{3-13}$$

为了便于记忆，式（3-12）和式（3-13）可以归纳为

$$Y联结电阻 = \frac{△联结相邻电阻的乘积}{△联结电阻之和}$$

$$△联结电阻 = \frac{Y联结电阻两两乘积之和}{Y联结不相邻电阻}$$

在进行△-Y 等效变换时，应注意以下几点。

（1）当 3 个电阻相等（对称结构）时，则有：$R_\triangle = 3R_Y$。

（2）无论是由△联结变换为 Y 联结，还是由 Y 联结变换为△联结，变换前后，对外特性一致，但内部情况一般有所变化。

（3）△-Y 等效变换一定是整个结构转换为另一种结构，不是单个电阻之间的对应。转换计算时，关键在于找到 3 个端子。

（4）等效电路与外电路无关。

例 3-1　电路如图 3-13（a）所示，分别求出以下两种情况下的电流 I。（1）$U_s = 10V$，$R_1 = 3\Omega$，$R_2 = 5\Omega$，$R_3 = R_4 = 1\Omega$，$R_5 = 2\Omega$；（2）$R_2 = 2\Omega$，$R_4 = 1.5\Omega$，其他参数同（1）。

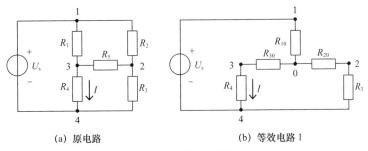

(a) 原电路　　　　　　　　　　(b) 等效电路 1

图 3-13　例 3-1 电路

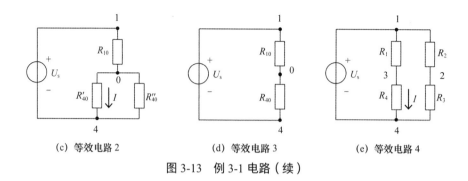

(c) 等效电路 2　　　　(d) 等效电路 3　　　　(e) 等效电路 4

图 3-13　例 3-1 电路（续）

解： （1）将节点 1、2、3 的△联结变换为 Y 联结，得到图 3-13（b）所示的电路（注意节点 1、2、3 和 4 仍然保留，增加一个节点 0），其中

$$\begin{cases} R_{10} = \dfrac{R_1 R_2}{R_1 + R_2 + R_5} = \dfrac{3 \times 5}{3 + 5 + 2} = 1.5(\Omega) \\[2mm] R_{20} = \dfrac{R_2 R_5}{R_1 + R_2 + R_5} = \dfrac{5 \times 2}{3 + 5 + 2} = 1(\Omega) \\[2mm] R_{30} = \dfrac{R_1 R_5}{R_1 + R_2 + R_5} = \dfrac{3 \times 2}{3 + 5 + 2} = 0.6(\Omega) \end{cases}$$

再利用串并联等效变换，得到图 3-13（c）、图 3-13（d）所示的电路（注意变换前后节点的对应），从而求得

$$R'_{40} = R_{30} + R_4 = 0.6 + 1 = 1.6(\Omega)$$

$$R''_{40} = R_{20} + R_3 = 1 + 1 = 2(\Omega)$$

$$R_{40} = \frac{R'_{40} R''_{40}}{R'_{40} +, R''_{40}} = \frac{1.6 \times 2}{1.6 + 2} \approx 0.89(\Omega)$$

$$U_{04} = \frac{R_{40}}{R_{40} + R_{10}} U_s = \frac{0.89}{0.89 + 1.5} \times 10 \approx 3.72(V)$$

为了求出电流 I，由图 3-13（c）可得

$$I = \frac{U_{04}}{R'_{40}} = \frac{3.72}{1.6} \approx 2.33(A)$$

当然，该电路也可以将节点 2、3、4 的△联结变换为 Y 联结，并进行类似的计算。此外，还可以将由 R_1、R_4、R_5 或 R_2、R_3、R_5 组成的 Y 联结变换为△联结，具体计算过程可由读者自行完成。

（2）若 $R_2 = 5\Omega$，$R_4 = 1.5\Omega$，当然也可以按照上述解法中的△-Y 等效变换来计算。但是，注意到 $R_1 R_3 = R_2 R_4 = 3$，电桥平衡，原电路可简化为图 3-13（e）所示电路，则电流为

$$I = \frac{U_s}{R_1 + R_4} = \frac{10}{3 + 1.5} \approx 2.22(A)$$

也可将原电路简化为 R_1 与 R_2、R_3 与 R_4 分别并联后再串联的电路，读者可自行计算。

3.5 理想电压源、电流源的串联与并联

本节主要介绍多个理想电压源或电流源串联或并联后的等效变换。

3.5.1 理想电压源的串并联

如图 3-14（a）所示，根据 KVL，多个电压源串联后，其两端之间的电压为各电压源电压的代数和，而电流与外电路有关，这意味着多个电压源串联可以等效为一个电压源，如图 3-14（b）所示。等效后的电压源电压为

$$u_s = u_{s1} + u_{s2} + \cdots + u_{sn} = \sum_{k=1}^{n} u_{sk} \tag{3-14}$$

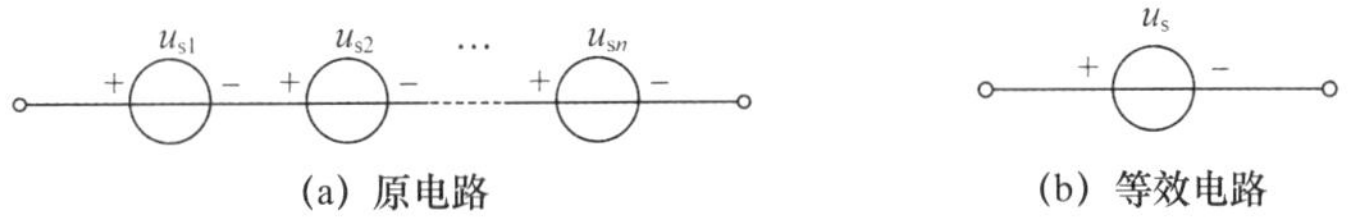

u_{s1}
u_{s2}
u_{sn}
u_s
(a) 原电路
(b) 等效电路

图 3-14　电压源的串联

式中，若 u_{sk} 与 u_s 参考方向一致，u_{sk} 前取“+”号；不一致时取“−”号。

只有电压相同且极性一致的理想电压源才能并联，否则会违背 KVL，成为“病态”电路。

3.5.2 理想电流源的串并联

只有电流相同且方向一致的理想电流源才能串联，否则将违背 KCL，成为“病态”电路。

若多个电流源并联，如图 3-15（a）所示，根据 KCL，多个电流源并联后的总电流为各电流源电流的代数和，而电压与外电路有关，也就是说，多个电流源并联可等效为一个电流源，如图 3-15（b）所示。等效后的电流源的电流为

$$i_s = i_{s1} + i_{s2} + \cdots + i_{sn} = \sum_{k=1}^{n} i_{sk} \tag{3-15}$$

式中，若 i_{sk} 与 i_s 参考方向一致，i_{sk} 前取“+”号；不一致时取“−”号。

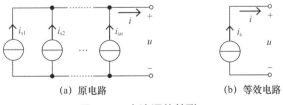

i_{s1}
i_{s2}
i_{sn}
i
u
i_s
(a) 原电路
(b) 等效电路

图 3-15　电流源的并联

3.5.3 理想电压源与电流源的串并联

若理想电压源与理想电流源串联，如图 3-16（a）所示，电流 i 等于电流源的电流 i_s，电压 u

与外电路有关，相当于一个电流为 i_s 的电流源，如图 3-16（b）所示。事实上，与电流源串联的元件（如图中的电压源，也可以是任意的无源元件，例如电阻、电感、电容等）对外电路而言失效的。因此，在只研究外电路时，可忽略与电流源串联的元件。

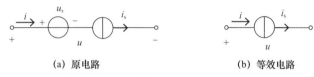

(a) 原电路　　　　　　　(b) 等效电路

图 3-16　理想电压源与电流源的串联

若理想电压源与理想电流源并联，如图 3-17（a）所示，电压 u 等于电压源的电压 u_s，电流 i 与外电路有关，相当于一个电压为 u_s 的电压源，如图 3-17（b）所示。可以看出，与电压源并联的元件对外电路而言是失效的，因此在只研究外电路时，可忽略与电压源并联的元件。

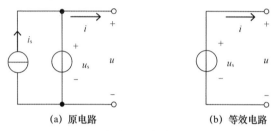

(a) 原电路　　　　　　　(b) 等效电路

图 3-17　理想电压源与电流源的并联

3.6　实际电源的两种模型及其等效变换

实际电源的两种模型
及其等效变换

本节主要讨论实际电源的两种模型以及如何将两种模型相互等效变换。

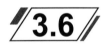
3.6.1　实际直流电压源的模型

一个实际直流电压源的端电压并不是恒定不变的，而是随着其输出电流的增大而不断下降。其外特性可用图 3-18（a）所示的曲线来描述。

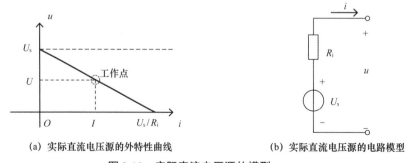

(a) 实际直流电压源的外特性曲线　　　　　　(b) 实际直流电压源的电路模型

图 3-18　实际直流电压源的模型

根据外特性曲线可知，实际直流电压源可以用理想直流电压源 U_s 和线性电阻元件 R_i 串联的模型来等效。图 3-18（b）所示为该实际直流电压源的电路模型，其特性方程为

$$u = U_s - R_i i \qquad （3-16）$$

当实际直流电压源内阻 R_i 很小时，外特性曲线趋于与 i 轴平行；当 $R_i = 0$ 时，外特性曲线完全与 i 轴平行，此时实际直流电压源成为理想直流电压源。

3.6.2　实际直流电流源的模型

同样，实际直流电流源的电流并不是恒定的，而是随着端电压的升高而减小，其外特性曲线如图 3-19（a）所示，并用图 3-19（b）所示电路模型（即理想直流电流源 I_s 和线性电阻元件 G_i 并联）来等效。电路模型的端口特性方程为

$$i = I_s - G_i u \qquad （3-17）$$

当实际直流电流源的电导 G_i 很小时，其外特性曲线趋于与 u 轴平行；当 $G_i = 0$ 时，外特性曲线完全与 u 轴平行，此时实际直流电流源成为理想直流电流源。

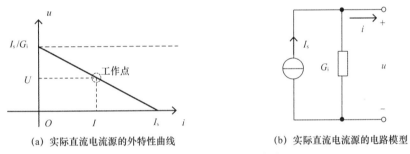

(a) 实际直流电流源的外特性曲线　　　　　(b) 实际直流电流源的电路模型

图 3-19　实际直流电流源的模型

3.6.3　两种模型的等效变换

实际直流电压源和实际直流电流源两种模型可以进行等效变换，所谓的等效是指端口的电压、电流在转换过程中保持不变。通过比较可以看出，图 3-20（a）与图 3-20（b）所示电路等效的条件是

$$\begin{cases} U_s = I_s R_i \\ R_i = \dfrac{1}{G_i} \end{cases} \qquad （3-18）$$

进行等效变换时应注意以下几点。

（1）在式（3-18）中，电流源电流 I_s 的参考方向是由电压源电压 U_s 的负极指向正极。

（2）等效是针对外电路而言的，两电路内部的电阻、电压源和电流源之间并不等效。例如，当图 3-20 所示的外电路开路时，图 3-20（a）中的电阻 R_i 的电流为零，电压源 U_s 对外没有功率交换；而对于图 3-20（b）所示的电路，在外电路同样开路的情况下，电导 G_i 的电流为 I_s，电流源放出的

功率为 I_s^2/G_i，此功率全部被电导 G_i 吸收。类似地，当外电路短路时，图 3-20（a）中的电压源 U_s 放出的功率为 U_s^2/R_i，此功率被电阻 R_i 吸收；而在图 3-20（b）中，电流源和电导 G_i 对外均没有功率交换。

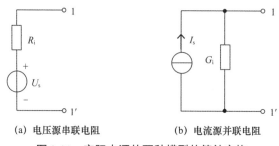

(a) 电压源串联电阻　　　　　　(b) 电流源并联电阻

图 3-20　实际电源的两种模型的等效变换

（3）等效变换条件不仅适用于直流电源，对交流电源也同样适用。

（4）等效变换条件不仅适用于独立源，对受控源也同样适用，但应注意在电路变换中，控制支路应保留，控制变量应保持不变。

3.7 输入电阻

不含独立源的一端口对外可以用一个电阻来等效，称为输入电阻。本节主要讨论输入电阻的计算方法。

3.7.1　输入电阻的定义

在 3.1 节中已经定义了一端口 N 及其端口电压 u 与端口电流 i，如图 3-1 所示。可以证明：如果一端口 N 中含有电阻和受控源，无论内部联结如何复杂，只要不含独立源，此网络 N 的端口电压与端口电流总是成正比，其比例系数就称为输入电阻，即

$$R_{in} = \frac{u}{i} \tag{3-19}$$

式（3-19）中，端口电压 u 与端口电流 i 对于一端口是关联的。

3.7.2　输入电阻的计算

对于只含电阻元件而不含受控源的一端口，其输入电阻等于其等效电阻，可通过电阻的串并联和 Y-△等效变换等方法求得。

对于不仅含电阻元件而且含受控源的一端口，如图 3-21（a）所示，输入电阻的求解通常依据定义进行，具体有以下两种方法。

（1）加压求流法：在端口外加一个电压源 u_s，如图 3-21（b）所示，求出端口电流 i 后，再根据式（3-19）计算输入电阻。需要注意的是，端口电压 u 与端口电流 i 应对于一端口关联，若在非

关联情况下，式（3-19）中需要增加负号。

（2）加流求压法：在端口外加一个电流源 i_s，如图 3-21（c）所示，求出端口电压 u 后，再根据式（3-19）计算输入电阻。同样需要注意，端口电压 u 与端口电流 i 应对于一端口关联，否则，式（3-19）中需要增加负号。

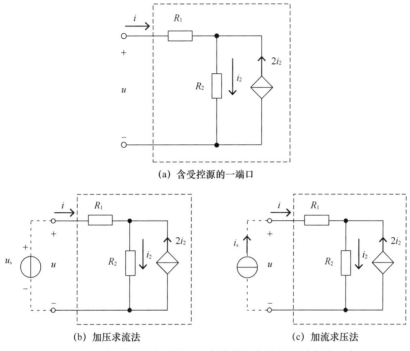

图 3-21　含受控源的一端口及求其输入电阻的两种方法示意

例3-2　求图 3-22（a）所示一端口的输入电阻 R_{ab}（$\beta \neq 1$）。

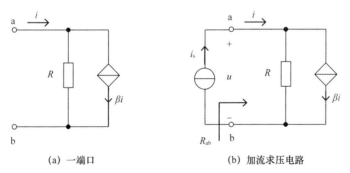

图 3-22　例 3-2 电路

解： 用加流求压法求 R_{ab}。

在端口 a、b 间外加电流源 i_s，如图 3-22（b）所示，求出电压 u 后再求 R_{ab}，有

$$u = (i - \beta i)R = (1 - \beta)Ri$$

则

$$R_{ab} = \frac{u}{i_s} = \frac{u}{i} = \frac{(1-\beta)Ri}{i} = (1-\beta)R$$

可以看出，随着受控源的控制系数 β 的变化，该端口的输入电阻 R_{ab} 也会发生变化。当 $\beta < 1$ 时，$R_{ab} > 0$，为正电阻；当 $\beta > 1$ 时，$R_{ab} < 0$，为负电阻。这意味着该网络可以对外释放电能（因为受控源可以提供电能）。

实际上，含有受控源的一端口，由于受控源这一特殊元件的存在，其输入电阻可以为正值、负值，也可以为零。

3.8 走近科学家

3.8.1 惠斯通简介

查尔斯·惠斯通（Charles Wheatstone，1802—1875 年），英国物理学家，其肖像如图 3-23 所示。

1843 年，惠斯通在英国数学家 S.H.克里斯蒂的建议下，研发了一种能够测量电阻的电桥，用于电报实验和电工测量，这种装置后来被称为惠斯通电桥。惠斯通同时也是现代电报机的发明者。

图 3-23　惠斯通肖像

3.8.2 莫尔斯简介

塞缪尔·芬利·布里斯·莫尔斯（Samuel Finley Breese Morse，1791—1872 年），美国著名画家，被誉为"电报之父"，其肖像如图 3-24 所示。

莫尔斯早年的职业是画家。1838 年，他发布了自己的第一项发明——"莫尔斯码"。1844 年，莫尔斯在华盛顿向巴尔的摩发送了人类历史上的第一份电报。

图 3-24　莫尔斯肖像

《 本章小结 》

1．等效的原则： "对外等效、对内不同"

2．电阻的串并联

（1）串联

等效电阻：$R_{eq} = R_1 + R_2 + \cdots + R_n$

分压：$u_k = \dfrac{R_k}{R_{eq}} u$　　　$k = 1, 2, \cdots, n$

（2）并联

等效电导：$G_{eq} = G_1 + G_2 + \cdots + G_n$

分流：$i_k = \dfrac{G_k}{G_{eq}} i$　　　$k = 1, 2, \cdots, n$

3．电容的串并联

（1）串联

等效电容：$\dfrac{1}{C_{eq}} = \dfrac{1}{C_1} + \dfrac{1}{C_2} + \cdots + \dfrac{1}{C_n}$

等效电容的等效初始电压为 $u(t_0) = \displaystyle\sum_{k=1}^{n} u_k(t_0)$

（2）并联

等效电容：$C_{eq} = C_1 + C_2 + \cdots + C_n$

4．电感的串并联

（1）串联

等效电感：$L_{eq} = L_1 + L_2 + \cdots + L_n$

（2）并联

等效电感：$\dfrac{1}{L_{eq}} = \dfrac{1}{L_1} + \dfrac{1}{L_2} + \cdots + \dfrac{1}{L_n}$

等效电感的等效初始电流为 $i(t_0) = \displaystyle\sum_{k=1}^{n} i_k(t_0)$

5．惠斯通电桥

（1）平衡的条件：相对桥臂电阻乘积相等。

（2）平衡后等效：对角线支路可以视为短路，也可以视为开路。

6．电阻的△-Y 等效变换

（1）△联结变换为 Y 联结：

$$Y联结电阻 = \frac{△联结相邻电阻的乘积}{△联结电阻之和}$$

（2）Y 联结变换为△联结：

$$△联结电阻 = \frac{Y联结电阻两两乘积之和}{Y联结不相邻电阻}$$

7．理想电压源的串并联

（1）串联：等效为一个电压源，电压为各电压源之和。

$$u_s = u_{s1} + u_{s2} + \cdots + u_{sn} = \sum_{k=1}^{n} u_{sk}$$

（2）并联：只有电压相同且极性一致的理想电压源才能并联。

8．理想电流源的串并联

（1）串联：只有电流相同且方向一致的理想电流源才能串联。

（2）并联：等效为一个电流源，电流为各电流源之和。

$$i_s = i_{s1} + i_{s2} + \cdots + i_{sn} = \sum_{k=1}^{n} i_{sk}$$

9．理想电压源与理想电流源的串并联

（1）串联：等效为一个电流源。

（2）并联：等效为一个电压源。

10．电压源串联电阻与电流源并联电阻的相互等效条件

$$\begin{cases} U_s = I_s R_i \\ R_i = \dfrac{1}{G_i} \end{cases}$$

11. 输入电阻

（1）不含独立源的一端口对外等效为一个电阻。

（2）输入电阻定义：$R_{in} = \dfrac{u}{i}$。

（3）输入电阻的计算方法：加压求流法、加流求压法。

《 **本章思维导图** 》

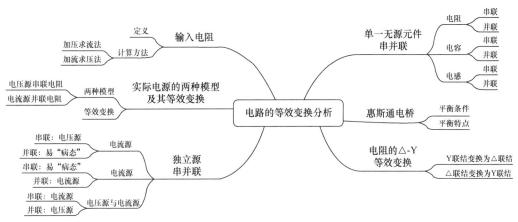

第 3 章知识点思维导图

《 **习　　题** 》

基础题

3-1. 计算题 3-1 图所示电路的等效电阻 R_{eq} 。

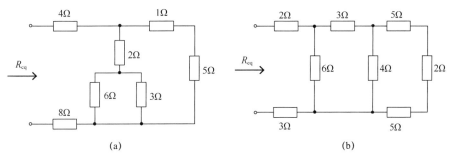

（a）　　　　　　　　　　　　　　　（b）

题 3-1 图

3-2. 试求题 3-2 图所示电路中端口 a、b 间的输入电阻 R_{ab}。

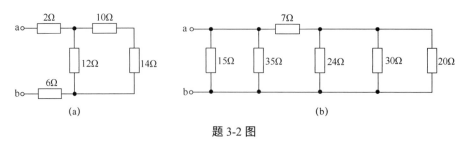

题 3-2 图

3-3. 试求题 3-3 图所示电路中端口 a、b 间的输入电阻 R_{ab}。

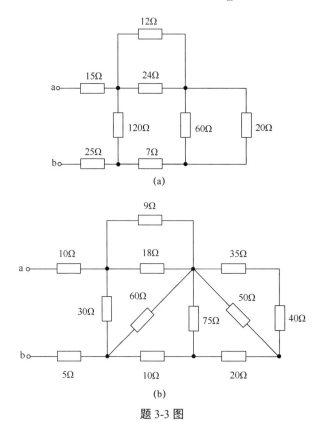

题 3-3 图

3-4. 求题 3-4 图所示电路中含受控源的一端口的输入电阻 R_{ab}。

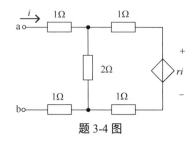

题 3-4 图

3-5. 计算题 3-5 图所示电路的等效电容 C_{ab}。

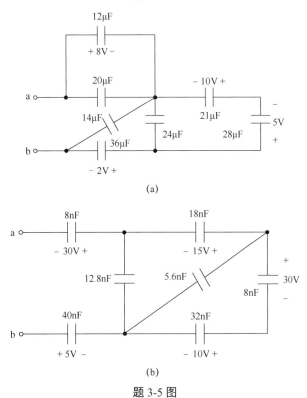

(a)

(b)

题 3-5 图

3-6. 计算题 3-6 图所示电路的等效电感 L_{ab}。

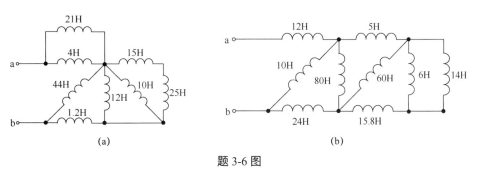

(a)   (b)

题 3-6 图

3-7. 利用 Y-△ 等效变换计算题 3-7 图所示电路中电流源两端电压 U。

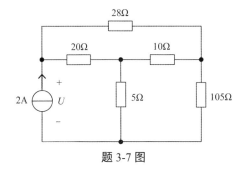

题 3-7 图

3-8. 应用电源等效变换求题 3-8 图所示电路中的电流 I_1。

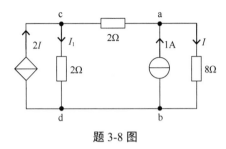

题 3-8 图

进阶题

3-9. 计算题 3-9 图所示电路中 40Ω 电阻的功率。

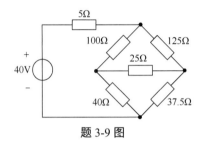

题 3-9 图

3-10. 利用 Y-△ 等效变换计算题 3-10 图所示电路中的等效电阻 R_{ab} 和电流 i。

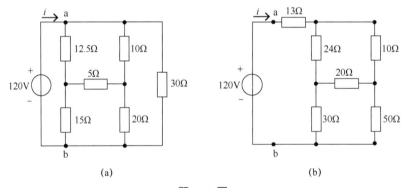

(a)   (b)

题 3-10 图

3-11. 计算题 3-11 图所示电路中的电压 U。

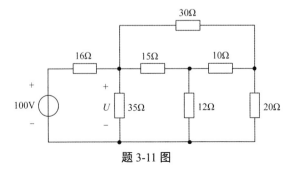

题 3-11 图

3-12. 计算题 3-12 图所示电路中的电流 I 和等效电阻 R_{eq}。

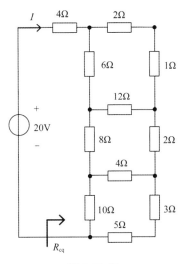

题 3-12 图

应用题

3-13. 判断题 3-13 图所示电路连接是否合理，若合理，请计算各个元件的功率；若不合理，请说明原因。

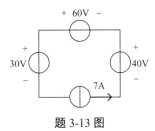

题 3-13 图

3-14. 判断题 3-14 图所示电路中 u_1 和 u_2 的取值是否为定值，如果是定值，求出其值；如果不是定值，说明原因。

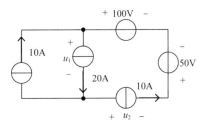

题 3-14 图

3-15. 判断题 3-15 图所示电路连接是否合理，若合理，请计算各个元件的功率；若不合理，请说明原因。

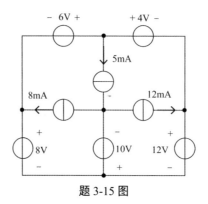

题 3-15 图

3-16. 判断题 3-16 图所示电路连接是否合理，若合理，请计算各个元件的功率；若不合理，请说明原因。

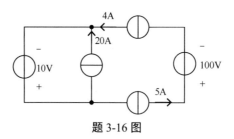

题 3-16 图

第 **4** 章
电路的一般分析方法与电路定理

📋 **本章内容概要**

本章基于基尔霍夫定律，介绍系统化求解电路的方法，包括节点电压法和网孔电流法。此外，本章还会介绍一些重要的电路定理，如叠加定理、戴维南定理、诺顿定理以及最大功率传输定理等。

📋 **本章学习目标**

1. 电路一般分析方法的基本思想

能阐述节点电压法和网孔电流法的基本思想。

2. 电路方程的列写

（1）能按照规律列写节点电压方程，并能处理含受控源和无伴电压源支路的电路；

（2）能按照规律列写网孔电流方程，并能处理含受控源和无伴电流源支路的电路。

3. 叠加定理

（1）能阐述叠加定理的适用范围；

（2）能利用叠加定理求解多个独立源作用下的电压和电流，并能正确处理含受控源的电路。

4. 戴维南定理

（1）能将含源的一端口转换为戴维南等效电路，并正确处理含受控源的情况；

（2）能利用戴维南定理求解电路。

4.1 基本概念

对于结构较为简单的电路，第 3 章介绍的等效变换方法是有效的；然而，对于结构较为复杂的电路，等效变换方法就不再得心应手，有时反而会使问题复杂化。

本章介绍适用于一般电路的普适方法，即系统化求解电路的方法。这种方法并不改变电路的结构，而是针对原有电路，选择一组适当的电路变量（如电流或电压）作为未知量，并根据 KCL、KVL 以及元件的 VCR 等建立足够数量的电路方程。通过求解这些电路方程，可以得到该组变量，从而获得所需的电路响应。由此可见，进行电路一般分析的关键在于建立一定数量的电路方程，并确保这些方程相互独立，即任意一个方程都不能由其他方程推导得到。

为解决独立电路方程的建立问题，本节将介绍一些相关术语以及关于 KCL 和 KVL 独立方程的定理。

4.1.1 常用术语

平面电路：能够绘制在平面上，且除节点外没有支路相交的电路称为平面电路，否则称为非平面电路。图 4-1（a）所示的电路为平面电路，图 4-1（b）所示的电路可以重新绘制成图 4-1（c）所示的形式，因此仍然是平面电路，而图 4-1（d）所示的电路则是典型的非平面电路。对于平面电路，可以引入网孔的概念。例如，在图 4-1（a）和图 4-1（b）所示的电路中，分别包含 3 个和 4 个网孔。

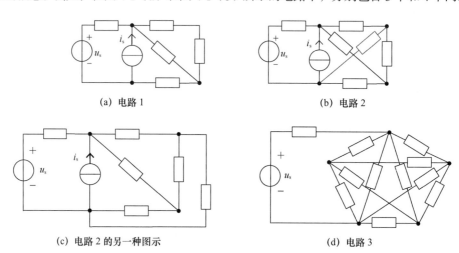

(a) 电路 1　　　　　　　　　　(b) 电路 2

(c) 电路 2 的另一种图示　　　　　(d) 电路 3

图 4-1　平面电路与非平面电路

4.1.2 KCL 独立方程

定理：对于一个有 n 个节点的电路，可以对任意$(n-1)$个节点建立$(n-1)$个独立的 KCL 方程。

例如：对图 4-2（a）所示的电路，可以列出如下 3 个 KCL 方程。

节点 1：$-i_1 + i_2 + i_3 + i_5 = 0$

节点 2：$-i_3 - i_4 - i_5 = 0$

节点 3：$i_1 - i_2 + i_4 = 0$

由于可以由任意 2 个方程推导出第 3 个方程（例如，可以将节点 1 与节点 2 的 KCL 方程相加，直接得到节点 3 的 KCL 方程），所以只有 2 个方程是相互独立的。因此，对于一个有 n 个节点的电路，在列写 KCL 方程时，可以任意选取一个节点作为参考节点（通常标记为节点 0），对其他$(n-1)$个节点建立$(n-1)$个独立的 KCL 方程。

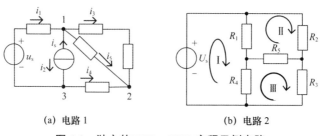

(a) 电路 1　　　　　　　　　　(b) 电路 2

图 4-2　独立的 KCL、KVL 方程示例电路

4.1.3 KVL 独立方程

定理：一个有 n 个节点、b 条支路的平面电路，一定有 $m=b-n+1$ 个网孔；同时，对这 m 个网孔建立的 KVL 方程一定相互独立。

例如：对于图 4-2（b）所示的电路，$n=4$，$b=6$，网孔数目 $m=b-n+1=3$。对这些网孔可以建立 3 个独立的 KVL 方程。

4.1.4 2b 法

综上所述，对于一个具有 n 个节点、b 条支路的电路，可以由 $(n-1)$ 个独立节点建立 $(n-1)$ 个独立的 KCL 方程，由 $m=b-n+1$ 个独立的回路（对于平面电路而言，这些回路可以直接视为网孔）建立 $m=b-n+1$ 个独立的 KVL 方程，再联合由 b 条支路建立的 b 个独立的 VCR 方程，共计 $2b$ 个独立方程，恰好可以用来求解 b 条支路的电压和 b 条支路的电流，共 $2b$ 个变量。

$2b$ 法正是基于这一原理。其基本思想是将所有支路电压和支路电流作为变量，建立与变量数目相等的独立 KCL、KVL 和 VCR 方程。通过解这些方程，便可求得各支路的电压和电流。在此基础上，还可以进一步求解电路中的其他变量。

例 4-1　用 $2b$ 法求图 4-3 所示电路的 i_3。已知：$u_{s0}=5\text{V}$，$u_{s1}=10\text{V}$，$R_1=2\Omega$，$R_2=6\Omega$，$R_3=4\Omega$。

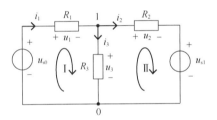

图 4-3　例 4-1 电路

解：用 $2b$ 法建立方程。

电路共有 1 个独立节点、2 个网孔、3 条支路（电压源与电阻的串联作为一条支路）。选取支路电流 i_1、i_2、i_3 及电压 u_1、u_2、u_3 的参考方向如图 4-3 所示。

列写方程如下。

KCL 方程：$-i_1+i_2+i_3=0$（节点 1）

KVL 方程：$u_1+u_3-u_{s0}=0$（网孔 I）

$\qquad\qquad -u_3+u_2+u_{s1}=0$（网孔 II）

VCR 方程：$u_1=R_1i_1=2i_1$（支路 1）

$\qquad\qquad u_2=R_2i_2=6i_2$（支路 2）

$\qquad\qquad u_3=R_3i_3=4i_3$（支路 3）

代入数据，求解上述 6 个方程，可以解出：$i_3\approx1.14\text{A}$。

可以看出，用 $2b$ 法求解电路时，为了求解各支路的电压和电流，必须列出 $2b$ 个相互独立的电路方程。一个电路包含的支路数目越多，求解各支路电流所需的电路方程数目就越多，解方程组的难度也越大。因此，该方法适合利用计算机进行求解。而在人工计算时，为了进一步减少分析所需的电路方程数量，可以采用节点电压法和网孔电流法。

4.2 节点电压法

节点电压法

节点电压法是以节点电压为变量列写电流方程，从而求解电路的一种方法。本节将介绍节点电压法的变量选取、推导和使用等内容。

4.2.1 节点电压的定义与性质

对于一个具有 n 个节点、b 条支路的电路，任选一个节点作为参考节点（通常标记为节点 0），其他节点（称为独立节点）与参考节点之间的电压称为节点电压。各节点电压的极性规定为：参考节点为"–"，独立节点为"+"。因此，对于一个具有 n 个节点、b 条支路的电路，共有 $(n-1)$ 个节点电压变量。

节点电压一般具有以下性质。

（1）各支路电压可以用节点电压表示。例如：对于图 4-4 所示的电路，以节点 0 为参考节点，节点电压变量有 3 个，分别是 u_{n1}、u_{n2}、u_{n3}，所有的支路电压都可以用它们或它们的代数和表示，例如：$u_2 = u_{n2}$，$u_5 = u_{n2} - u_{n3}$，$u_3 + u_{s3} = u_{n3}$。

（2）节点电压总是自动满足 KVL。对图 4-4 所示的网孔 I 建立的 KVL 方程为

$$-u_2 + u_5 + u_3 + u_{s3} = -u_{n2} + u_{n2} - u_{n3} + u_{n3} \equiv 0$$

可以看出：将支路电压用节点电压表示后，KVL 总能自动得到满足。这是因为将支路电压表示为节点电压或其代数和这一过程，KVL 就是其理论依据。

（3）结合 VCR，支路电流也可以用节点电压表示。如图 4-4 所示，各支路电流可以分别表示为

$$i_1 = G_1 u_{n1} \quad i_2 = G_2 u_{n2} \quad i_3 = G_3(u_{n3} - u_{s3}) \quad i_4 = G_4(u_{n1} - u_{n2})$$

$$i_5 = G_5(u_{n2} - u_{n3}) \quad i_6 = G_6(u_{n1} - u_{n3})$$

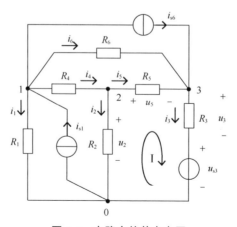

图 4-4　电路中的节点电压

4.2.2　节点电压法的推导

由于节点电压自动满足 KVL，而各支路电流又可以用节点电压表示，因此若以节点电压为未知变量，列出除参考节点以外的$(n-1)$个独立节点的 KCL 方程，即可求得$(n-1)$个节点电压，进而求解其他电路变量。这就是节点电压法的基本思想。

对于图 4-4 所示的电路，选取节点 0 为参考节点，分别对独立节点 1、2 和 3 建立 KCL 方程（用节点电压表示各支路电流），有

节点 1：$i_1 + i_4 + i_6 = i_{s1} - i_{s6}$

$$\Rightarrow G_1 u_{n1} + G_4(u_{n1} - u_{n2}) + G_6(u_{n1} - u_{n3}) = i_{s1} - i_{s6}$$

节点 2：$i_2 - i_4 + i_5 = 0$

$$\Rightarrow G_2 u_{n2} - G_4(u_{n1} - u_{n2}) + G_5(u_{n2} - u_{n3}) = 0$$

节点 3：$i_3 - i_5 - i_6 = i_{s6}$

$$\Rightarrow G_3(u_{n3} - u_{s3}) - G_5(u_{n2} - u_{n3}) - G_6(u_{n1} - u_{n3}) = i_{s6}$$

整理得方程组：

$$\begin{cases} (G_1 + G_4 + G_6)u_{n1} - G_4 u_{n2} - G_6 u_{n3} = i_{s1} - i_{s6} \\ -G_4 u_{n1} + (G_2 + G_4 + G_5)u_{n2} - G_5 u_{n3} = 0 \\ -G_6 u_{n1} - G_5 u_{n2} + (G_3 + G_5 + G_6)u_{n3} = i_{s6} + G_3 u_{s3} \end{cases}$$

这就是以节点电压为变量列出的方程组。通过解此方程组，可以得到各节点的电压，从而进一步求解其他电路变量。

4.2.3　节点电压法的方程列写步骤与规律

总结一下，节点电压法的方程列写步骤如下。

（1）选择参考节点，对独立节点进行编号，并指定其节点电压。

（2）根据规律列写节点电压方程（本质上是变形后的 KCL 方程）。对于具有 n 个节点的电路，所列出的$(n-1)$个节点电压方程一般具有以下形式：

$$\begin{cases} G_{11}u_{n1} + G_{12}u_{n2} + G_{13}u_{n3} + \cdots + G_{1(n-1)}u_{n(n-1)} = i_{s11} \\ G_{21}u_{n1} + G_{22}u_{n2} + G_{23}u_{n3} + \cdots + G_{2(n-1)}u_{n(n-1)} = i_{s22} \\ \cdots \\ G_{(n-1)1}u_{n1} + G_{(n-1)2}u_{n2} + G_{(n-1)3}u_{n3} + \cdots + G_{(n-1)(n-1)}u_{n(n-1)} = i_{s(n-1)(n-1)} \end{cases} \tag{4-1}$$

其中，G_{kk} 为节点 k 的自导，是联结到节点 k 的所有电导之和，均为正；G_{kj} 为节点 k 与节点 j 的互导，是两节点间所有公共电导之和，均为负。在不含受控源的电路中，G_{kj} 与 G_{jk} 相同；i_{skk} 为注入节点 k 的等效电流源的电流，流入节点为 "+"，流出节点为 "–"。

（3）解方程，得到节点电压变量。

（4）根据其他变量与节点电压的关系，求解待求变量。

4.2.4　节点电压法的特殊情况

在应用节点电压法列写电路方程时，遇到下列几种情况需要特殊处理。

（1）电路中包含与电阻串联的电压源（有伴电压源）支路。

可以将该电压源与电阻串联的支路等效为电流源与电阻并联的支路，然后列写节点电压方程。

例 4-2　试证明弥尔曼定理，即对于图 4-5（a）所示由电压源和电阻组成的具有一个独立节点的电路，其节点电压为 $u_{n1} = \dfrac{\sum G_k u_{sk}}{\sum G_k}$。

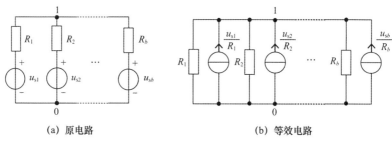

(a) 原电路　　　　　　　　　　(b) 等效电路

图 4-5　例 4-2 电路

证：将图 4-5（a）所示的电压源与电阻的串联等效为电流源与电阻的并联，如图 4-5（b）所示。用节点电压法建立方程如下。

$$(G_1 + G_2 + \cdots + G_b)u_{n1} = G_1 u_{s1} + G_2 u_{s2} + \cdots + G_b u_{sb}$$

解之得 $u_{n1} = \dfrac{\sum G_k u_{sk}}{\sum G_k}$。原题得证。

（2）电路中含有无伴电压源支路（即电压源支路没有电阻与其串联）。

由于无伴电压源支路的电流无法用节点电压直接表示，因此在列写节点电压方程时，需要对这种支路进行特殊处理，通常有以下两种处理方法。

第一种处理方法：增加一个变量，并补充一个方程。具体来说，可以假设无伴电压源的电流为一个未知变量，以此为基础列写每个独立节点的 KCL 方程，同时补充一个方程，描述节点电压与无伴电压源电压之间的关系。

第二种处理方法：特殊参考节点法，即选择无伴电压源的一个节点为参考节点。由于无伴电压源的另一个节点的电压即为电压源电压，无须再列写该节点的 KCL 方程，因此方程个数并未增加。

例 4-3　列写图 4-6（a）所示电路的节点电压方程。

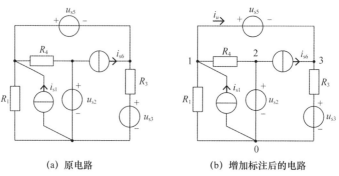

(a) 原电路　　　　　　　　　　(b) 增加标注后的电路

图 4-6　例 4-3 电路

解：选择无伴电压源的一个节点作为参考节点，并对其他独立节点进行编号。假设无伴电压源 u_{s5} 的电流为 i_u，如图 4-6（b）所示。节点电压方程如下。

$$\begin{cases} (G_1 + G_4)u_{n1} - G_4 u_{n2} = i_{s1} - i_u \\ u_{n2} = u_{s2} \\ G_3 u_{n3} = i_{s6} + i_u \\ u_{n1} - u_{n3} = u_{s5} \end{cases}$$

第一个和第三个方程分别为节点 1 和节点 3 的 KCL 方程。在列写方程时，需要注意无伴电压源 u_{s5} 的电流 i_u 对节点电流的影响；对于节点 2，它与参考节点 0 通过无伴电压源 u_{s2} 直接相连，因此无须列写 KCL 方程，只需直接写出节点电压等于电压源电压，这构成了第二个方程；由于增加了一个变量 i_u，需补充第四个方程，用以表示 u_{s5} 与节点电压的关系。

（3）电路中有元件与电流源串联。

由于列写的节点电压方程是每个独立节点的 KCL 方程，表达的是与该独立节点相连的所有支路电流的关系。由于与电流源串联的元件不会影响该支路的电流，因此在列写节点电压方程时，与电流源串联的元件"失效"，其参数不会出现在节点电压方程中。

（4）电路中含有受控源。

在这种情况下，建立方程需要分两步进行：首先将受控源当作独立源处理；然后补充一个方程，表示控制量与节点电压之间的关系。

例 4-4　列写图 4-7（a）所示电路的节点电压方程。

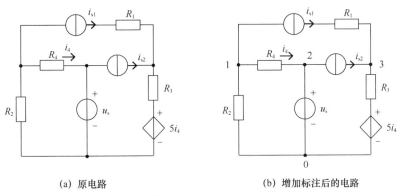

(a) 原电路　　　　　　　　　　(b) 增加标注后的电路

图 4-7　例 4-4 电路

解：选择无伴电压源的一个节点作为参考节点，并对其他独立节点进行编号，如图 4-7（b）所示。

节点电压方程如下。

$$\begin{cases} (G_2 + G_4)u_{n1} - G_4 u_{n2} = -i_{s1} \\ u_{n2} = u_s \\ G_3 u_{n3} = i_{s1} + i_{s2} + G_3(5i_4) \\ i_4 = G_4(u_{n1} - u_{n2}) \end{cases}$$

第一个和第三个方程分别是节点 1 和节点 3 的 KCL 方程。需要注意的是，与电流源 i_{s1} 串联的电阻 R_1 失效，不会出现在节点电压方程中。对于节点 2，它通过无伴电压源 u_s 直接与参考节点 0

相连，因此无须列写 KCL 方程，只需直接写出该节点的电压等于电压源的电压，这就是第二个方程。最后，由于电路中存在受控源 $5i_4$，需要补充一个方程来表示控制量 i_4 与节点电压之间的关系，这便是第四个方程。

网孔电流法

4.3 网孔电流法

网孔电流法是以网孔电流为变量来列写电压方程，从而求解电路的一种方法。本节将介绍网孔电流法的变量选取、推导和使用等内容。

4.3.1 网孔电流的定义与性质

网孔电流是为了方便电路分析而人为引入的一种电路变量，是一种假想的沿着网孔连续流动的电流。对于一个具有 n 个节点、b 条支路的平面电路，其网孔数 $m = b - n + 1$，网孔电流的数目也为 $m = b - n + 1$。因此，如果以网孔电流作为未知电路变量进行分析，则只需列出 $m = b - n + 1$ 个电路方程即可完成电路的求解。

网孔电流一般具有以下性质。

（1）各支路电流可以用网孔电流表示。例如：对于图 4-8 所示的电路，共有 3 个网孔电流变量，即 i_{m1}、i_{m2}、i_{m3}，所有的支路电流都可以用它们或其代数和表示，如 $i_1 = -i_{m2}$，$i_4 = i_{m2} - i_{m1}$，$i_6 = i_{m1}$。

（2）网孔电流总是自动满足任意节点的 KCL。对图 4-8 所示的节点 1 建立的 KCL 方程为

$$i_1 + i_4 + i_6 = -i_{m2} + i_{m2} - i_{m1} + i_{m1} \equiv 0$$

可以看出：把支路电流用网孔电流表示后，KCL 总可以自动得到满足。这是因为把支路电流表示成网孔电流或其代数和的这一过程的依据就是 KCL。

（3）结合 VCR，支路电压也可以用网孔电流表示。如图 4-8 所示，各支路电压可以分别表示为

$$u_1 = -R_1 i_{m2} \qquad u_2 = u_{s2} + R_2(i_{m2} - i_{m3}) \qquad u_3 = R_3 i_{m3} + u_{s3}$$

$$u_4 = R_4(i_{m2} - i_{m1}) \qquad u_5 = R_5(i_{m3} - i_{m1}) \qquad u_6 = u_{s6} + R_6 i_{m1}$$

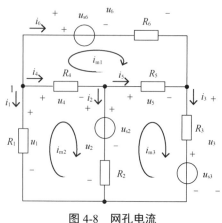

图 4-8　网孔电流

4.3.2　网孔电流法的推导

由于网孔电流自动满足 KCL，各支路电压又可以用网孔电流表示，因此，如果以网孔电流为未知变量，列出 $m=b-n+1$ 个网孔的 KVL 方程，就可以求得 m 个网孔电流，进而求出其他电路变量。这就是网孔电流法的基本思想。

对于图 4-8 所示的电路，假设回路绕行方向均与网孔电流方向一致，对 3 个网孔分别建立 KVL 方程（用网孔电流表示各支路电压），有

网孔 1：$-u_4 + u_6 - u_5 = 0$

$\Rightarrow -R_4(i_{m2} - i_{m1}) + u_{s6} + R_6 i_{m1} - R_5(i_{m3} - i_{m1}) = 0$

网孔 2：$-u_1 + u_4 + u_2 = 0$

$\Rightarrow R_1 i_{m2} + R_4(i_{m2} - i_{m1}) + u_{s2} + R_2(i_{m2} - i_{m3}) = 0$

网孔 3：$u_5 + u_3 - u_2 = 0$

$\Rightarrow R_5(i_{m3} - i_{m1}) + R_3 i_{m3} + u_{s3} - u_{s2} - R_2(i_{m2} - i_{m3}) = 0$

整理得方程组：

$$\begin{cases} (R_4 + R_5 + R_6)i_{m1} - R_4 i_{m2} - R_5 i_{m3} = -u_{s6} \\ -R_4 i_{m1} + (R_1 + R_2 + R_4)i_{m2} - R_2 i_{m3} = -u_{s2} \\ -R_5 i_{m1} - R_2 i_{m2} + (R_2 + R_3 + R_5)i_{m3} = -u_{s3} + u_{s2} \end{cases}$$

这就是以网孔电流为变量列出的方程组，解之得到各网孔电流，进而可以得到其他任意电路变量。

4.3.3　网孔电流法的方程列写步骤与规律

总结一下，网孔电流法的方程列写步骤如下。

（1）选择各网孔电流，并标示其参考方向。

（2）按照规律列写网孔电流方程（实际上是变形后的 KVL 方程）。对于一个具有 n 个节点和 b 条支路的平面电路，可列出 $m = b - n + 1$ 个网孔电流方程。这些方程通常具有以下一般形式：

$$\begin{cases} R_{11}i_{m1} + R_{12}i_{m2} + R_{13}i_{m3} + \cdots + R_{1m}i_{mm} = u_{s11} \\ R_{21}i_{m1} + R_{22}i_{m2} + R_{23}i_{m3} + \cdots + R_{2m}i_{mm} = u_{s22} \\ \cdots \\ R_{m1}i_{m1} + R_{m2}i_{m2} + R_{m3}i_{m3} + \cdots + R_{mm}i_{mm} = u_{smm} \end{cases} \qquad (4\text{-}2)$$

其中，R_{kk} 为网孔 k 的自阻，即网孔 k 内所有电阻的总和，且均为正值；R_{kj} 为网孔 k 与网孔 j 的互阻，是两网孔间共有支路的电阻之和，可正可负。若在此共有支路上两网孔电流同向，取"+"；若在此共有支路上两网孔电流反向，取"−"。在不含受控源的电路中，R_{kj} 与 R_{jk} 相同。另外，若所有的网孔电流都取顺（或逆）时针方向，互阻均为负。u_{skk} 为网孔 k 的等效电压源的电压。当电压源产生的电流与网孔电流方向一致时，电压取"+"；反之取"−"。

（3）解方程，得到网孔电流变量。

（4）根据其他变量与网孔电流的关系，求解待求变量。

4.3.4 网孔电流法的特殊情况

在应用网孔电流法列写电路方程时，遇到以下几种情况需要特殊处理。

（1）电路中含有与电阻并联的电流源（有伴电流源）支路。

可以将电流源与电阻并联的支路等效为电压源与电阻串联的支路后，再列写网孔电流方程。

（2）电路中含有无伴电流源支路（即电流源支路没有电阻与之并联）。

由于无伴电流源支路的电压无法直接用网孔电流表示，因此在列写网孔电流方程时，这种支路需要进行特殊处理。通常的处理方法是引入一个辅助变量，并补充一个方程。具体做法为：假设无伴电流源两端的电压为未知变量，依次列写每个网孔的 KVL 方程，同时补充一个描述网孔电流与无伴电流源电流关系的方程。

例 4-5 列写图 4-9（a）所示电路的网孔电流方程。

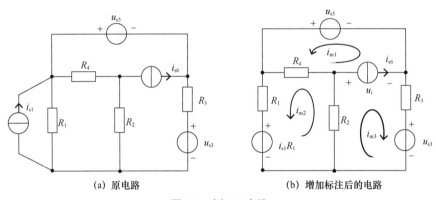

(a) 原电路　　　　　　　　　(b) 增加标注后的电路

图 4-9　例 4-5 电路

解： 将电流源与电阻并联的支路等效为电压源与电阻的串联支路，假设无伴电流源 i_{s6} 的电压为 u_i，选择 3 个网孔电流方向，如图 4-9（b）所示。

$$\begin{cases} R_4 i_{m1} - R_4 i_{m2} = u_{s5} - u_i \\ -R_4 i_{m1} + (R_1 + R_2 + R_4) i_{m2} + R_2 i_{m3} = -i_{s1} R_1 \\ +R_2 i_{m2} + (R_2 + R_3) i_{m3} = -u_i - u_{s3} \\ i_{m1} + i_{m3} = i_{s6} \end{cases}$$

前 3 个方程分别为 3 个网孔的 KVL 方程。需要注意无伴电流源 i_{s6} 的电压 u_i 对电路的影响。由于增加了一个变量 u_i，因此需要补充一个方程来表示 i_{s6} 与网孔电流的关系，即第四个方程。

（3）电路中含有受控源。

在这种情况下建立方程时，分为两步：首先将受控源视为独立源处理；然后补充一个方程，用于表示控制量与网孔电流之间的关系。

例 4-6 列写图 4-10（a）所示电路的网孔电流方程。

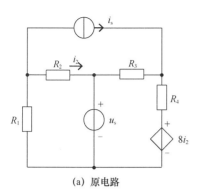 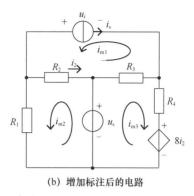

(a) 原电路　　　　　　　　　　　(b) 增加标注后的电路

图 4-10　例 4-6 电路

解： 假设无伴电流源 i_s 的电压为 u_i，选择 3 个网孔电流方向，如图 4-10（b）所示。

$$\begin{cases} (R_2 + R_3)i_{m1} - R_2 i_{m2} + R_3 i_{m3} = u_i \\ -R_2 i_{m1} + (R_1 + R_2)i_{m2} = u_s \\ R_3 i_{m1} + (R_3 + R_4)i_{m3} = u_s - 8i_2 \\ i_s = -i_{m1} \\ i_{m1} - i_{m2} = i_2 \end{cases}$$

前 3 个方程分别为 3 个网孔的 KVL 方程。注意到无伴电流源 i_s 的存在，增加了一个变量 u_i，因此补充一个方程，用以表示 i_s 与网孔电流的关系，即第四个方程。另外，对于受控电压源 $8i_2$ 的处理方式，先将其作为独立电压源，其电压出现在第三个 KVL 方程中，然后补充一个表示控制量 i_2 与网孔电流关系的方程，即第五个方程。其实，这里有一个特殊情况：由于只有一个网孔电流经过无伴电流源支路，在无须求取无伴电流源两端电压时，第一个方程可以不列写。

4.3.5　网孔电流法与节点电压法的比较

网孔电流法与节点电压法都是求解电路的基本分析方法，它们的比较如下。

（1）网孔电流法列写的是变形后的 KVL 方程，方程个数为 $m = b - n + 1$；而节点电压法列写的是变形后的 KCL 方程，方程个数为 $(n-1)$。通常情况下，节点电压法列写的方程个数会比网孔电流法的要少。

（2）对于非平面电路，由于不存在自然网孔，网孔电流法将不适用，但节点电压法仍然适用。

（3）网孔电流法和节点电压法的思想易于编程实现。目前，用计算机分析网络（如电网、集成电路设计等）时，多采用节点电压法。

4.4 叠加定理

叠加定理

线性网络的分析方法有两种：一种是前文所阐述的以 KCL、KVL 以及 VCR 等为基础的分析方法，如节点电压法、网孔电流法等；另一种是利用电路定理，将复杂的电路分解或将电路的局部用简单电路等效替代，从而实现简化计算的分析方法。常用的电路定理有叠加定理、戴维南定理、诺顿定理等。

本节将介绍在线性电路的分析、计算中起重要作用的叠加定理，包括定理的内容、应用及推论等。

4.4.1 基本概念

本小节先介绍一些相关的基本概念。

线性元件：当描述元件的特性方程为线性方程时，元件为线性元件。例如，电阻元件有 $u=Ri$ 的特性方程，当阻值 R 不随电流、电压的大小及方向的变化而变化时，电阻元件为线性元件。

线性电路：由线性元件组成的电路。

激励与响应：如图 4-11 所示，在电路中，独立源为电路的输入，对电路起激励作用，通常称为激励，而其他元件的电压与电流是激励引起的响应。

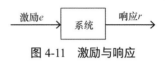

图 4-11　激励与响应

4.4.2 叠加定理的内容

叠加定理的内容：对于任意线性电路，由多个独立源（激励）共同作用所引起的电流或者电压（响应），等于这些独立源分别单独作用时在该处所产生的电流或者电压（响应）的代数和。如图 4-12 所示，对于某线性系统 N，若在激励 e_1 下的某个响应为 r_1，在激励 e_2 下的响应为 r_2，则该系统在激励 (e_1+e_2) 下的响应为 (r_1+r_2)。

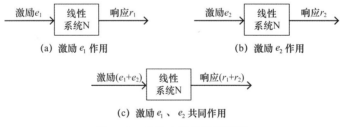

(a) 激励 e_1 作用　　　　　　　　　(b) 激励 e_2 作用

(c) 激励 e_1、e_2 共同作用

图 4-12　线性电路的叠加定理

叠加定理是线性电路的线性性质的体现，也是线性方程组的可叠加性在电路中的具体应用。可以证明，对于线性电路，由于所建立的电路方程均为线性方程，因此线性电路中的任意电流或电压均可表示为电路中所有激励的一次线性函数形式。也就是说，对于含有 m 个独立电压源和 n 个独立电流源的线性电路，任意电压 u 或电流 i 均满足以下关系

$$u = \sum_{j=1}^{m} a_j u_{sj} + \sum_{k=1}^{n} b_k i_{sk} \tag{4-3}$$

$$i = \sum_{j=1}^{m} c_j u_{sj} + \sum_{k=1}^{n} d_k i_{sk} \tag{4-4}$$

4.4.3　叠加定理的应用

在应用叠加定理时应注意以下几点。

（1）定理成立的条件是线性电路。对于包含非线性元件的电路，叠加定理不成立。

（2）独立源单独作用的含义是令其他独立源置零。具体来说，电压源置零是将电压源短路；电流源置零是将电流源开路。

（3）计算独立源单独作用的响应时，电路中的电阻、受控源及其联结结构等保持不变。

（4）功率不遵循叠加定理，因为功率不是激励的一次函数，因此无法表示为式（4-3）或（4-4）。

（5）在叠加计算时，应注意电压 u 和电流 i 的参考方向。在计算某激励单独产生的响应时，尽量保持物理量 u 和 i 的参考方向一致。

例 4-7　电路如图 4-13（a）所示，已知 $u_s = 10V$，$i_s = 3A$，$R_1 = 2\Omega$，$R_2 = 1\Omega$。求 i 以及电阻 R_1 吸收的功率。

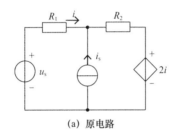

(a) 原电路

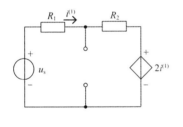

(b) 电压源单独作用

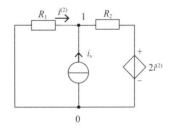

(c) 电流源单独作用

图 4-13　例 4-7 电路

解：应用叠加定理。

（1）首先令电压源 u_s 单独作用，即电流源 i_s 置零，为开路，如图 4-13（b）所示。由网孔电流法有：

$$(R_1 + R_2)i^{(1)} = u_s - 2i^{(1)}$$

得：$i^{(1)} = \dfrac{u_s}{R_1 + R_2 + 2} = \dfrac{10}{2 + 1 + 2} = 2(A)$

此时电阻 R_1 吸收的功率为 $p^{(1)} = i^{(1)2}R_1 = 2^2 \times 2 = 8(W)$

（2）其次令电流源 i_s 单独作用，即电压源 u_s 置零，为短路，如图 4-13（c）所示。由节点电压法有：

$$\begin{cases} \left(\dfrac{1}{R_1}+\dfrac{1}{R_2}\right)u_{n1}=i_s+\dfrac{2i^{(2)}}{R_2} \\ i^{(2)}=-\dfrac{u_{n1}}{R_1} \end{cases}$$

得：$i^{(2)}=-0.6(\text{A})$

此时电阻 R_1 吸收的功率为 $p^{(2)}=i^{(2)2}R_1=(-0.6)^2\times 2=0.72(\text{W})$

（3）由叠加定理，得：$i=i^{(1)}+i^{(2)}=2-0.6=1.4(\text{A})$

电阻 R_1 吸收的功率为 $p=i^2R_1=(1.4)^2\times 2=3.92(\text{W})$

显然，$p\neq p^{(1)}+p^{(2)}$，功率不服从叠加定理。

例 4-8　在图 4-14 所示电路中，网络 N 由线性电阻组成。当 $i_s=1\text{A}$，$u_s=2\text{V}$ 时，$i=-5\text{A}$；当 $i_s=-2\text{A}$，$u_s=4\text{V}$ 时，$u=24\text{V}$。求：当 $i_s=2\text{A}$，$u_s=6\text{V}$ 时，$u=?$

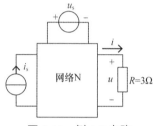

图 4-14　例 4-8 电路

解：所求的电压 u 可以被看作激励 i_s 和 u_s 产生的响应。利用线性电路的线性性质，响应 u 与激励 i_s 和 u_s 之间为一次线性函数关系，即

$$u=k_1i_s+k_2u_s$$

根据已知条件，列写联立方程组：

$$\begin{cases} -5\times 3=k_1+2k_2 \\ 24=-2k_1+4k_2 \end{cases}$$

可以解出 $k_1=-13.5$，$k_2=-0.75$。由此当 $i_s=2\text{A}$，$u_s=6\text{V}$ 时，

$$u=k_1i_s+k_2u_s=-13.5\times 2-0.75\times 6=-31.5(\text{V})$$

4.4.4　叠加定理的推论——齐性定理

齐性定理是叠加定理的推论，其内容为：在线性电路中，当所有激励同时增大为原来的 K 倍或缩小为原来的 $1/K$（K 为实常数）时，响应也将同样增大为原来的 K 倍或缩小为原来的 $1/K$。

当线性电路中仅包含一个独立源时，其响应与激励成正比。如图 4-15 所示，对于某线性系统，如果在激励 e 下产生的响应为 r，则在激励 Ke 下产生的响应为 Kr。

图 4-15　线性电路的齐性定理

4.5　替代定理

本节介绍适用于线性电路和非线性电路的替代定理，包括定理的内容及其常见应用场景。

在任意具有唯一解的电路中，若其中第 k 条支路的电压为 u_k、电流为 i_k，那么这条支路可以用一个电压等于 u_k 的独立电压源或者一个电流等于 i_k 的独立电流源来替代。替代后，电路中所有的电压和电流分布都与原电路完全相同。如图 4-16 所示，图 4-16（a）中第 k 条支路分别用电压源和电流源替代后，图 4-16（b）和图 4-16（c）中的电流和电压分布将与图 4-16（a）中的相应电流和电压分布完全一致。

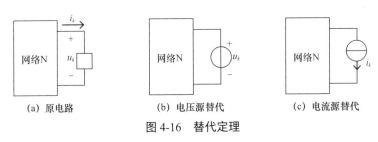

(a) 原电路　　　　　(b) 电压源替代　　　　　(c) 电流源替代

图 4-16　替代定理

替代定理同样适用于非线性电路。被替代的支路可以包含电源，也可以不包含电源，但不能包含受控源的控制量。

在某些情况下，应用替代定理可以简化电路的分析与计算。例如，在分析动态电路某一时刻的状态时，常采用替代定理以降低计算复杂度。

4.6　戴维南定理与诺顿定理

在实际工程中，经常需要研究某一条支路的特点。在这种情况下，可以将需要保留的支路以外的其余部分电路（通常为二端网络，即一端口）等效变换为较为简单的含源支路（即电压源与电阻串联或电流源与电阻并联的形式）。这种等效变换可以显著简化电路的分析和计算过程。

戴维南定理和诺顿定理正好给出了等效含源支路及其计算方法。本节将介绍这两个定理的内容及其应用。

4.6.1　戴维南定理

戴维南定理的内容：一个含有独立源、线性电阻和受控源的线性一端口，对外电路来说，可以等效为一个电压源和电阻的串联组合。此电压源的电压等于该一端口的开路电压，而电阻等于一端口内全部独立源置零后的等效输入电阻。

如图 4-17 所示，图 4-17（a）中的含源线性网络 N_s 对于外电路而言，可以等效为图 4-17（b）虚线框所示的电压源与电阻的串联组合。该电压源的电压 u_{oc} 等于网络 N_s 在外电路开路时的开路电压，如图 4-17（c）所示；电阻 R_{eq} 为含源线性网络 N_s 内部所有独立源置零后所得到的无源线性网络 N_0 的输入电阻，如图 4-17（d）所示。

戴维南定理

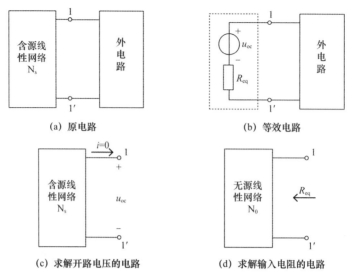

（a）原电路　　　　　　　　（b）等效电路

（c）求解开路电压的电路　　　（d）求解输入电阻的电路

图 4-17　戴维南定理

4.6.2　戴维南定理的应用

戴维南定理常用于获取复杂网络的最简化等效电路，特别适合计算某一条支路的电压或电流，或者分析某一元件参数变化对该元件所在支路电压或电流的影响等情况。

应用戴维南定理的一般步骤如下。

（1）找出待求支路，将待求支路以外的电路作为含源的一端口 N_s；

（2）计算含源一端口 N_s 的开路电压 u_{oc}；

（3）将含源一端口 N_s 中的独立源置零，变为无源的一端口 N_0，计算 N_0 的输入电阻 R_{eq}；

（4）以戴维南等效电路代替原含源的一端口 N_s，然后求解该简化电路，得到待求量。

例 4-9　分别计算图 4-18（a）所示电路中当 $R_L = 10\Omega$、$R_L = 20\Omega$ 时的电流 i_L。已知：$u_{s1} = 10V$，$R_1 = 3\Omega$，$u_{s2} = 6V$，$R_2 = 2\Omega$，$u_{s3} = 12V$，$R_3 = 4\Omega$。

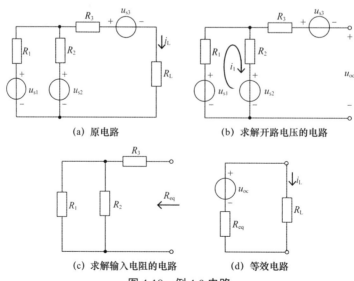

（a）原电路　　　　　　　　（b）求解开路电压的电路

（c）求解输入电阻的电路　　　（d）等效电路

图 4-18　例 4-9 电路

解： 由于负载 R_L 的阻值发生改变，所以将待求的支路——负载 R_L 作为外电路，把其余部分作为含源一端口，先把此网络用戴维南等效电路替代后再计算负载电流。

（1）计算开路电压 u_{oc}。

如图 4-18（b）所示，由于开路，u_{s3} 和 R_3 所在支路并无电流，则

$$i_1 = \frac{u_{s1} - u_{s2}}{R_1 + R_2} = \frac{10-6}{3+2} = 0.8\,(\text{A})$$

$$u_{oc} = -u_{s3} + R_2 i_1 + u_{s2} = -12 + 2 \times 0.8 + 6 = -4.4\,(\text{V})$$

（2）计算等效电阻 R_{eq}。

将含源一端口的所有独立源置零后成为无源一端口，如图 4-18（c）所示，则

$$R_{eq} = R_3 + \frac{R_1 R_2}{R_1 + R_2} = 4 + \frac{3 \times 2}{3 + 2} = 5.2(\Omega)$$

（3）计算待求负载电流 i_L。

将含源一端口以戴维南等效电路替代后，如图 4-18（d）所示，求不同负载下的电流。

当 $R_L = 10\Omega$ 时，负载电流为

$$i_L = \frac{u_{oc}}{R_{eq} + R_L} = \frac{-4.4}{5.2 + 10} \approx -0.29\,(\text{A})$$

当 $R_L = 20\Omega$ 时，负载电流为

$$i_L = \frac{u_{oc}}{R_{eq} + R_L} = \frac{-4.4}{5.2 + 20} \approx -0.17\,(\text{A})$$

例 4-10 计算图 4-19（a）所示电路中 $R_L = 20\Omega$ 时的电流 i。已知：$u_s = 10\text{V}$，$R_1 = R_2 = 10\Omega$。

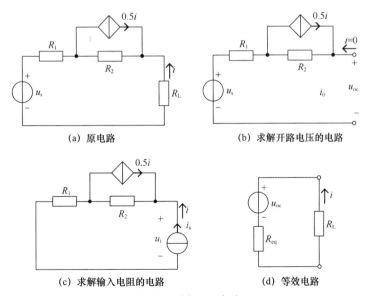

(a) 原电路　　　　　　　(b) 求解开路电压的电路

(c) 求解输入电阻的电路　　　　(d) 等效电路

图 4-19　例 4-10 电路

解： 将待求的支路——负载 R_L 作为外电路，把其余部分作为含源一端口，先把此一端口用戴维南等效电路替代后再计算负载电流。

（1）计算开路电压 u_{oc}。

如图 4-19（b）所示，由于开路，$i=0$，则受控电流源被置零，相当于开路。则

$$u_{\mathrm{oc}} = u_{\mathrm{s}} = 10（\mathrm{V}）$$

（2）计算等效电阻 R_{eq}。

将含源一端口的所有独立源置零后，成为图 4-19（c）所示的含有受控源的一端口。为计算输入电阻，外加电流源 i_{s}，求其两端的电压 u_i 与 i_{s} 的比值。

由于 $i = i_{\mathrm{s}}$，则

$$u_i = (0.5i + i)R_2 + iR_1 = (1.5 \times 10 + 10)i = 25i$$

$$R_{\mathrm{eq}} = \frac{u_i}{i_{\mathrm{s}}} = \frac{25i}{i} = 25（\Omega）$$

（3）计算待求负载电流 i。

将含源一端口以戴维南等效电路替代后，如图 4-19（d）所示，求电流 i，则

$$i = -\frac{u_{\mathrm{oc}}}{R_{\mathrm{eq}} + R_{\mathrm{L}}} = -\frac{10}{25 + 20} \approx -0.22（\mathrm{A}）$$

4.6.3 诺顿定理

诺顿定理的内容：一个含有独立源、电阻和受控源的线性一端口，对外电路来说，可以等效为一个电流源和电阻的并联组合。此电流源的电流等于一端口的短路电流，而电阻等于一端口的全部独立源置零后的输入电阻。

图 4-20（a）所示的含源线性网络 N_{s} 对外电路而言，可以等效为图 4-20（b）虚线框所示的电流源与电阻的并联组合。其中，电流源的电流 i_{sc} 等于网络 N_{s} 在外电路短路时的短路电流，如图 4-20（c）所示；电阻 R_{eq} 则为含源线性网络 N_{s} 内部所有独立源置零后形成的无源线性网络 N_0 的输入电阻，如图 4-20（d）所示。

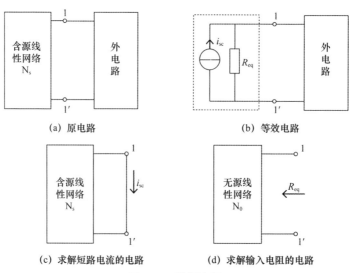

(a) 原电路   (b) 等效电路

(c) 求解短路电流的电路   (d) 求解输入电阻的电路

图 4-20 诺顿定理

根据戴维南支路和诺顿支路的互换关系不难得到，在图 4-17 和图 4-20 所规定的参考方向下，有

$$i_{sc} = \frac{u_{oc}}{R_{eq}} \qquad (4\text{-}5)$$

一般来说，诺顿定理与戴维南定理的用法相同，只是诺顿定理求解的是一端口的短路电流，而不是开路电压。

4.6.4　戴维南定理与诺顿定理的应用注意事项

在应用戴维南定理与诺顿定理时需要注意以下事项。

（1）两个定理十分重要，常用于简化一个复杂电路中不需要研究的有源部分，即将一个复杂电路中不需要研究的有源二端网络用戴维南等效电路或诺顿等效电路代替，以便于其余部分的分析和计算。

（2）两个定理均适用于等效线性一端口，若只是外电路为非线性电路时，定理仍然适用。

（3）u_{oc} 等于原网络 N_s 的外电路开路时的开路电压，i_{sc} 等于原网络 N_s 的外电路短路时的短路电流，可应用前文所述的电路分析方法进行计算。

（4）电阻 R_{eq} 为原网络 N_s 内部所有独立源置零后的无源线性网络 N_0 的输入电阻。若原网络 N_s 内部不含受控源，则通常利用电阻串并联、$\triangle$-Y 等效变换等方法直接求解；若原网络 N_s 内部含有受控源，则需要采用外加电源法（又称伏安法）求解。外加电源法是指在独立源置零后的无源网络 N_0 两端外加独立电压源或独立电流源，通过计算独立电压源的电流或独立电流源两端的电压，最终求得输入电阻。

（5）一般情况下，含源线性一端口既可以用戴维南等效电路替代，也可以用诺顿等效电路替代，但也存在特殊情况。如果一个一端口等效为一个理想电压源，那么它只有戴维南等效电路而不具有诺顿等效电路；类似地，如果一个一端口等效为一个理想电流源，那么它只有诺顿等效电路而不具有戴维南等效电路。

4.7　最大功率传输定理

在实际工程中，有时会遇到这样的问题：配置多少负载才能从给定的信号源获取尽可能大的功率，即如何使含源线性一端口传递给可变负载的功率达到最大。本节介绍最大功率传输定理的内容，包括最大功率传输的条件及传输的最大功率。

以图 4-21 所示电路讨论最大功率传输问题：在负载 R_L 可变的情况下，如何从含源一端口 N_s 中取得最大功率？

在图 4-21（b）所示电路中，将含源一端口 N_s 以戴维南等效电路替代，其电压 U_s 和电阻 R_0 分别表示一端口的等效电压源和等效电阻。

负载 R_L 获得的功率为

$$P_L = \left(\frac{U_s}{R_0 + R_L}\right)^2 R_L = \frac{U_s^2}{(R_0 + R_L)^2} R_L$$

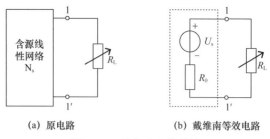

(a) 原电路　　　　　　(b) 戴维南等效电路

图 4-21　最大功率的传输

这样，原电路问题转化为以 R_L 为自变量，求解在 R_L 为何值时，其功率 P_L 取最大值。当 $\dfrac{\mathrm{d}P_L}{\mathrm{d}R_L} = 0$ 时，功率 P_L 取得最大值，即

$$\frac{\mathrm{d}P_L}{\mathrm{d}R_L} = U_s^2 \left[\frac{1}{(R_0 + R_L)^2} - \frac{2R_L}{(R_0 + R_L)^3} \right] = U_s^2 \frac{(R_0 - R_L)}{(R_0 + R_L)^3} = 0$$

解得可变负载 R_L 取得最大功率的条件是

$$R_L = R_0 \tag{4-6}$$

此时，负载 R_L 取得的最大功率为

$$P_{L\max} = \frac{U_s^2}{(2R_0)^2} R_0 = \frac{U_s^2}{4R_0} \tag{4-7}$$

由此可见，当负载电阻 $R_L = R_0$ 时，负载可以获得最大功率。通常称这种情况为负载 R_L 与含源一端口的输入电阻 R_0 匹配。

例 4-11　电路如图 4-22（a）所示，当 R_L 为何值时，它可取得最大功率？最大功率为多少？两个电源发出的功率有百分之多少传输给 R_L？

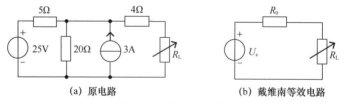

(a) 原电路　　　　　　(b) 戴维南等效电路

图 4-22　例 4-11 电路

解：将负载 R_L 作为外电路，把其余部分作为含源一端口，先求此一端口的戴维南等效电路，如图 4-22（b）所示。

经计算可得：$U_s = 32\text{V}$，$R_0 = 8\Omega$。

所以，当 $R_L = R_0 = 8\Omega$ 时，负载可以获得最大功率，最大功率为

$$P_{L\max} = \frac{U_s^2}{4R_0} = \frac{32^2}{4 \times 8} = 32(\text{W})$$

为求解两个电源发出的功率，必须返回到图 4-22（a）所示的原电路，同时令 $R_L = 8\Omega$。求解此电路，可知流过电压源的电流（从负极到正极）$I_u = 0.2\text{A}$，电流源两端的电压（上正下负）$U_i = 24\text{V}$。这样，两个电源发出的总功率为

$$P_s = 25 \times I_u + 3 \times U_i = 25 \times 0.2 + 3 \times 24 = 77 \text{(W)}$$

负载 R_L 获得的最大功率占两个电源发出的总功率的百分比为

$$\eta = \frac{P_{Lmax}}{P_s} \times 100\% = \frac{32}{77} \times 100\% \approx 41.6\%$$

4.8　走近科学家

莱昂·夏尔·戴维南（Léon Charles Thévenin，1857—1926 年），法国电信工程师，其肖像如图 4-23 所示。

图 4-23　戴维南肖像

戴维南出生于法国莫城，1876 年毕业于巴黎综合理工学院。1878 年，他加入电信工程军团（即法国 PTT 的前身），并于 1882 年成为综合高等学院的讲师。他对电路测量问题表现出浓厚的兴趣，并提出著名的戴维南定理，用于计算复杂电路中的电流。

《 本章小结 》

1．KCL 独立方程

（1）独立方程数：$n-1$。

（2）建立方法：任意选取一个节点作为参考节点，对其他 $n-1$ 个独立节点建立方程。

2．KVL 独立方程

（1）独立方程数：$m = b - n + 1$。

（2）建立方法：对平面电路而言，对网孔建立方程。

3．节点电压法

（1）变量：节点电压。

（2）方程数目：$n-1$。

（3）方程：变形后的 KCL 方程。

（4）规律：自导、互导、电流源电流。

（5）无伴电压源支路的处理。

方法一：增加一个变量，补充一个方程。

方法二：特殊参考节点法。

（6）受控源的处理：先作为独立源处理，再补充一个方程。

4．网孔电流法

（1）变量：网孔电流。

（2）方程数目：$m=b-n+1$。

（3）方程：变形后的 KVL 方程。

（4）规律：自阻、互阻、电压源电压。

（5）无伴电流源支路的处理：增加一个变量，补充一个方程。

（6）受控源的处理：先作为独立源处理，再补充一个方程。

5．叠加定理

（1）适用条件：线性电路。

（2）内容：对于任意线性电路，由多个独立源（激励）共同作用所引起的电流或者电压（响应），等于这些独立源分别单独作用时在该处所产生的电流或者电压（响应）的代数和。

（3）原始形式：

$$u = \sum_{j=1}^{m} a_j u_{sj} + \sum_{k=1}^{n} b_k i_{sk} \qquad i = \sum_{j=1}^{m} c_j u_{sj} + \sum_{k=1}^{n} d_k i_{sk}$$

6．替代定理

（1）适用条件：集总参数电路。

（2）内容：在任意具有唯一解的电路中，若其中第 k 条支路的电压为 u_k、电流为 i_k，那么这条支路可以用一个电压等于 u_k 的独立电压源，或者一个电流等于 i_k 的独立电流源替代。替代后电路的所有电压和电流都与原电路完全相同。

7．戴维南定理

（1）适用条件：含有独立源的线性网络。

（2）内容：一个含有独立源、线性电阻和受控源的线性一端口，对外电路来说，可以等效为一个电压源与电阻的串联组合。其中，该电压源的电压等于该一端口的开路电压，而电阻等于一端口内全部独立源置零后的等效输入电阻。

8．诺顿定理

（1）适用条件：含有独立源的线性网络。

（2）内容：一个含有独立源、线性电阻和受控源的一端口，对外电路来说，可以等效为一个电流源和电阻的并联组合。此电流源的电流等于一端口的短路电流，而电阻等于一端口的全部独立源置零后的输入电阻。

9．最大功率传输定理

（1）条件：$R_{\mathrm{L}} = R_0$

（2）最大功率：$P_{\mathrm{Lmax}} = \dfrac{U_{\mathrm{s}}^2}{4R_0}$

《 本章思维导图 》

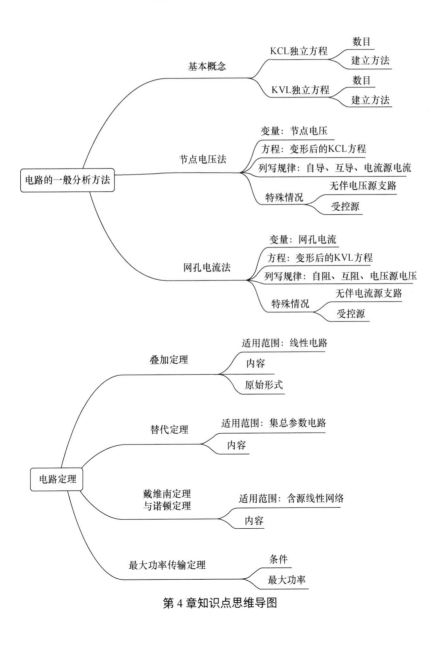

第 4 章知识点思维导图

《 习 题 》

基础题

4-1. 应用节点电压法，求解题4-1图所示各电路的节点电压。

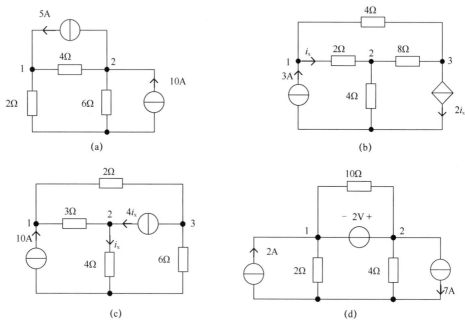

题 4-1 图

4-2. 应用网孔电流法，计算题4-2图所示电路中的电流 i。

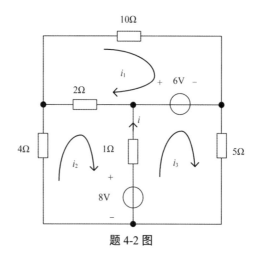

题 4-2 图

4-3. 应用网孔电流法，计算题 4-3 图所示电路中的电流 i 和电压 u。

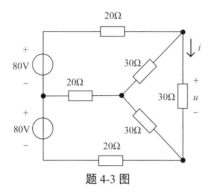

题 4-3 图

4-4. 应用网孔电流法，计算题 4-4 图所示电路中的 8Ω 电阻的功率。

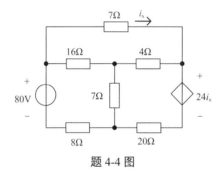

题 4-4 图

4-5. 应用网孔电流法，计算题 4-5 图所示电路中电压源的功率。

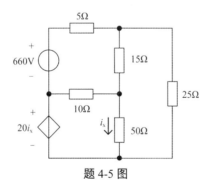

题 4-5 图

4-6. 应用网孔电流法，计算题 4-6 图所示电路中电压 u_0。

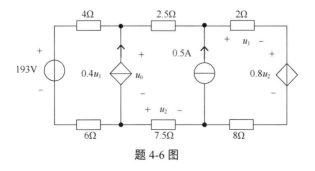

题 4-6 图

4-7. 应用叠加定理，计算题 4-7 图所示电路中的电流 i。

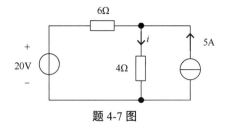

题 4-7 图

4-8. 应用叠加定理，计算题 4-8 图所示电路中的电流 i，以及 10Ω 电阻上消耗的功率。

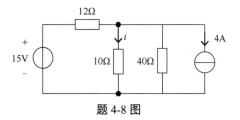

题 4-8 图

4-9. 试求题 4-9 图所示一端口的戴维南等效电路。

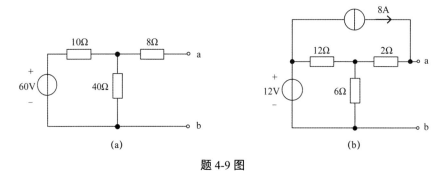

(a)   (b)

题 4-9 图

进阶题

4-10. 应用节点电压法，求解题 4-10 图所示电路中的电压 u_1 和 u_2。

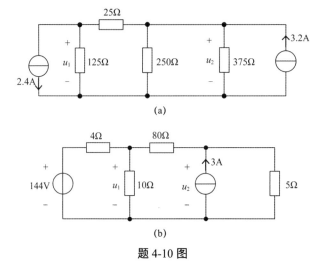

(a)

(b)

题 4-10 图

4-11. 应用网孔电流法，计算题 4-11 图所示电路中的 u_0 和独立源的功率。

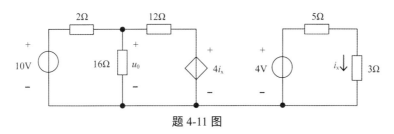

题 4-11 图

4-12. 应用网孔电流法，计算题 4-12 图所示电路中的 i_x、独立源的功率和受控源的功率。

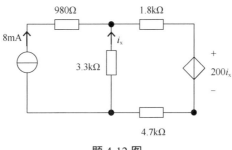

题 4-12 图

4-13. 应用叠加定理，计算题 4-13 图所示电路中的端口电压 u_{ab}。

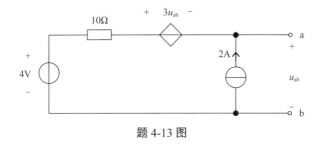

题 4-13 图

4-14. 应用叠加定理，计算题 4-14 图所示电路中的电压 u_0。

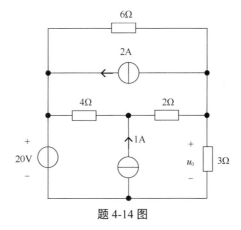

题 4-14 图

4-15. 试求题4-15图所示电路中一端口的戴维南等效电路。

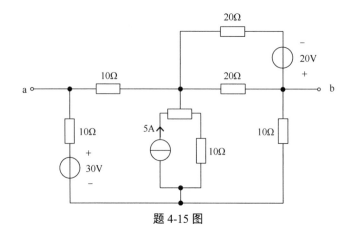

题 4-15 图

4-16. 试求题4-16图所示一端口的诺顿等效电路。

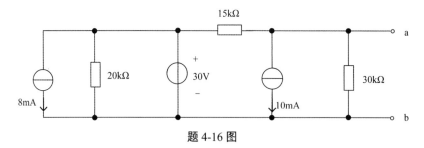

题 4-16 图

应用题

4-17. 电路如题4-17图所示。

（1）应用节点电压法求解支路电流 $i_1 \sim i_6$。

（2）通过计算各元件功率，说明功率是否守恒。

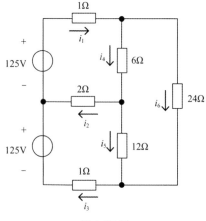

题 4-17 图

4-18. 电路如题 4-18 图所示，试计算当 R_L 为多少时它吸收的功率最大，并求此最大功率。

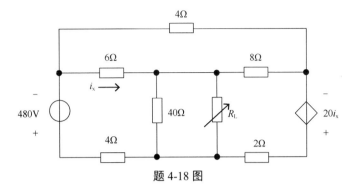

题 4-18 图

4-19. 电路如题 4-19 图所示，试计算当 R_L 为多少时它吸收的功率最大，并求此最大功率。

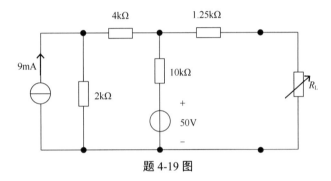

题 4-19 图

第 5 章

一阶电路与二阶电路的时域分析

📋 **本章内容概要**

本章针对含有电容、电感的动态电路，介绍其在发生换路后暂态过程的经典求解方法。本章将从最简单的一阶电路零输入响应开始，循序渐进地介绍一阶电路的零状态响应和全响应，然后归纳总结一阶电路的三要素法。接着，本章将探讨二阶电路的零输入响应，并扩展到二阶电路的全响应。

📋 **本章学习目标**

1. 换路

（1）能阐释动态电路在换路后出现暂态过程的原因；

（2）能正确区分 0_- 与 0_+；

（3）能依据动态元件的初始状态计算电路中各电压、电流及相应导数在 0_+ 时刻的数值。

2. 一阶电路

能熟练运用三要素法计算一阶电路的全响应。

3. 二阶电路

能根据电路方程判断出电路的 3 种响应形式：过阻尼、临界阻尼和欠阻尼。

5.1 动态电路

当含有电容或电感的电路发生换路时，通常会经历暂态过程。本节将介绍动态电路暂态过程的含义及动态电路的方程特点。

5.1.1 动态电路的暂态过程

动态电路是指包含电容、电感等动态元件的电路。当激励为直流或周期性变化时，电路中各部分的响应也表现为直流或周期性变化，这种状态称为稳态。然而，如果电路的结构、元件参数或激励发生改变，即电路发生换路后，原有的平衡状态（稳态）会被打破，各支路的电压、电流将重新分配，最终形成新的稳态。

在动态电路中，从旧的稳态被打破到新的稳态建立，需要经历一段时间，这一段时间称为暂态过程或过渡过程。研究动态电路的暂态过程具有重要的实际意义：在电子电路中，可以利用电容的充放电过程实现微分和积分功能；在电力电子电路中，开关元件的通断通常会引起浪涌电压和电流。了解电路的暂态过程有助于设计合适的保护电路，从而确保电力电子设备能够长期稳定运行。

分析暂态过程主要有 3 种方法：时域分析法、复频域分析法和状态变量分析法。时域分析法主要适用于一阶电路和二阶电路，尤其是一阶电路；而高阶电路的分析则通常采用其他两种方法。本章将重点讨论一阶电路和二阶电路的暂态过程。

5.1.2　动态电路的方程

在图 5-1 所示电路中，电容在开关闭合前没有储能。在开关闭合后，电容两端最终的电压为电源电压 U_s。定性分析得出，在这个暂态过程中，电容电压存在一个上升的过程。但具体按照怎样的规律变化，则需要进行定量分析，可以从电路方程入手。通过解析电路方程，从而得到电路所求变量（电压或电流）的变化规律。这种方法称为经典法，是一种在时间域中进行分析的方法。

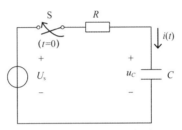

图 5-1　动态电路的暂态过程

在建立电路方程时，电压和电流需要受到两大类型的约束：一是拓扑约束，必须遵循 KVL 和 KCL；二是元件约束。前者是代数关系，而后者对于电容、电感元件则是微分或积分关系。因此，建立的电路方程是一组以电压、电流为变量的微分或积分方程。

例 5-1　电路如图 5-2 所示，列出 $t > 0$ 时的电路方程。

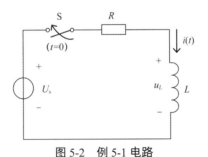

图 5-2　例 5-1 电路

解： 对单回路列 KVL 方程有

$$u_L + u_R = U_s$$

由元件的伏安特性可得

$$u_L = L \frac{\mathrm{d}i}{\mathrm{d}t} \quad u_R = iR$$

整理可得

$$L \frac{\mathrm{d}i}{\mathrm{d}t} + iR = U_s$$

例 5-2　电路如图 5-3 所示，列出 $t > 0$ 时关于 i_L 的电路方程。

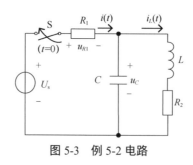

图 5-3　例 5-2 电路

解：对由 U_s、R_1 和 C 组成的回路列 KVL 方程有

$$u_{R1} + u_C = U_s$$

对节点列 KCL 方程有

$$i = C\frac{\mathrm{d}u_C}{\mathrm{d}t} + i_L$$

对 C、R_2、L 组成的回路列 KVL 方程有

$$u_C = L\frac{\mathrm{d}i_L}{\mathrm{d}t} + i_L R_2$$

将以上 3 式合并整理后可得

$$LCR_1\frac{\mathrm{d}^2 i_L}{\mathrm{d}t^2} + (CR_1R_2 + L)\frac{\mathrm{d}i_L}{\mathrm{d}t} + (R_1 + R_2)i_L = U_s$$

从上述例子可以看出，当动态电路中的元件都是线性、非时变元件时，列写出的电路方程是线性常系数微分方程。含有一个动态元件的微分方程的最高阶次为一阶，称此电路为一阶电路；如果动态电路的方程是二阶微分方程，则称为二阶电路。以此类推，二阶以上电路也可统称为高阶电路。

5.2　换路定则和初始条件

为了确定动态电路微分方程的解的积分常数，需要求得换路瞬间电压、电流变量及各阶导数值。本节将介绍换路定则及如何计算初始条件。

5.2.1　换路定则

暂态过程的经典时域分析包括以下两个主要步骤。

（1）根据电路的两类约束——元件约束（VCR）和拓扑约束（KCL、KVL），建立换路后的动态微分方程。

（2）找到所需的初始条件，求解微分方程，进而得到所求响应。

初始条件是指发生换路这一时刻的变量及其各阶导数值，用来为微分方程确定积分常数。

通常把换路这一时刻定义为初始时刻，即 $t=0$。为了区分换路前后电路的变化，把换路前的最终时刻记为 $t=0_-$，把换路后的最初时刻记为 $t=0_+$。换句话说，上一个稳定状态结束于 $t=0_-$ 时刻，而暂态过程开始于 $t=0_+$ 时刻。但要注意：$t=0_-$ 与 $t=0_+$ 都是同一时刻，只是为了分析方便而人为地分开。初始条件指的是变量及其各阶导数在 $t=0_+$ 时刻的值。

换路定则可以帮助计算电路的初始条件。

对于线性电容，在关联参考方向下，任意时刻 t 时，它的电压与电流的关系为

$$u_C(t) = \frac{1}{C}\int_{-\infty}^{t} i_C \mathrm{d}\xi = u_C(t_0) + \frac{1}{C}\int_{t_0}^{t} i_C \mathrm{d}\xi \qquad \text{其中 } u_C(t_0) = \frac{1}{C}\int_{-\infty}^{t_0} i_C \mathrm{d}\xi$$

式中 u_C 和 i_C 分别为电容的电压和电流，$u_C(t_0)$ 是 $t=t_0$ 时刻电容的电压。

令 $t_0 = 0_-$，$t=0_+$，得

$$u_C(0_+) = u_C(0_-) + \frac{1}{C}\int_{0_-}^{0_+} i_C \mathrm{d}\xi \qquad (5\text{-}1)$$

如果在换路前后，即 0_- 到 0_+ 阶段，电流 i_C 为有限值，则式（5-1）中的积分项为零，可得到

$$u_C(0_+) = u_C(0_-) \qquad (5\text{-}2)$$

式（5-2）表明，在换路瞬间，如果通过电容的电流是有限值，则电容两端的电压在换路前后保持不变。这也是电容电压惯性特性的体现。

同样，对于线性电感，在关联参考方向下，任意时刻 t 时，它的电压与电流之间的关系为

$$i_L(t) = \frac{1}{L}\int_{-\infty}^{t} u_L \mathrm{d}\xi = i_L(t_0) + \frac{1}{L}\int_{t_0}^{t} u_L \mathrm{d}\xi \qquad \text{其中 } i_L(t_0) = \frac{1}{L}\int_{-\infty}^{t_0} u_L \mathrm{d}\xi$$

式中 u_L 和 i_L 分别为电感的电压和电流，$i_L(t_0)$ 是 $t=t_0$ 时刻电感的电流。

令 $t_0 = 0_-$，$t=0_+$，得

$$i_L(0_+) = i_L(0_-) + \frac{1}{L}\int_{0_-}^{0_+} u_L \mathrm{d}\xi \qquad (5\text{-}3)$$

如果换路前后，即从 0_- 到 0_+ 阶段，电压 u_L 为有限值，则式（5-3）中的积分项为零，可得到

$$i_L(0_+) = i_L(0_-) \qquad (5\text{-}4)$$

式（5-4）表明，在换路瞬间，如果电感两端的电压值有限，电感的电流在换路前后瞬间将保持同一数值。这也是电感电流惯性性质的体现。

从式（5-2）和式（5-4）可知，在换路瞬间，当电容电流和电感电压为有限值时，电容电压和电感电流保持不变。这就是换路定则，即

$$u_C(0_+) = u_C(0_-)$$

$$i_L(0_+) = i_L(0_-)$$

初始条件

5.2.2　初始条件的计算

动态电路的初始条件是指电路中所求变量及其 $(n-1)$ 阶导数在 $t=0_+$ 时刻

的值。初始条件的计算是分析动态电路的重要步骤。

由于电容电压和电感电流在换路发生时不改变，可以看作独立于电路的变量，因此将电容电压 u_C 和电感电流 i_L 称为独立的初始条件。而其他变量在换路瞬间可能发生跃变，则称为非独立的初始条件，如电阻的电压或电流、电容电流、电感电压等。

求解初始条件的步骤如下。

（1）求解独立的初始条件，即 $u_C(0_+)$ 或 $i_L(0_+)$。

首先，确定换路前的 $u_C(0_-)$ 或 $i_L(0_-)$。由于换路前电路处于稳定状态，可采用稳态分析法求得 $u_C(0_-)$ 或 $i_L(0_-)$。根据换路定则，可以得到 $u_C(0_+)$ 或 $i_L(0_+)$ 的值。

（2）求解非独立的初始条件。

在 $t=0_+$ 时刻，利用替代定理，将电容视为一个电压为 $u_C(0_+)$ 的独立电压源，将电感视为一个电流为 $i_L(0_+)$ 的独立电流源，其余元件保持不变。此时，电路转化为一个纯电阻电路，称为 0_+ 等效电路。随后，按照电阻电路的分析方法求解相关的初始条件。

例 5-3 图 5-4（a）所示电路中直流电压源的电压为 U_s，当电路中的电压和电流恒定不变时打开开关 S。求 $u_C(0_+)$、$i_L(0_+)$、$i_C(0_+)$、$u_L(0_+)$、$i_{R2}(0_+)$ 和 $u_{R3}(0_+)$。

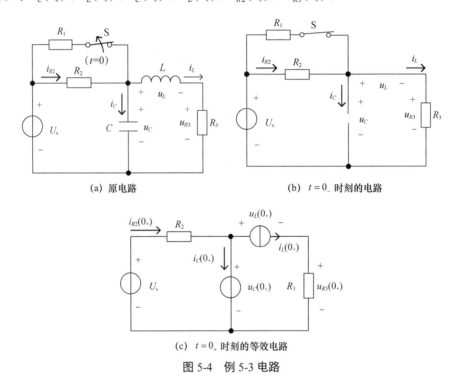

(a) 原电路 　　　　(b) $t=0_-$ 时刻的电路

(c) $t=0_+$ 时刻的等效电路

图 5-4　例 5-3 电路

解： 可以根据 $t=0_-$ 时刻的电路状态计算 $u_C(0_-)$ 和 $i_L(0_-)$。由于开关打开前，电路中的电压和电流已恒定不变，电容可被看作断路，电感可被看作短路，由此可得 $t=0_-$ 时刻的电路如图 5-4（b）所示，所以

$$u_C(0_-)=u_{R3}(0_-)=\frac{U_sR_3}{R_3+\dfrac{R_1R_2}{R_1+R_2}}$$

$$i_L(0_-) = \dfrac{U_s}{R_3 + \dfrac{R_1 R_2}{R_1 + R_2}}$$

由换路定则，可得 $u_C(0_+)$ 和 $i_L(0_+)$，即

$$u_C(0_+) = u_C(0_-) = \dfrac{U_s R_3}{R_3 + \dfrac{R_1 R_2}{R_1 + R_2}}$$

$$i_L(0_+) = i_L(0_-) = \dfrac{U_s}{R_3 + \dfrac{R_1 R_2}{R_1 + R_2}}$$

为了求得 $t = 0_+$ 时刻的其他初始条件，可以把已知的 $u_C(0_+)$ 和 $i_L(0_+)$ 分别以电压源和电流源替代，得到 $t = 0_+$ 时刻的等效电路，如图 5-4（c）所示。可求出

$$i_{R2}(0_+) = \dfrac{U_s - u_C(0_+)}{R_2}$$

$$i_C(0_+) = i_{R2}(0_+) - i_L(0_+)$$

$$u_{R3}(0_+) = i_L(0_+) R_3$$

$$u_L(0_+) = u_C(0_+) - u_{R3}(0_+)$$

5.3 一阶电路的零输入响应

零输入响应是指动态电路在没有外部激励的情况下，仅由电路中储能元件存储的初始能量所引起的响应。一阶电路主要分为 RC 电路和 RL 电路，本节将分别讨论这两种电路的零输入响应。

5.3.1 RC 电路的零输入响应

RC 电路如图 5-5 所示。开关 S 闭合前，电容 C 已充电至电压 U_0。$t=0$ 时刻将开关闭合后，电容储存的能量将通过电阻转化为热能释放出来。由于没有外界能量的补充，电容存储的能量会逐渐减少，表现为电容两端的电压逐渐降低，同时放电电流也逐渐减小，直至电容的储能全部被电阻消耗完毕，电路中的电压和电流最终趋于零。这个过程即为 RC 电路的零输入响应过程。

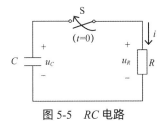

图 5-5　RC 电路

下面进行定量的数学分析。

对于换路后的电路，根据两类约束关系，可得

$$u_C - u_R = 0$$
$$u_R = Ri \qquad\qquad t \geqslant 0$$
$$i = -C \frac{\mathrm{d}u_C}{\mathrm{d}t}$$

将上述 3 个式子合并整理，可得

$$RC \frac{\mathrm{d}u_C}{\mathrm{d}t} + u_C = 0$$

这是一阶齐次微分方程，其通解为 $u_C = A\mathrm{e}^{pt}$，代入上式后有

$$(RCp + 1)A\mathrm{e}^{pt} = 0$$

相应的特征方程为

$$RCp + 1 = 0$$

其特征根为

$$p = -\frac{1}{RC}$$

根 据 初 始 条 件 $u_C(0_+) = u_C(0_-) = U_0$，以 此 代 入 $u_C = A\mathrm{e}^{-\frac{1}{RC}t}$，可 以 求 出 积 分 常 数 $A = u_C(0_+) = u_C(0_-) = U_0$。

因此，一阶齐次微分方程的通解为

$$u_C = U_0 \mathrm{e}^{-\frac{1}{RC}t} \tag{5-5}$$

由 u_C 可以求出电路中的其他变量，即

$$u_R = u_C = U_0 \mathrm{e}^{-\frac{1}{RC}t}$$
$$i = \frac{u_R}{R} = \frac{U_0}{R} \mathrm{e}^{-\frac{1}{RC}t}$$

从上述表达式可以看出，电路中所有变量均按照相同的指数规律衰减，其衰减速度取决于 $\frac{1}{RC}$ 的大小。其中，R 和 C 分别为电阻与电容的参数，因此电压与电流的衰减快慢仅与电路的结构及元件参数有关。当电阻的单位为 Ω，电容的单位为 F 时，RC 的单位为 s，我们将 RC 称为一阶 RC 电路的时间常数，用 τ 表示，即

$$\tau = RC$$

因此，电路中各变量的表达式可写成

$$u_C = U_0 \mathrm{e}^{-\frac{t}{\tau}}$$
$$u_R = U_0 \mathrm{e}^{-\frac{t}{\tau}}$$
$$i = \frac{U_0}{R} \mathrm{e}^{-\frac{t}{\tau}}$$

一阶电路的时间常数 τ，是反映一阶电路本身特性的重要物理量。它体现了一阶电路暂态过程的进展速度。τ 越大，相应的衰减速度越慢。表 5-1 列出了当 t 为 0、τ、2τ、3τ、4τ、5τ 以及 ∞ 时的电容电压。

表 5-1　不同时刻的电容电压

t	0	τ	2τ	3τ	4τ	5τ	∞
$u_C(t)$	U_0	$0.368U_0$	$0.135U_0$	$0.05U_0$	$0.018U_0$	$0.007U_0$	0

由表 5-1 可知，理论上 u_C 的值衰减到零需要经历无限长的时间；同时衰减速度并不恒定——在暂态过程的开始，u_C 的衰减速度很快。当 $t=3\tau$ 时，u_C 就只有初始值的 5%；当 $t=5\tau$ 时，u_C 就只有初始值的 0.7% 了。因此，在工程上认为，经过 $3\tau \sim 5\tau$ 的时间，一阶电路的暂态过程就基本结束了。

还可以用数学证明，指数曲线上任意点的次切距的长度等于 τ。例如，以图 5-6（a）中点 $(0, U_0)$ 为例，$\left.\dfrac{\mathrm{d}u_C}{\mathrm{d}t}\right|_{t=0} = -\dfrac{U_0}{\tau}$，即过 $(0, U_0)$ 的切线与横轴相交于点 $(\tau, 0)$。

在换路瞬间，电容电压具有惯性，在 $t=0$ 时刻保持连续，而电容电流则会发生跃变，如图 5-6（b）所示。

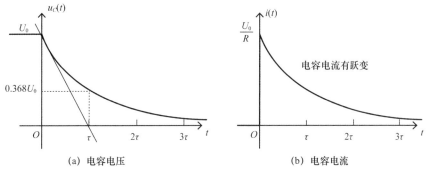

图 5-6　RC 电路的零输入响应曲线

在整个暂态过程中，电能转换为热能，被电阻消耗了，电阻消耗的能量为

$$W_R = \int_0^\infty i^2(t)R\mathrm{d}t = \int_0^\infty \left(\frac{U_0}{R}\mathrm{e}^{-\frac{1}{RC}}\right)^2 R\mathrm{d}t$$

$$= -\frac{1}{2}CU_0^{\,2}\left.\left(\mathrm{e}^{-\frac{2}{RC}t}\right)\right|_0^\infty = \frac{1}{2}CU_0^{\,2}$$

从上式可以看出，电阻消耗的能量等于电容在换路前储存的能量。

综上所述，RC 电路的零输入响应的能量来源并非独立电源，而是电容中的初始储能。随着放电过程的进行，电容储存的能量逐渐减少；电路中的各变量均呈指数规律衰减，其瞬时值由电容的初始电压和时间常数决定。

例 5-4　电路如图 5-7（a）所示。在 $t=0$ 时，开关 S 闭合，求换路后的 $u_C(t)$ 和 $i(t)$。

解：首先求解 u_C 的初始值。

在 $t=0_-$ 时，可得

$$u_C(0_-) = 126(\mathrm{V}) = u_C(0_+)$$

换路后，电路如图 5-7（b）所示，电容通过 $3\mathrm{k}\Omega$ 电阻放电，因此

$$\tau = RC = 3 \times 10^3 \times 100 \times 10^{-6} = 0.3(\text{s})$$

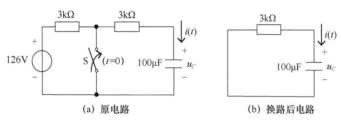

(a) 原电路 (b) 换路后电路

图 5-7 例 5-4 电路

由式（5-5）可得

$$u_C(t) = U_0 \mathrm{e}^{-\frac{t}{\tau}} = 126 \mathrm{e}^{-\frac{10}{3}t}(\text{V})$$

$$i(t) = -\frac{U_0}{R} \mathrm{e}^{-\frac{t}{\tau}} = -42 \mathrm{e}^{-\frac{10}{3}t}(\text{mA})$$

例 5-5 电路如图 5-8（a）所示，开关 S 在位置 1 已处于稳态，当 $t=0$ 时，S 切换至位置 2。求换路后的 $u_C(t)$ 和 $i(t)$。

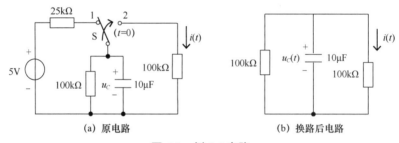

(a) 原电路 (b) 换路后电路

图 5-8 例 5-5 电路

解：首先求 u_C 的初始值。

在 $t = 0_-$ 时，可得

$$u_C(0_-) = \frac{5}{(25+100) \times 10^3} \times 100 \times 10^3 = 4(\text{V})$$

$$u_C(0_+) = u_C(0_-) = 4(\text{V})$$

换路后，电路如图 5-8（b）所示，电容通过两个 100kΩ 电阻放电，由于这两个电阻并联，其等效电阻

$$R' = \frac{100 \times 100 \times 10^6}{(100+100) \times 10^3} = 50(\text{k}\Omega)$$

$$\tau = R'C = 50 \times 10^3 \times 10 \times 10^{-6} = 0.5(\text{s})$$

所以

$$u_C(t) = 4\mathrm{e}^{-2t}(\text{V})$$

$$i(t) = \frac{1}{2} \times \left(\frac{u_C(t)}{R'}\right) = 4\mathrm{e}^{-2t} \times 10^{-5}(\text{A})$$

5.3.2　*RL* 电路的零输入响应

RL 电路如图 5-9 所示，开关 S 动作前，电路中的电压与电流已达稳定状态，电压源 U_s 给电感提供了 $i(0_-) = I_0 = \dfrac{U_s}{R_0}$ 大小的电流。在 $t=0$ 时刻，开关 S 打开，电感 L 只与电阻 R 相连，构成闭合回路。电感中储存的能量将通过电阻以热能的形式释放出来。由于没有外界能量的补充，电感存储的能量越来越少，反映为通过电感的电流越来越小。最终，电感的储能全部被电阻耗尽，电路中的电压、电流也趋向于零。这个过程就是 *RL* 电路的零输入响应过程。

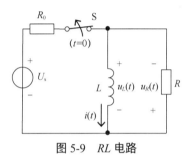

图 5-9　*RL* 电路

在 $t > 0$ 时，根据两类约束，可得

$$u_L + u_R = 0$$
$$u_R = Ri$$
$$u_L = L\frac{\mathrm{d}i}{\mathrm{d}t}$$

将上面的 3 个式子合并并整理，得

$$L\frac{\mathrm{d}i}{\mathrm{d}t} + Ri = 0$$

这是一个一阶齐次微分方程，它的通解形式为 $i = Ae^{pt}$，代入上式后得 $(Lp + R)\,Ae^{pt} = 0$

相应的特征方程为　$Lp + R = 0$

其特征根的解为　$p = -\dfrac{R}{L}$

又因为 $i(0_+) = i(0_-) = I_0$，可以求出积分常数 $A = I_0$，所以

$$i = I_0 e^{-\frac{R}{L}t}$$

电阻和电感上的电压分别是

$$u_R = Ri = RI_0 e^{-\frac{R}{L}t}$$
$$u_L = -u_R = -RI_0 e^{-\frac{R}{L}t}$$

在 *RL* 电路中，所有变量均按照相同规律呈指数曲线衰减。仿照 *RC* 电路的情况，*RL* 电路的时间常数为 $\tau = \dfrac{L}{R}$ 可以确定，电路中各变量的表达式可写为

$$i = I_0 e^{-\frac{t}{\tau}}$$

$$u_R = Ri = RI_0 e^{-\frac{t}{\tau}}$$

$$u_L = -u_R = -RI_0 e^{-\frac{t}{\tau}}$$

RL 电路与 RC 电路的时间常数性质相同，即时间常数越大则衰减越慢，时间常数越小则衰减越快。二者不同的是，RC 电路中 R 越大，τ 越大；RL 电路中 R 越大，τ 越小。

图 5-10 所示为 $i(t)$ 和 $u_L(t)$ 随时间变化的曲线。

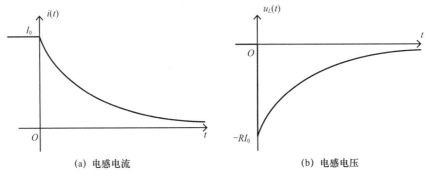

(a) 电感电流   (b) 电感电压

图 5-10 $i(t)$ 和 $u_L(t)$ 随时间变化的曲线

例 5-6 一台 300kW 汽轮发电机的励磁回路如图 5-11 所示。其中励磁绕组的电阻 $R=0.189\Omega$，电感 $L=0.398$H，直流电压 $U=35$V，电压表的量程为 50V，表的内阻 $R_V = 5\text{k}\Omega$，开关打开前电路已处于稳态。在 $t=0$ 时，开关打开，求：

（1）RL 电路的时间常数；

（2）换路后的 i 和 u_V；

（3）开关刚断开时，电压表两端的电压。

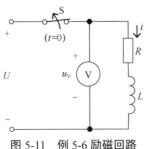

图 5-11   例 5-6 励磁回路

解 （1）时间常数

$$\tau = \frac{L}{R + R_V} = \frac{0.398}{0.189 + 5 \times 10^3} \approx 79.6(\mu s)$$

（2）电流的初始值

$$i(0_+) = i(0_-) = \frac{U}{R} \approx 185.2(A)$$

$$i(t) \approx 185.2 e^{-12563t} \ (A)$$

$$u_{\mathrm{V}} = -R_{\mathrm{V}}i(t) = -926\mathrm{e}^{-12563t}(\mathrm{kV})$$

（3）开关刚断开时，电压表两端的电压

$$u_{\mathrm{V}}(0_+) = -926\mathrm{kV}$$

可以看到，当断开开关时，电压表两端可能会出现极高的电压，而初始瞬间的电流也会非常大，可能导致电压表损坏。因此，在含有电感的电路中，如果磁场能量较大且需要在短时间内切断电流，就必须考虑电感的续流问题。

5.3.3　一阶电路零输入响应解的一般形式

从前面对 RC 电路和 RL 电路的零输入响应分析可以知道，各变量是按指数规律衰减的，衰减的速度取决于电路本身的特性（电路结构和元件参数），因此，零输入响应又称为电路的自然响应或固有响应。零输入响应都是以初始值为起点，按指数 $\mathrm{e}^{-\frac{t}{\tau}}$ 的规律递减到零的，因此零输入响应解的一般表达式可写为

$$r_{zi}(t) = r_{zi}(0_+)\mathrm{e}^{-\frac{t}{\tau}} \qquad t>0 \tag{5-6}$$

例 5-7　电路如图 5-12（a）所示，开关 S 在位置 1 已久。在 $t=0$ 时，将开关调到位置 2，求 $u_L(t)$ 和 $i_1(t)$。

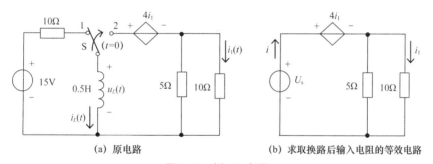

图 5-12　例 5-7 电路

解：首先求 i_L 的初始值。

在 $t = 0_-$ 时，可得

$$i_L(0_-) = \frac{15}{10} = 1.5(\mathrm{A})$$

$$i_L(0_+) = i_L(0_-) = 1.5(\mathrm{A})$$

计算电路的时间常数 τ。首先计算动态元件所接的输入电阻。采用外加电源法求输入电阻，如图 5-12（b）所示。具体计算过程如下。

$$U_{\mathrm{s}} = -4i_1 + 10i_1 = 6i_1$$

$$i_1 = \frac{5}{10+5}i = \frac{i}{3} \qquad \Rightarrow R_{\mathrm{eq}} = 2(\Omega)$$

所以
$$\tau = \frac{L}{R_{eq}} = 0.25(s)$$

$$i_L(t) = 1.5e^{-4t}(A)$$

$$i_1(t) = \frac{i_L(t)}{3} = 0.5e^{-4t}(A)$$

$$u_L(t) = 6i_1(t) = 3e^{-4t}(V)$$

5.4 一阶电路的零状态响应

零状态响应是指在动态元件的初始储能为零的情况下，电路仅由接入的外加激励所引起的响应。

5.4.1 RC 电路的零状态响应

RC 电路如图 5-13 所示，电路中的电容原本未充电。当 $t=0$ 时，开关 S 闭合，电压源 U_s 通过电阻 R 对电容进行充电。当电容两端的电压达到 U_s 时，充电电流降为零，充电过程结束，电路达到新的稳定状态。这个过程就是 RC 电路的零状态响应过程。

下面对这一过程进行定量的数学分析。

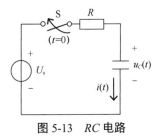

图 5-13　RC 电路

在 $t > 0$ 时刻，根据电路的两类约束关系，可得

$$u_C + u_R = U_s$$

$$i = C\frac{du_C}{dt}$$

$$u_R = Ri$$

将上述 3 个式子合并整理，可以得到

$$RC\frac{du_C}{dt} + u_C = U_s$$

这是一阶非齐次线性微分方程，它的解由两部分组成——齐次方程的通解 $u_{Ch}(t)$ 和非齐次方程的特解 $u_{Cp}(t)$，即

$$u_C(t) = u_{Ch}(t) + u_{Cp}(t)$$

齐次方程的通解与零输入响应的形式相同，有 $u_{\mathrm{Ch}}(t) = A\mathrm{e}^{-\frac{t}{RC}}$。齐次方程的通解仅与电路结构和元件参数有关，不受外加激励的影响，因此又称为自由分量。

非齐次方程的特解 $u_{\mathrm{Cp}}(t)$ 反映了外加激励信号对电路的强制作用，具有与激励信号相同的函数形式，因此称为强制分量。它可以是电路在换路后再次达到稳定状态时的稳态解，又称为稳态分量。不难看出，当外加激励为直流电压 U_{s} 时，特解 $u_{\mathrm{Cp}}(t) = U_{\mathrm{s}}$。

上式简化为 $u_C(t) = A\mathrm{e}^{-\frac{t}{RC}} + U_{\mathrm{s}}$。

再由初始条件确定积分常数。在零状态响应下：

$$u_C(0_+) = u_C(0_-) = 0$$
$$u_C(0_+) = A + U_{\mathrm{s}} = 0 \qquad \Rightarrow A = -U_{\mathrm{s}}$$

故

$$u_C(t) = -U_{\mathrm{s}}\mathrm{e}^{-\frac{t}{RC}} + U_{\mathrm{s}} = U_{\mathrm{s}}(1 - \mathrm{e}^{-\frac{t}{RC}})$$

图 5-14（a）显示了电容电压的强制分量、自由分量以及二者的合成。同时，电流 i 也可以视为由强制分量和自由分量组成。在换路后，电路再次达到稳定状态，这意味着充电过程已经结束，此时电流为零，即强制分量也为零。因此，充电电流仅体现自由分量的部分，即

$$i = \frac{U_{\mathrm{s}} - u_C(t)}{R} = \frac{U_{\mathrm{s}}}{R}\mathrm{e}^{-\frac{t}{RC}}$$

图 5-14（b）展示了 $u_C(t)$、$u_R(t)$、$i(t)$ 随时间变化的曲线。

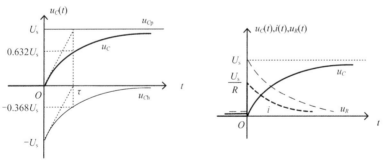

(a)　$u_C(t)$ 的强制分量与自由分量　　　(b)　$u_C(t), u_R(t), i(t)$ 随时间变化的曲线

图 5-14　RC 电路的零状态响应示意

此一阶 RC 电路的零状态响应过程是电源通过电阻对电容进行充电的过程。在这个过程中，电源提供的能量不仅以电能的形式储存在电容中，还以热能的形式在电阻上被消耗。那么，电容充电的效率是多少呢？具体计算如下。

$$W_R = \int_0^\infty i^2 R\mathrm{d}t = \int_0^\infty (\frac{U_{\mathrm{s}}}{R}\mathrm{e}^{-\frac{t}{\tau}})^2 R\mathrm{d}t$$
$$= \frac{U_{\mathrm{s}}^2}{R}(-\frac{RC}{2})\mathrm{e}^{-\frac{2t}{RC}}\Big|_0^\infty = \frac{1}{2}CU_{\mathrm{s}}^2$$

电容在充电完毕后所储存的能量为

$$W_C = \frac{1}{2}CU_s^2$$

从上面的式子可以看出，无论电路中的电容和电阻的值是多少，电阻释放的热能与电容吸收的能量总是相等的。也就是说，电源提供的能量只有一半转化为电场能储存在电容中，而另一半则被电阻消耗，充电效率仅为50%。

例 5-8　电路如图 5-15（a）所示，开关 S 闭合前电容无初始储能，求开关 S 闭合后的零状态响应 $u_C(t)$ 和 $u_R(t)$ 。

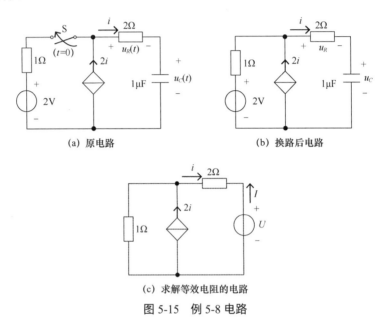

(a) 原电路　　　　　　　　　(b) 换路后电路

(c) 求解等效电阻的电路

图 5-15　例 5-8 电路

解：由前文可知 $u_C = u_{Ch} + u_{Cp}$

电路如图 5-15（b）所示。

因为 $i = 0$ ，所以 $u_{Cp} = 2\text{V}$ 。

时间常数 $\tau = R_{eq}C$ 。

求解等效电阻采用外加电源法，电路如图 5-15（c）所示。具体计算过程如下。

$$R_{eq} = \frac{U}{I} = \frac{i \times 1 - i \times 2}{-i} = 1(\Omega)$$

$$\tau = 1 \times 1 \times 10^{-6} = 1(\mu s)$$

$$u_C(0_+) = u_C(0_-) = 0$$
$$2 + A = 0 \Rightarrow A = -2(\text{V})$$

$$u_C(t) = 2(1 - e^{-10^6 t})(\text{V})$$

$$u_R(t) = 2 \times i = 2 \times C \frac{du_C}{dt} = 2 \times 10^{-6} \times 2 \times 10^6 \times e^{-10^6 t} = 4e^{-10^6 t}(\text{V})$$

5.4.2　*RL* 电路的零状态响应

RL 电路如图 5-16 所示，电路中的电感原本无电流。$t=0$ 时，开关 S 由位置 1 切换到位置 2，电流源 I_s 通过电阻 R 对电感充电。通过电感的电流逐渐增大，当电感电流等于电流源电流时，充电过程结束，电路达到新的稳定状态。这个过程就是 *RL* 电路的零状态响应过程。

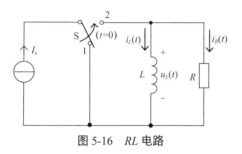

图 5-16　*RL* 电路

以电感电流为变量，对换路后的电路列出电路微分方程，有

$$i_R + i_L = I_s \qquad u_L = u_R$$

$$u_L = L\frac{\mathrm{d}i_L}{\mathrm{d}t} \qquad i_R = \frac{u_R}{R}$$

将上面的式子合并整理，可得

$$\frac{L}{R}\frac{\mathrm{d}i_L}{\mathrm{d}t} + i_L = I_s \qquad t \geqslant 0$$

同样，一阶非齐次线性微分方程的解也由两部分组成，分别为齐次方程的通解 $i_{Lh}(t)$ 和非齐次方程的特解 $i_{Lp}(t)$，且通解为 $i_{Lh}(t) = A\mathrm{e}^{-\frac{t}{\tau}}$，$\tau = \dfrac{L}{R}$，特解为 $i_{Lp}(t) = I_s$，则

$$i_L(t) = i_{Lh}(t) + i_{Lp}(t) = A\mathrm{e}^{-\frac{t}{\tau}} + I_s$$

由初始条件确定待定系数 A：

因为 $i_L(0_+) = i_L(0_-) = 0$

即 $A + I_s = 0$

得 $A = -I_s$

所以 $i_L(t) = I_s(1 - \mathrm{e}^{-\frac{t}{\tau}})$，如图 5-17（a）所示。图 5-17（b）所示为电感电压与电阻电压随时间变化的曲线。

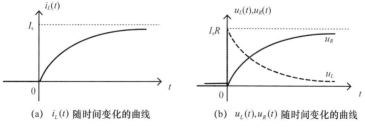

(a)　$i_L(t)$ 随时间变化的曲线　　　　(b)　$u_L(t)$，$u_R(t)$ 随时间变化的曲线

图 5-17　*RL* 电路的零状态响应示意

    RL 电路零状态响应的本质是电路中电感从无到有储存能量的过程。充电电流从零开始上升到稳态值，而电感两端的电压则在换路瞬间从零跃变到 RI_s，再按照指数规律衰减到零。

例 5-9 电路如图 5-18（a）所示。假设电路在换路前已处于稳态，求换路后的 i_L、u 的零状态响应。

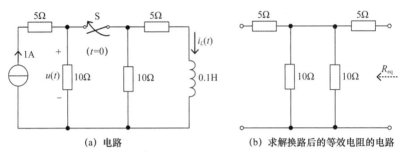

(a) 电路   (b) 求解换路后的等效电阻的电路

图 5-18 例 5-9 电路

解：首先求特解 $i_{Lp}(t)$

$$i_{Lp}(t) = \frac{5}{5 + \frac{10 \times 10}{10 + 10}} \times 1 = 0.5 (\text{A})$$

再确定时间常数 $t = L / R_{eq}$

求图 5-18（b）所示网络的等效电阻 R_{eq}，有

$$R_{eq} = 5 + \frac{10 \times 10}{10 + 10} = 10 (\Omega)$$

$$\tau = \frac{L}{R_{eq}} = \frac{0.1}{10} = 0.01 (\text{s})$$

最后求积分常数 A，有

$$i_L(0_+) = i_L(0_-) = 0.5 + A = 0 \quad \Rightarrow \quad A = -0.5$$

可得

$$i_L(t) = 0.5(1 - e^{-100t})(\text{A})$$
$$u(t) = 10 \times \frac{1}{2} \times i_L = 2.5(1 - e^{-100t})(\text{V})$$

5.4.3 一阶电路电容电压、电感电流零状态响应解的一般形式

    从前面对 *RC* 和 *RL* 电路零状态响应的分析可以看出，尽管一阶电路的结构和元件参数各不相同，但在电路受到外加激励的作用下，动态元件的储能均是从零开始增至稳态值。

    因此，当外加激励为恒定直流时，电容电压和电感电流的零状态响应解的一般表达式可写为

$$\begin{cases} u_C(t) = u_C(\infty)(1 - e^{-\frac{t}{\tau}}) & t \geqslant 0 \\ i_L(t) = i_L(\infty)(1 - e^{-\frac{t}{\tau}}) & t \geqslant 0 \end{cases} \quad (5\text{-}7)$$

例 5-10　电路如图 5-19 所示，开关 S 断开已久，$t=0$ 时 S 闭合，求 $t>0$ 时的 u_C。

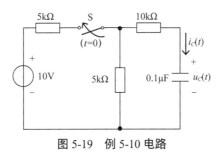

图 5-19　例 5-10 电路

解：首先求 $u_C(\infty)$，有

$$u_C(\infty) = \frac{10}{(5+5)\times10^3}\times5\times10^3 = 5(\text{V})$$

然后求时间常数 τ，有

$$\tau = R_{\text{eq}}C = (10+\frac{5\times5}{5+5})\times10^3\times0.1\times10^{-6} = 1.25\times10^{-3}(\text{s})$$

根据零状态响应解的一般表达式，可得

$$u_C(t) = u_C(\infty)(1-\text{e}^{-\frac{t}{\tau}}) = 5(1-\text{e}^{-800t})(\text{V})\qquad t\geqslant0$$

5.5 / 一阶电路的全响应

一阶电路的全响应

5.3 节和 5.4 节分别讨论了两种特殊情况，即无外加激励的零输入响应和初始储能为零的零状态响应，而非零初始状态的一阶电路在外加激励作用下的响应则更为普遍。我们把这种响应称为全响应。本节将讨论全响应的一般形式。

5.5.1　一阶电路的全响应及分解

RC 电路的全响应如图 5-20 所示，电容原已充电。在开关闭合前，电容电压 u_C 为 U_0（$U_0\neq0$），$t=0$ 时，开关闭合。

图 5-20　RC 电路的全响应

以全响应 $u_C(t)$ 为例，它可以被看成由两部分叠加而成：一部分是独立源单独作用且电容无初始储能产生的零状态响应 $u_C^{(1)}$；另一部分是由电容初始能量产生的零输入响应 $u_C^{(2)}$。

全响应=零状态响应+零输入响应

零状态响应：$u_C^{(1)}(t) = U_s(1 - \mathrm{e}^{-\frac{t}{\tau}})$

零输入响应：$u_C^{(2)}(t) = U_0 \mathrm{e}^{-\frac{t}{\tau}}$

全响应：

$$u_C(t) = u_C^{(1)}(t) + u_C^{(2)}(t) = U_s(1 - \mathrm{e}^{-\frac{t}{\tau}}) + U_0 \mathrm{e}^{-\frac{t}{\tau}} = U_s + (U_0 - U_s)\mathrm{e}^{-\frac{t}{\tau}}$$

从上式也可以看出：响应的第一项为稳态分量，它与换路后的激励直接相关；而第二项是暂态分量，它随时间的增长按指数规律逐渐衰减为零。

全响应=稳态分量+暂态分量

不是所有的线性电路都能分出暂态和稳态这两种工作状态，但是，只要是线性电路，全响应总可以分解为零输入响应和零状态响应。

5.5.2 三要素法

不论全响应分解为暂态分量和稳态分量，还是分解成零输入响应和零状态响应，都只是不同的分解方式。真正的响应只有一个，那就是全响应，它是非齐次微分方程的解，由齐次方程的通解 $f_h(t) = A\mathrm{e}^{-\frac{t}{\tau}}$ 和非齐次方程的特解 $f_p(t)$ 组成。即

$$f(t) = f_h(t) + f_p(t) = A\mathrm{e}^{-\frac{t}{\tau}} + f_p(t)$$

再由初始条件 $f(0_+)$ 确定待定系数 $A = f(0_+) - f_p(0_+)$

最终得到全响应为

$$f(t) = f_p(t) + [f(0_+) - f_p(0_+)]\mathrm{e}^{-\frac{t}{\tau}} \qquad t \geqslant 0 \tag{5-8}$$

它是由初始值、特解和时间常数 3 个要素共同决定的。这样，求解一阶电路的全响应就简化为求解初始值、特解和时间常数。

通过求解电路变量的 3 要素来确定电路响应的方法称为"三要素法"。它是一种经典且主要的分析一阶动态电路的方法。三要素法适用于一阶电路中任意支路的电流或电压。不仅适用于计算全响应，也适用于求解零输入响应和零状态响应。

若换路后为直流电源激励，特解与时间无关，记为 $f(\infty)$，则全响应可以表示为

$$f(t) = f(\infty) + [f(0_+) - f(\infty)]\mathrm{e}^{-\frac{t}{\tau}} \qquad t \geqslant 0 \tag{5-9}$$

初始值通常要利用换路前的电路状态和换路定则进行求解，详细讨论见 5.2 节。

特解反映了电路在再次稳定后物理量的规律，通常是换路很久以后物理量的变化趋势。若换

路后电路的激励是恒定直流源，则在求特解时可以将电容视为开路、电感视为短路。这样，电路将不含动态元件。

　　时间常数 τ 可以通过列写微分方程求特征根得到，但是列方程比较复杂，我们一般不采用。对于 RC 电路或 RL 电路，可利用 $\tau = RC$ 或 $\tau = L/R$ 直接求出。此处的电阻 R 是换路后令动态元件开路后一端口的输入电阻。

　　例 5-11　电路如图 5-21（a）所示，换路前电路已处于稳态。在 $t=0$ 时将开关 S 闭合，求换路后的 $u_L(t)$ 和 $i(t)$。

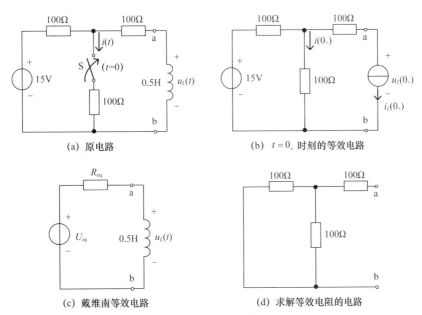

图 5-21　例 5-11 电路

　　解：求解初始值，$t = 0_+$ 时刻的等效电路如图 5-21（b）所示，有

$$u_L(0_+) = 15 - [i(0_+) + i_L(0_+)] \times 100$$
$$i(0_+) \times 100 = 15 - [i(0_+) + i_L(0_+)] \times 100$$

又根据换路定则，可得

$$i_L(0_+) = i_L(0_-) = \frac{15}{100+100} = 0.075(\text{A})$$

整理上式，可得

$$i(0_+) = 0.0375(\text{A})$$
$$u_L(0_+) = 3.75(\text{V})$$

求解稳态值，有

$$u_L(\infty) = 0$$
$$i(\infty) = \frac{15}{100 + \dfrac{100 \times 100}{100+100}} \times \frac{1}{2} = 0.05(\text{A})$$

求解时间常数τ，戴维南等效电路如图 5-21（c）所示，求此一端口等效电阻，如图 5-21（d）所示。

$$R_{eq} = 100 + \frac{100 \times 100}{100 + 100} = 150(\Omega)$$

$$\tau = \frac{L}{R_{eq}} = \frac{0.5}{150} = \frac{1}{300}(s)$$

根据直流激励下全响应的一般形式，即

$$f(t) = f(\infty) + [f(0_+) - f(\infty)]e^{-\frac{t}{\tau}} \qquad t \geqslant 0$$

可得

$$u_L(t) = 0 + (3.75 - 0)e^{-300t} = 3.75e^{-300t}(V) \qquad t \geqslant 0$$

$$i(t) = 0.05 + (0.0375 - 0.05)e^{-300t} = 0.05 - 0.0125e^{-300t}(V) \qquad t \geqslant 0$$

例 5-12　电路如图 5-22（a）所示，电路原已处于稳态，$t=0$ 时打开开关，已知 $u_C(0_-) = 2\text{V}$，求全响应 $i_C(t)$ 和 $u_C(t)$。

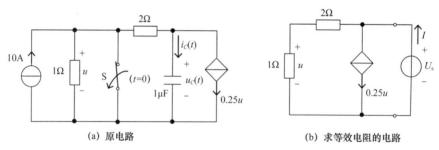

(a) 原电路　　　　　　　　　(b) 求等效电阻的电路

图 5-22　例 5-12 电路

解：求 u_C 的初始值，有

$$u_C(0_+) = u_C(0_-) = 2(V)$$

求 u_C 的稳态值，有

$$\begin{aligned} u(\infty) + 0.25u(\infty) &= 10 \\ u_C(\infty) &= u(\infty) - 2 \times 0.25u(\infty) \end{aligned} \quad \Rightarrow u_C(\infty) = 4(V)$$

求时间常数，求等效电阻的电路如图 5-22（b）所示，有

$$R_{eq} = \frac{U_s}{I} = \frac{u + 2u}{u + 0.25u} = 2.4(\Omega)$$

$$\tau = R_{eq}C = 2.4 \times 1 \times 10^{-6} = 2.4 \times 10^{-6}(s)$$

由全响应一般形式可得

$$u_C(t) = 4 + (2 - 4)e^{-\frac{10^6 t}{2.4}} = 4 - 2e^{-\frac{10^6 t}{2.4}}(V)$$

由元件约束可得

$$i_C(t) = C\frac{\mathrm{d}u_C}{\mathrm{d}t} = 10^{-6} \times 2 \times \frac{10^6}{2.4}\mathrm{e}^{-\frac{10^6 t}{2.4}} = \frac{5}{6}\mathrm{e}^{-\frac{10^6 t}{2.4}}\ (\mathrm{A})$$

5.6 二阶电路的零输入响应

二阶电路的零输入
响应

如果列出的电路方程是二阶微分方程，则此电路是二阶电路。本节以比较简单的 RLC 电路来讨论二阶电路的零输入响应。

5.6.1　RLC 电路的零输入响应

在图 5-23 所示的 RLC 电路中，开关 S 闭合前，设电容 C 的电压为 U_0，电感 L 的电流为 I_0（充电电路并未呈现），在 $t=0$ 时刻将开关闭合。电容和电感储存的能量最终将通过电阻以热能的形式释放出来，电路中的电压和电流也趋向于零。这个过程就是 RLC 电路的零输入响应过程。

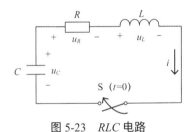

图 5-23　RLC 电路

下面进行定量的数学分析。

对于换路后的电路，结合元件的 VCR，可得 KVL 方程为

$$LC\frac{\mathrm{d}^2 u_C}{\mathrm{d}t^2} + RC\frac{\mathrm{d}u_C}{\mathrm{d}t} + u_C = 0 \tag{5-10}$$

这是二阶齐次微分方程。设 $u_C = A\mathrm{e}^{pt}$，将其代入式（5-10）后有

$$(LCp^2 + RCp + 1)A\mathrm{e}^{pt} = 0$$

则电容电压表达为 $u_C = A_1\mathrm{e}^{p_1 t} + A_2\mathrm{e}^{p_2 t}$，且相应的特征方程为

$$LCp^2 + RCp + 1 = 0 \tag{5-11}$$

其特征根为

$$p_{1,2} = -\frac{R}{2L} \pm \sqrt{\left(\frac{R}{2L}\right)^2 - \frac{1}{LC}} \tag{5-12}$$

再根据初始值确定积分常数 A_1 和 A_2，求解式（5-13）后可以得到通解。

$$\begin{cases} u_C(0_+) = U_0 = A_1 + A_2 \\ \left.\dfrac{\mathrm{d}u_C}{\mathrm{d}t}\right|_{t=0_+} = -\dfrac{i_L(0_+)}{C} = -\dfrac{I_0}{C} = A_1 p_1 + A_2 p_2 \end{cases} \quad （5\text{-}13）$$

不失一般的，不妨假设电容初始电压 $U_0 \neq 0$，而电感初始电流 $I_0 = 0$，讨论充电电容经 RL 放电时，响应在不同参数情况下的不同变化规律。

由式（5-13），令 $I_0 = 0$，得到电容电压的通解为

$$u_C = \frac{p_2 U_0}{p_2 - p_1}\mathrm{e}^{p_1 t} - \frac{p_1 U_0}{p_2 - p_1}\mathrm{e}^{p_2 t} \quad （5\text{-}14）$$

式（5-11）中的特征方程是一元二次方程，其判别式 $\Delta = \left(\dfrac{R}{2L}\right)^2 - \dfrac{1}{LC}$，因此，电路的元件参数关系不同，式（5-12）所呈现的特征根的形式可能不同。具体有以下 3 种情况。

（1）特征方程判别式 $\Delta > 0$，即 $R > 2\sqrt{\dfrac{L}{C}}$。

在此情况下，特征根 p_1 和 p_2 为两个不相等的负实数。各响应分别为

$$\begin{cases} u_C(t) = \dfrac{U_0}{p_2 - p_1}(p_2 \mathrm{e}^{p_1 t} - p_1 \mathrm{e}^{p_2 t}) \\ i(t) = -C\dfrac{\mathrm{d}u_C}{\mathrm{d}t} = -\dfrac{U_0(\mathrm{e}^{p_1 t} - \mathrm{e}^{p_2 t})}{L(p_2 - p_1)} \qquad t \geqslant 0 \\ u_L(t) = L\dfrac{\mathrm{d}i(t)}{\mathrm{d}t} = -\dfrac{U_0(p_1 \mathrm{e}^{p_1 t} - p_2 \mathrm{e}^{p_2 t})}{p_2 - p_1} \end{cases} \quad （5\text{-}15）$$

响应随时间变化的曲线如图 5-24 所示。

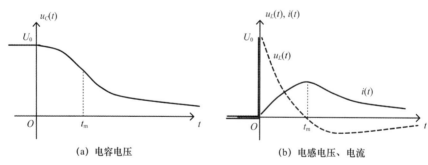

(a) 电容电压   (b) 电感电压、电流

图 5-24 RLC 电路的零输入响应曲线（过阻尼情况）

由响应曲线可以看出：在换路时刻，电容电压和电感电流均不发生跃变；在整个暂态过程中，电容电压单调递减，电容的能量逐渐减小。电感电流从零开始增大，在 $t = t_m$ 时达到最大值，随后递减至零。电感电压在换路时刻从零跃变到 U_0，在 $t = t_m$ 时为零，$t > t_m$ 后电感电压为负，说明实际方向发生改变。

可以看出，$0 < t < t_m$ 期间，电容释放电能，电感和电阻吸收电能；在 $t > t_m$ 期间，电感将从电容吸收的电能释放，电容继续释放电能，电阻消耗电能，直至将电容初始能量消耗完毕。

由于电阻阻值较大，消耗电能的速度较快，能使电容初始能量迅速减少至零，表现为电容电压单调递减，因此这种情况也被称为过阻尼情况。

（2）特征方程判别式 $\Delta<0$，即 $R<2\sqrt{\dfrac{L}{C}}$。

在此情况下，特征根 p_1 和 p_2 为一对共轭复根，其中实部 δ 称为衰减因子，虚部的绝对值 ω 称为固有振荡角频率，有

$$p_{1,2}=-\frac{R}{2L}\pm \mathrm{j}\sqrt{\frac{1}{LC}-(\frac{R}{2L})^2}=-\delta\pm\mathrm{j}\omega=-\omega_0\mathrm{e}^{\mp\mathrm{j}\beta}$$

各响应分别为

$$\begin{cases}u_C(t)=\dfrac{U_0}{p_2-p_1}(p_2\mathrm{e}^{p_1 t}-p_1\mathrm{e}^{p_2 t})=\dfrac{U_0}{-\mathrm{j}2\omega}(-\omega_0\mathrm{e}^{\mathrm{j}\beta}\mathrm{e}^{(-\delta+\mathrm{j}\omega)t}+\omega_0\mathrm{e}^{-\mathrm{j}\beta}\mathrm{e}^{(-\delta-\mathrm{j}\omega)t})\\[2mm]
\qquad=\dfrac{U_0\omega_0}{\omega}\mathrm{e}^{-\delta t}(\dfrac{\mathrm{e}^{\mathrm{j}(\omega t+\beta)}-\mathrm{e}^{-\mathrm{j}(\omega t+\beta)}}{2\mathrm{j}})=\dfrac{U_0\omega_0}{\omega}\mathrm{e}^{-\delta t}\sin(\omega t+\beta)\\[2mm]
\qquad i(t)=-C\dfrac{\mathrm{d}u_C}{\mathrm{d}t}=\dfrac{U_0}{\omega L}\mathrm{e}^{-\delta t}\sin(\omega t)\\[2mm]
\qquad u_L(t)=L\dfrac{\mathrm{d}i(t)}{\mathrm{d}t}=-\dfrac{U_0\omega_0}{\omega}\mathrm{e}^{-\delta t}\sin(\omega t-\beta)\end{cases}\qquad t\geqslant 0\qquad（5\text{-}16）$$

响应随时间变化的曲线如图 5-25 所示。

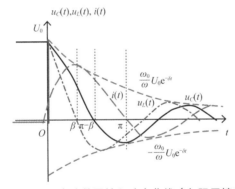

图 5-25　RLC 电路的零输入响应曲线（欠阻尼情况）

由响应曲线可以看出：在换路时刻，电容电压和电感电流均不发生跃变；换路后均产生振荡，幅值随时间指数衰减，直至为零。可以看出，电容和电感均有释放电能的阶段，也有吸收电能的阶段；电阻总是消耗电能，直至将电容初始能量消耗完毕。

由于电阻阻值较小，消耗能量的速度较慢，因此电容能量不能单调递减，电容电压产生振荡，电容和电感均有反复充放电过程，所以这种情况也被称为欠阻尼情况。

（3）特征方程判别式 $\Delta=0$，即 $R=2\sqrt{\dfrac{L}{C}}$。

在此情况下，特征根 p_1 和 p_2 为一对相等的负实数，有

$$p_1=p_2=-\frac{R}{2L}=-\delta$$

各响应分别为

$$
\begin{cases}
u_C(t) = \lim_{p_2 \to p_1} \dfrac{U_0}{p_2 - p_1}(p_2 \mathrm{e}^{p_1 t} - p_1 \mathrm{e}^{p_2 t}) = U_0 \mathrm{e}^{-\delta t}(1 + \delta t) \\[2mm]
i(t) = -C\dfrac{\mathrm{d}u_C}{\mathrm{d}t} = \dfrac{U_0}{L} t \mathrm{e}^{-\delta t} \qquad\qquad t \geqslant 0 \\[2mm]
u_L(t) = L\dfrac{\mathrm{d}i(t)}{\mathrm{d}t} = U_0 \mathrm{e}^{-\delta t}(1 - \delta t)
\end{cases}
\tag{5-17}
$$

其响应随时间变化的曲线、能量过程与过阻尼情况类似。此情况是过阻尼与欠阻尼的临界状态，所以称为临界阻尼情况。

5.6.2　二阶电路零输入响应解的一般形式

由 RLC 电路的零输入响应的讨论，可以推导出二阶电路零输入响应的求解过程及其一般形式，具体如下。

（1）选择变量 f（u_C 或 i_L），并列写其满足的动态方程。由于输入为零，因此所列的动态方程是齐次的二阶常微分方程。

（2）求解二阶常微分方程对应的特征方程，以获得特征根。该特征方程为一元二次方程，根据判别式 Δ 的数值，特征根会有 3 种情况，这也决定了变量 f 的 3 种不同表达形式。具体如下。

① $\Delta > 0$，特征根 p_1 和 p_2 为两个不相等的负实数。

零输入响应为 $f(t) = A_1 \mathrm{e}^{p_1 t} + A_2 \mathrm{e}^{p_2 t}$

其中 A_1 和 A_2 为待定常数。

② $\Delta = 0$，特征根 p_1 和 p_2 为两个相等的负实数，设为 p。

零输入响应为 $f(t) = (A_1 + A_2 t)\mathrm{e}^{pt}$

其中 A_1 和 A_2 为待定常数。

③ $\Delta < 0$，特征根 p_1 和 p_2 为两个共轭复根，$p_1 = p_2^* = -\delta + \mathrm{j}\omega$。

零输入响应为 $f(t) = A\mathrm{e}^{-\delta t}\sin(\omega t + \beta)$

其中 A 和 β 为待定常数。

（3）由初始条件 $f(0_+)$ 和 $\left.\dfrac{\mathrm{d}f}{\mathrm{d}t}\right|_{t=0_+}$ 确定待定常数 A_1、A_2 或 A、β。

5.7　二阶电路的全响应

二阶电路的全响应

非零初始状态的二阶电路在外加激励作用下的响应称为全响应。本节仅讨论其在直流作用下的全响应。

根据 5.6 节对二阶电路零输入响应的分析，可以清楚地得出二阶电路全响应的求解过程及其一般形式。

（1）选择变量 f（u_C 或 i_L），并列写其满足的动态方程。由于外加激励不为零，因此所列的动态方程是非齐次的二阶常微分方程。

（2）由于非齐次二阶微分方程的全解为非齐次微分方程的一个特解与齐次微分方程的通解之和。因此，在 5.6 节中已经展示了齐次微分方程的通解的基础上，还需寻找非齐次微分方程的特解。通常，此特解可以通过电路再次稳定后得到，它与外加激励有关，称为强制分量。而齐次微分方程的通解则与外加激励无关，仅与电路自身结构和元件参数有关，称为自由分量。

（3）根据初始条件 $f(0_+)$ 和 $\left.\dfrac{\mathrm{d}f}{\mathrm{d}t}\right|_{t=0_+}$ 确定待定常数 A_1、A_2 或 A、β。

例 5-13 电路如图 5-26 所示，$t=0$ 时开关 S 闭合，已知 $i_L(0_-) = 2\mathrm{A}$，电容无初始能量，求响应 $i_L(t)$。

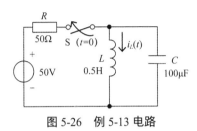

图 5-26　例 5-13 电路

解：列微分方程，以 i_L 为变量。由 KCL、KVL 和 VCR 不难得到

$$RLC\frac{\mathrm{d}^2 i_L}{\mathrm{d}t^2} + L\frac{\mathrm{d}i_L}{\mathrm{d}t} + Ri_L = 50$$

代入数据得 $\dfrac{\mathrm{d}^2 i_L}{\mathrm{d}t^2} + 200\dfrac{\mathrm{d}i_L}{\mathrm{d}t} + 2\times10^4 i_L = 2\times10^4$

求对应齐次微分方程的通解（自由分量），过程如下。

其特征方程为 $p^2 + 200p + 20000 = 0$

解之得特征根为 $p = -100 \pm \mathrm{j}100$

因此得齐次微分方程的通解为 $A\mathrm{e}^{-100t}\sin(100t + \beta)$

求非齐次微分方程的特解（强制分量），过程如下。

电路再次稳定后，不难得出 $i_{Lp}(t) = 1\,\mathrm{A}$

非齐次微分方程的全解=非齐次微分方程的特解+齐次微分方程的通解，即

$$i_L(t) = 1 + A\mathrm{e}^{-100t}\sin(100t + \beta)$$

由初始条件确定待定常数，由

$$\begin{cases} i_L(0_+) = i_L(0_-) = 2 \\ \left.\dfrac{\mathrm{d}i_L}{\mathrm{d}t}\right|_{t=0_+} = \dfrac{1}{L}u_C(0_+) = \dfrac{1}{L}u_C(0_-) = 0 \end{cases}，得 \begin{cases} A = \sqrt{2} \\ \beta = 45° \end{cases}$$

综上，$i_L(t) = 1 + \sqrt{2}\mathrm{e}^{-100t}\sin(100t + 45°)\ (\mathrm{A})$　　$t > 0$

5.8 走近科学家

托马斯·阿尔瓦·爱迪生（Thomas Alva Edison，1847—1931 年），世界著名的发明家、物理学家、企业家，被誉为"世界发明大王"，拥有众多重要的发明专利。其肖像如图 5-27 所示。

爱迪生出生于美国俄亥俄州米兰镇。他是人类历史上第一个利用大量生产原则和电气工程研究

实验室来进行发明并对世界产生深远影响的人。他拥有超过 1000 项发明专利，包括对世界影响极大的留声机、电影摄影机、钨丝灯泡等。

图 5-27　爱迪生肖像

《 **本章小结** 》

1．动态电路的暂态过程

（1）动态电路：含有电容、电感等动态元件的电路。

（2）暂态过程：在动态电路中，从旧的稳态被打破到新的稳态建立，需要经历一定的时间。

2．换路定则

内容：在换路瞬间，电容电流和电感电压为有限值的条件下，电容电压和电感电流保持不变，即

$$u_C(0_+) = u_C(0_-) \qquad i_L(0_+) = i_L(0_-)$$

3．初始条件

（1）定义：电路所求变量及其 $(n-1)$ 阶导数在 $t=0_+$ 时刻的值。

（2）求解独立的初始条件：换路定则。

（3）求解非独立的初始条件：$t=0_+$ 时刻等效电路。

4．一阶电路

（1）时间常数：$\tau = RC$ 或 $\tau = \dfrac{L}{R}$

（2）三要素法：

$$f(t) = f_p(t) + [f(0_+) - f_p(0_+)]\mathrm{e}^{-\frac{t}{\tau}} \qquad t \geq 0$$

（3）适用于全响应、零输入响应和零状态响应等。

5．二阶电路

（1）零输入响应。

① 选择变量 f（u_C 或 i_L），列写其满足的动态方程。

② 求解二阶常微分方程对应的特征方程，得到特征根。

③ 根据判别式 Δ 判断特征根的情况，得到变量 f 的不同形式。

a. $\Delta>0$，特征根 p_1 和 p_2 为两个不相等的负实数，有

$$f(t) = A_1 \mathrm{e}^{p_1 t} + A_2 \mathrm{e}^{p_2 t}$$

b. $\Delta = 0$，特征根 p_1 和 p_2 为两个相等的负实数，有

$$f(t) = (A_1 + A_2 t)\mathrm{e}^{pt}$$

c. $\Delta<0$，特征根 p_1 和 p_2 为两个共轭复根，有

$$f(t) = A\mathrm{e}^{-\delta t} \sin(\omega t + \beta)$$

④ 根据初始条件 $f(0_+)$ 和 $\left.\dfrac{\mathrm{d}f}{\mathrm{d}t}\right|_{t=0_+}$ 确定待定常数 A_1、A_2 或 A、β。

（2）全响应。

全解=非齐次微分方程的一个特解+齐次微分方程的通解

《 **本章思维导图** 》

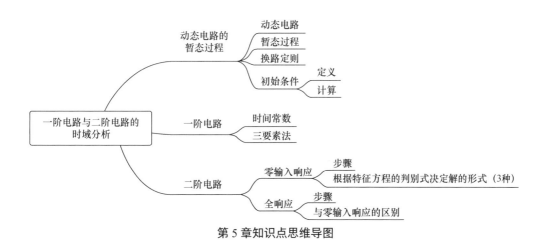

第 5 章知识点思维导图

《 **习　　题** 》

基础题

5-1. 电路如题 5-1 图所示，开关打开前电路已处于稳态，在 $t=0$ 时，开关打开，求：

（1）换路后，电路的时间常数；

（2）换路后，电流 i 的初始值和最终值；

（3）换路后的电流 i 的表达式。

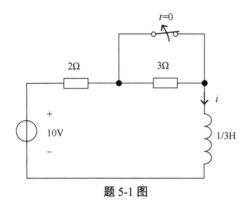

题 5-1 图

5-2. 电路如题 5-2 图所示，开关打开前电路已处于稳态，在 $t=0$ 时，开关打开，求：

（1）换路后，电路的时间常数；

（2）换路后，电流 i 的初始值和最终值；

（3）换路后的电流 i 的表达式。

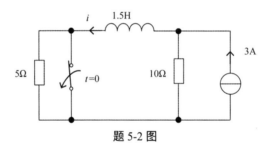

题 5-2 图

5-3. 电路如题 5-3 图所示，开关打开前电路已处于稳态，在 $t=0$ 时，开关打开，求换路后的电流 i 的表达式。

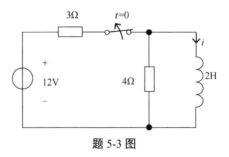

题 5-3 图

进阶题

5-4. 电路如题 5-4 图所示，试求：

（1）若开关已打开很长时间，换路前电路已处于稳态，在 $t=0$ 时，开关闭合，求电压 u_0 的表达式；

（2）若开关已闭合很长时间，换路前电路已处于稳态，在 $t=0$ 时，开关打开，求电压 u_0 的表达式。

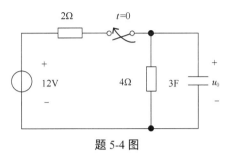

题 5-4 图

5-5. 电路如题 5-5 图所示，求换路前后的电容电压 u_0 的表达式。

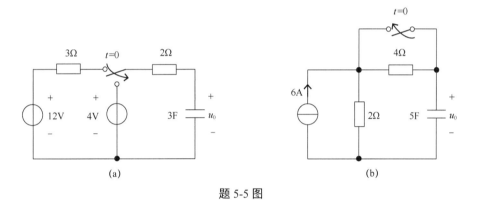

题 5-5 图

5-6. 换路后的电路如题 5-6 图所示，电压 u_0 初始值为 2V，求换路后电压 u_x 和 u_0 的表达式。

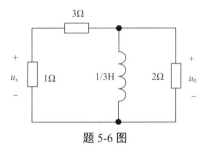

题 5-6 图

5-7. 电路如题 5-7 图所示，原处于稳态，$t=0$ 时闭合开关。求换路后 $u_C(t)$ 和 $i(t)$ 的表达式。

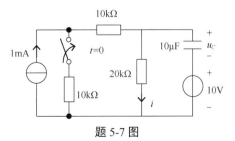

题 5-7 图

5-8. 电路如题 5-8 图所示，原处于稳态，$t=0$ 时闭合开关。求换路后 $u_C(t)$ 和 $i_L(t)$ 的表达式。

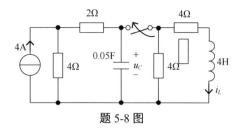

题 5-8 图

5-9. 电路如题 5-9 图所示，原处于稳态，$t=0$ 时打开开关。求换路后 $u_L(t)$ 的表达式。

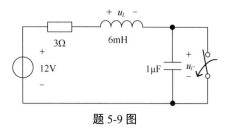

题 5-9 图

5-10. 电路如题 5-10 图所示，原处于稳态，$t=0$ 时闭合开关。设 $u_C(0_-)=100V$，求换路后 $i_L(t)$ 的表达式。

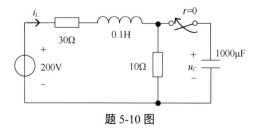

题 5-10 图

应用题

5-11. 电路如题 5-11 图所示，开关在位置 a 已闭合很长时间，在 $t=0$ 时，开关从位置 a 换到位置 b，试求：

（1）电感电流初始值；

（2）换路后（$t>0$）电路的时间常数；

（3）$t\geq0$ 时，电流 i 的表达式；

（4）$t\geq0$ 时，电压 u_1 和 u_2 的表达式。

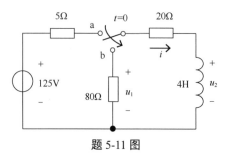

题 5-11 图

5-12．电路如题 5-12 图所示，开关已闭合很长时间，在 $t=0$ 时，开关打开，试求 $i_1(0_-)$、$i_2(0_-)$、$i_1(0_+)$、$i_2(0_+)$ 以及 $t>0$ 时 $i_1(t)$ 和 $i_2(t)$ 的表达式。

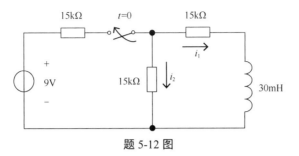

题 5-12 图

5-13．电路如题 5-13 图所示，开关已打开很长时间，在 $t=0$ 时，开关闭合，试求 $i_o(0_-)$、$i_L(0_-)$、$i_o(0_+)$、$i_L(0_+)$、$i_o(\infty)$、$i_L(\infty)$ 以及 $t>0$ 时 $i_o(t)$、$i_L(t)$、$u_L(t)$ 的表达式。

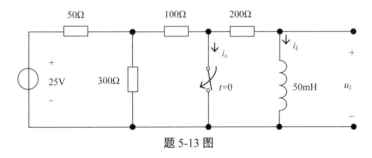

题 5-13 图

5-14．电路如题 5-14 图所示，开关已打开很长时间，在 $t=0$ 时，开关闭合，试求：
（1）$t>0$ 时 $i_o(t)$ 的表达式；
（2）开关闭合多长时间后电流 i_o 等于 3.8A。

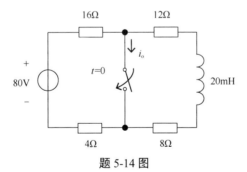

题 5-14 图

第 6 章

正弦稳态电路的分析

📋 本章内容概要

在线性时不变的稳态电路中，当所有激励源均为同一频率的正弦信号时，电路达到稳态后，各支路的电流和电压均为与激励信号同频的正弦量。在这一条件下，电路的分析可以借助相量法进行。本章首先介绍正弦交流电的基本概念及相量表示法、电路基本元件 VCR 及电路定律的相量形式，以及复阻抗、复导纳和相量图的概念。随后讨论正弦稳态电路的相量法、功率计算及最大功率传输问题，最后分析功率因数的提高问题和谐振电路的特性。

📋 本章学习目标

1. 相量与正弦量的关系
（1）能正确识别正弦量的三要素；
（2）能准确地将正弦量与相量互相转换。
2. 相量法
（1）能阐明引入相量的意义及相量法的适用条件；
（2）能将电路中的各元件转化为对应的阻抗和导纳；
（3）能利用相量法分析正弦稳态电路的响应。
3. 正弦稳态电路的功率
（1）能理解有功功率、无功功率、视在功率和复功率的物理意义；
（2）能根据电压和电流的相量计算正弦稳态电路的有功功率、无功功率、视在功率和复功率；
（3）能结合各基本元件的功率特点，计算多个元件的有功功率和无功功率；
（4）能计算功率因数，并了解提高功率因数的意义和具体措施。
4. 谐振
（1）能计算网络的谐振频率；
（2）能根据谐振的特性简化电路响应的计算。

6.1 正弦交流电的基本概念

前文介绍的直流电路中，电流和电压的大小和方向均不随时间变化。如果电路中的电流和电压的大小和方向随时间变化，则称该电路为交流电路。在电工技术中提到的交流电路大多指正弦交流电路，即电路中的电流、电压随时间按正弦规律变化，称为正弦量。本书中提到的交流，除非特别指明，均指正弦交流。

本节将介绍描述正弦量的三要素以及工程上常用的两个术语——相位差和有效值。

6.1.1　正弦量的三要素

电路中按正弦规律变化的电压或电流称为正弦量。对正弦量的数学描述，可以采用正弦函数，也可以采用余弦函数。本书采用余弦函数。以电流为例，正弦量可表示为

$$i(t) = I_m \cos(\omega t + \theta_i) \tag{6-1}$$

式（6-1）称为正弦量的时域表达式，其波形如图 6-1 所示。该时域表达式和波形图均是相对于选定的参考方向而言的。正弦量的大小与方向随时间变化，瞬时值为正，表示其方向与所选参考方向一致；瞬时值为负，表示其方向与所选参考方向相反。

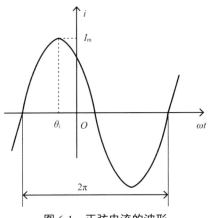

图 6-1　正弦电流的波形

式（6-1）中的 3 个常数 I_m、ω、θ_i 称为正弦量的三要素。任何一个正弦量都可以通过这三要素来描述，它们是用于比较和区分不同正弦量的依据。

1．振幅

式（6-1）中的 I_m 称为振幅或幅值，是正弦量在随时间等幅振荡过程中可达到的最大值。正弦量在一个周期内，两次达到同样的最大值，只是方向不同，即当 $\cos(\omega t + \theta_i) = 1$ 时，有 $i_{max} = I_m$；当 $\cos(\omega t + \theta_i) = -1$ 时，$i_{min} = -I_m$。$i_{max} - i_{min} = 2I_m$ 称为正弦量的峰-峰值。

2．角频率

式（6-1）中的 $(\omega t + \theta_i)$ 为正弦量随时间变化的角度，称为正弦量的相位角，简称相位。正弦量在不同的瞬间有不同的相位。ω 称为正弦量的角频率，它是正弦量的相位随时间变化的角速度，即 $\omega = \dfrac{d(\omega t + \theta_i)}{dt}$，单位为 rad/s。角频率 ω 与正弦量的周期 T 和频率 f 之间的关系为

$$\omega T = 2\pi, \quad \omega = 2\pi f, \quad f = \frac{1}{T}$$

若 T 的单位为 s（秒），则频率 f 的单位为 1/s，称为 Hz（赫兹，简称赫）。ω、T、f 反映的都是正弦量变化的快慢，ω 越大，即 f 越大或 T 越小，正弦量变化越快；ω 越小，即 f 越小或 T 越大，则正弦量变化越慢。

我国电力工业用电频率为 50Hz，简称为"工频"，周期为 0.02s，不同的国家有不同的标准频率。

3．初相位

式（6-1）中的 θ_i 是正弦量在 $t=0$ 时刻的相位，即 $(\omega t + \theta_i)\big|_{t=0} = \theta_i$ 称为正弦量的初相位（角），简称初相。图 6-2（a）中 $\theta_i = 0$，图 6-2（b）中 $\theta_i<0$，图 6-2（c）中 $\theta_i>0$。

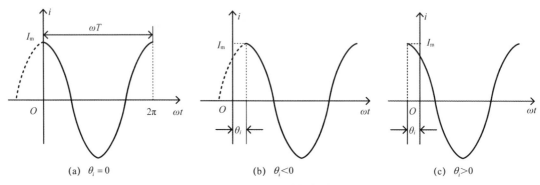

图 6-2　正弦量的初相位

初相的单位通常用弧度或度表示，通常在主值范围内取值，即 $|\theta_i| \leqslant 180°$。初相与正弦量的计时起点选择有关。对于同一正弦量，计时起点不同则初相也会不同。然而，在同一个电路中，多个相关的正弦量只能相对于同一计时起点来确定各自的初相。

6.1.2　同频率正弦量的相位差

电路中常引用相位差的概念来描述两个同频率正弦量之间的相位关系。例如：设有两个同频率的正弦量电压

$$u_1(t) = U_{1m} \cos(\omega t + \theta_1)$$

$$u_2(t) = U_{2m} \cos(\omega t + \theta_2)$$

它们的相位分别为 $(\omega t + \theta_1)$ 和 $(\omega t + \theta_2)$，则称

$$\varphi_{12} = (\omega t + \theta_1) - (\omega t + \theta_2) = \theta_1 - \theta_2$$

为这两个同频率正弦量的相位差。正弦量的相位随时间变化，不同频率正弦量的相位差也是随时间变化的；但同频率正弦量的相位差始终等于它们的初相之差，与时间无关。一般所说的相位差，都是针对同频率正弦量而言的。

另外，电路中常采用超前和滞后的概念来说明两个同频率正弦量的相位关系。例如：当上式中 $\varphi_{12}>0$ 时，称电压 u_1 超前电压 u_2，或者说电压 u_2 滞后电压 u_1；当 $\varphi_{12}<0$ 时，称电压 u_1 滞后电压 u_2，或者说电压 u_2 超前电压 u_1；当 $\varphi_{12} = 0$ 时，称电压 u_1 与电压 u_2 同相。

当 $|\varphi_{12}| = \dfrac{\pi}{2}$ 时，称电压 u_1 与电压 u_2 正交；当 $|\varphi_{12}| = \pi$ 时，称电压 u_1 与电压 u_2 反相。图 6-3 所示为两个同频率正弦量的相位关系。

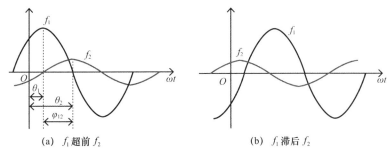

$$(a)\ f_1\ 超前\ f_2 \qquad\qquad (b)\ f_1\ 滞后\ f_2$$

图 6-3　两个同频率正弦量的相位关系

6.1.3　有效值

周期性电流、电压的瞬时值是随时间而变化的。在工程应用中，我们关心的并不是每一个瞬时值的大小，而是能够反映其能量转换效果的量，即有效值。将周期性电流、电压在一个周期内产生的平均效应换算为在效应上与之相等的直流量，这个直流量就称为周期量的有效值。

以电流为例，当周期电流和直流电流通过电阻时，电阻都要消耗电能。有效值的物理意义是对同一电阻 R，在周期 T 内，周期电流 i 通过 R 时产生的热能与恒定直流电流 I 通过 R 时产生的热能相等。

当周期电流 i 流过电阻 R 时，电阻在一个周期 T 内所消耗的电能为

$$\int_0^T p(t)\,\mathrm{d}t = \int_0^T i^2 R\,\mathrm{d}t = R\int_0^T i^2 \mathrm{d}t$$

当直流电流 I 流过电阻 R 时，在相同的时间 T 内所消耗的电能为

$$PT = RI^2 T$$

如果周期电流 i 与直流电流 I 产生了相同的平均热效应，即

$$RI^2 T = R\int_0^T i^2 \mathrm{d}t$$

则直流电流 I 为周期电流 i 的有效值，即周期电流 i 的有效值为

$$I = \sqrt{\frac{1}{T}\int_0^T i^2 \mathrm{d}t} \tag{6-2}$$

式（6-2）表明，周期量的有效值等于其瞬时值的平方在一个周期内积分的平均值再取平方根，因此有效值又称为均方根值。

根据定义，正弦量的有效值总是正弦量的最大值的 $1/\sqrt{2}$。即

$$I = \sqrt{\frac{1}{T}\int_0^T I_{\mathrm{m}}^2 \cos^2\left(\omega t + \theta_i\right)\mathrm{d}t}$$

$$= \sqrt{\frac{1}{T}\int_0^T \frac{I_{\mathrm{m}}^2}{2}\left[\cos\left(2\omega t + 2\theta_i\right)+1\right]\mathrm{d}t}$$

$$= \frac{1}{\sqrt{2}} I_{\mathrm{m}} \approx 0.707 I_{\mathrm{m}}$$

由此可见，正弦量的有效值约为其振幅的 0.707 倍，与正弦量的频率和初相无关。

工程中使用的交流电气设备铭牌上标注的额定电流和电压均指有效值，交流电压表和电流表上显示的数值也为有效值。通常情况下，交流量的大小均以有效值表示。需要注意区分交流电流的瞬时值 i、最大值 I_m 和有效值 I 的符号及含义。

6.2 正弦量的相量表示法

分析正弦稳态电路时，通常使用相量法。本节将介绍如何用相量表示正弦量，以及如何将正弦量的计算转化为相量的计算。

6.2.1 相量的基本概念

正弦稳态电路中的电压与电流都是同频率的正弦量。正弦交流电路的运算即为这些正弦量的运算。无论是通过正弦量波形图逐点相加，还是利用三角函数变换，运算过程都相对复杂。为此，引入了相量的概念，以便通过变换简化运算。

由于相量是复数，在介绍相量之前，先简单复习一下复数的 4 种表示方式。

相量的基本概念

代数形式：$F = a + \mathrm{j}b$ 指数形式：$F = |F|\mathrm{e}^{\mathrm{j}\theta}$

极坐标形式：$F = |F| \angle \theta$ 三角函数形式：$F = |F|(\cos\theta + \mathrm{j}\sin\theta)$

其中，a 和 b 分别为复数的实部和虚部，$|F|$ 为复数的模，θ 为其辐角。

下面以正弦电流为例说明相量的概念。

根据欧拉公式 $\mathrm{e}^{\mathrm{j}\theta} = \cos\theta + \mathrm{j}\sin\theta$，复指数函数 $\sqrt{2}I\mathrm{e}^{\mathrm{j}(\omega t+\theta)}$ 可表示为 $\sqrt{2}I\cos(\omega t+\theta) + \mathrm{j}\sqrt{2}I\sin(\omega t+\theta)$。该复指数函数的实部是一个正弦函数，即 $\mathrm{Re}[\sqrt{2}I\mathrm{e}^{\mathrm{j}(\omega t+\theta)}] = \sqrt{2}I\cos(\omega t+\theta)$。此式表明：正弦时间函数可以用一个复指数函数的实部来描述。这样，正弦量就可以与复数函数建立起一一对应的关系，即

$$i(t) = \sqrt{2}I\cos(\omega t+\theta) = \mathrm{Re}[\sqrt{2}I\mathrm{e}^{\mathrm{j}\theta}\mathrm{e}^{\mathrm{j}\omega t}] \tag{6-3}$$

式（6-3）中，包含正弦量角频率的复函数 $\mathrm{e}^{\mathrm{j}\omega t}$ 是时间 t 的函数；包含正弦量有效值和初相的则是复常数 $I\mathrm{e}^{\mathrm{j}\theta}$。由于在单一频率正弦激励下，电路稳定后各元件的电压与电流的频率均与激励频率相同，因此针对单一频率的正弦稳态电路的分析与计算，可以选取只包含正弦量有效值和初相的复常数 $I\mathrm{e}^{\mathrm{j}\theta}$ 代表正弦量，称为正弦量的相量，用 $\dot{I}$ 表示，即

$$\dot{I} = I\mathrm{e}^{\mathrm{j}\theta} = I\angle\theta = |\dot{I}|\angle\theta \tag{6-4}$$

也就是说若正弦电流 $i(t) = \sqrt{2}I\cos(\omega t+\theta_i)$，则其对应的相量为

$$\dot{I} = I\mathrm{e}^{\mathrm{j}\theta_i} = I\angle\theta_i$$

同样，对于正弦电压，若 $u(t) = \sqrt{2}U\cos(\omega t+\theta_u)$，则有

$$\dot{U} = U\mathrm{e}^{\mathrm{j}\theta_u} = U\angle\theta_u$$

在正弦交流电路中，各处的电压、电流与电源具有相同频率的正弦特性。因此，分析正弦交流电路时只需关注各处电压、电流的幅值和初相，借助相量进行计算即可。通过遵循复数运算规律，

可以显著简化运算过程。

可以在复平面上用矢量表示出相量的幅值和相位，把这种表示相量的图称为相量图，如图 6-4 所示。

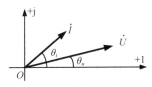

图 6-4　正弦量的相量图

同频率的正弦量之间的相位差是一个恒定值，等于它们初相的差。在使用相量表示时，这些正弦量可以绘制在同一张相量图上。然而，对于不同频率的正弦量而言，它们的相位差是时间的函数，因此在使用相量表示时，无法将它们绘制在同一张相量图上。

例 6-1　写出正弦量 $i_1(t) = 5\sqrt{2}\cos\omega t$ A ，$i_2(t) = 3\sqrt{2}\cos(\omega t + 57°)$ A ，$u(t) = -200\sqrt{2}\sin(\omega t - 60°)$ V 对应的相量。

解：

$$u = -200\sqrt{2}\sin(\omega t - 60°) = -200\sqrt{2}\cos(\omega t - 60° - 90°) = 200\sqrt{2}\cos(\omega t + 30°)\ \text{V}$$

由正弦量与相量的对应关系，得　　　　$\dot{I}_1 = 5\angle 0°\text{(A)}$

$$\dot{I}_2 = 3\angle 57°\text{(A)}$$

$$\dot{U} = 200\angle 30°\text{(V)}$$

例 6-2　已知 $\dot{I} = 50\angle 15°$ A ，$f = 50\text{Hz}$ ，写出电流的瞬时值表达式。

解： 因为频率 $\omega = 2\pi f \approx 2 \times 3.14 \times 50 = 314\text{(rad/s)}$ ，所以

$$i = 50\sqrt{2}\cos(314t + 15°)\ \text{A}$$

6.2.2　正弦量的运算

用相量表示正弦量实质上是一种数学变换，其目的是简化运算。同频率的正弦量在进行加、减、微分以及积分运算后，其结果仍然是一个同频率的正弦量。以下将讨论如何利用相量对正弦量进行运算。

1. 同频率正弦量的加、减运算

设有 n 个同频率的正弦量，其和

$$i = i_1 + i_2 + \cdots + i_k + \cdots + i_n$$

由于 $i_k = \sqrt{2}I_k\cos(\omega t + \theta_k) = \text{Re}[\sqrt{2}I_k e^{j\theta_k}e^{j\omega t}] = \text{Re}[\sqrt{2}\dot{I}_k e^{j\omega t}]$
若每一个正弦量均用与之对应的复指数函数表示，则

$$i = \text{Re}[\sqrt{2}\dot{I}_1 e^{j\omega t}] + \text{Re}[\sqrt{2}\dot{I}_2 e^{j\omega t}] + \cdots + \text{Re}[\sqrt{2}\dot{I}_k e^{j\omega t}] + \cdots + \text{Re}[\sqrt{2}\dot{I}_n e^{j\omega t}]$$

$$= \text{Re}[\sqrt{2}(\dot{I}_1 + \dot{I}_2 + \cdots + \dot{I}_k + \cdots + \dot{I}_n)e^{j\omega t}]$$

若总电流 i 表示为 $\text{Re}[\sqrt{2}\dot{I}e^{j\omega t}]$ ，则上式在任何时刻都有

$$\dot{I} = \dot{I}_1 + \dot{I}_2 + \cdots + \dot{I}_k + \cdots + \dot{I}_n = \sum_{k=1}^{n} \dot{I}_k \qquad (6\text{-}5)$$

因此，同频率正弦量的加减运算可借助与之对应的各相量的加减运算实现。

2．正弦量的微分运算

设正弦电流 $i = \sqrt{2}I\cos(\omega t + \theta_i)$，其对应的相量 $\dot{I} = Ie^{j\theta_i} = I\angle\theta_i$，有

$$\frac{\mathrm{d}i}{\mathrm{d}t} = \sqrt{2}I\omega\cos(\omega t + \theta_i + \frac{\pi}{2}) = \mathrm{Re}[\sqrt{2}I\omega e^{j(\theta_i + \frac{\pi}{2})}e^{j\omega t}]$$

$$= \mathrm{Re}[\sqrt{2}Ie^{j\theta_i} \cdot \omega e^{j\frac{\pi}{2}}e^{j\omega t}] = \mathrm{Re}[\sqrt{2}\dot{I} \cdot j\omega e^{j\omega t}]$$

所以 $\dfrac{\mathrm{d}i}{\mathrm{d}t}$ 的相量为 $j\omega\dot{I} = \omega I\angle(\theta_i + \dfrac{\pi}{2})$，同理可得 i 的高阶导数 $\dfrac{\mathrm{d}^n i}{\mathrm{d}t^n}$ 的相量为 $(j\omega)^n\dot{I}$。

3．正弦量的积分运算

设正弦电流 $i = \sqrt{2}I\cos(\omega t + \theta_i)$，其对应的相量 $\dot{I} = Ie^{j\theta_i} = I\angle\theta_i$，有

$$\int i\mathrm{d}t = \sqrt{2}\frac{I}{\omega}\cos(\omega t + \theta_i - \frac{\pi}{2}) = \mathrm{Re}[\sqrt{2}\frac{I}{\omega}e^{j(\theta_i - \frac{\pi}{2})}e^{j\omega t}]$$

$$= \mathrm{Re}[\sqrt{2}(\frac{\dot{I}}{j\omega})e^{j\omega t}]$$

所以 $\int i\mathrm{d}t$ 的相量为 $\dfrac{\dot{I}}{j\omega}$，同理 i 的 n 重积分的相量为 $\dfrac{\dot{I}}{(j\omega)^n}$。

可见，采用相量表示正弦量时，正弦量对时间求导或积分的运算变换为代表它们的相量乘以或除以 $j\omega$ 的运算。这给正弦电流电路的运算带来极大方便，可将同频率正弦量的微分、积分方程变为代数方程。

6.3 电路基本元件 VCR 及电路定律的相量形式

本节将介绍分析电路的基本定律的相量形式，包括基本元件的 VCR 的相量形式以及 KCL、KVL 的相量形式。

6.3.1 电路基本元件 VCR 的相量形式

1．电阻元件 VCR 的相量形式

对于图 6-5（a）所示电阻 R，当通过正弦电流 $i_R = \sqrt{2}I_R\cos(\omega t + \theta_i)$ 时，根据欧姆定律得 $u_R = Ri_R$，电阻两端的电压为

$$u_R = R\sqrt{2}I_R\cos(\omega t + \theta_i)$$

上式表明，电阻两端的电压和通过的电流是同频率的正弦量，其波形如图 6-5（b）所示。

电路基本元件 VCR 的相量形式

令 $\dot{U}_R = U_R\angle\theta_u$，$\dot{I}_R = I_R\angle\theta_i$

则电阻电流与电压的有效值关系为 $U_R = RI_R$

电阻电流与电压的相位关系为 $\theta_u = \theta_i$

所以 $\qquad\qquad\qquad\qquad\qquad \dot{U}_R = R\dot{I}_R$ 或 $\dot{I}_R = \dfrac{\dot{U}_R}{R}$ $\qquad\qquad\qquad$（6-6）

式（6-6）即为电阻元件 VCR 的相量形式。电阻元件的电压与电流同相位，其有效值符合欧姆定律。其相量形式及相量图分别如图 6-5（c）、图 6-5（d）所示。

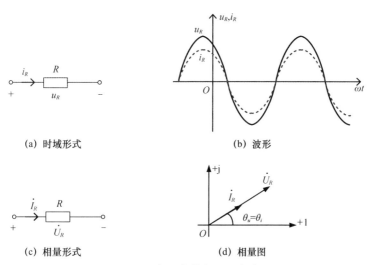

(a) 时域形式　　　　　　　　(b) 波形

(c) 相量形式　　　　　　　　(d) 相量图

图 6-5　电阻中的电压、电流

2．电容元件 VCR 的相量形式

如图 6-6（a）所示，当电容 C 两端电压 $u_C = \sqrt{2}U_C\cos(\omega t + \theta_u)$ 时，据 $i_C = C\dfrac{\mathrm{d}u_C}{\mathrm{d}t}$，可得

$$i_C = -\sqrt{2}U_C\omega C\sin(\omega t + \theta_u) = \sqrt{2}U_C\omega C\cos(\omega t + \theta_u + \dfrac{\pi}{2})$$

上式表明，电容电流的相位超前电压的相位 $\dfrac{\pi}{2}$，其波形如图 6-6（b）所示。

令 $\qquad\qquad\qquad\qquad \dot{I}_C = I_C\angle\theta_i$，$\dot{U}_C = U_C\angle\theta_u$

则电容电流与电压有效值的关系为 $I_C = \omega CU_C$ 或 $U_C = \dfrac{I_C}{\omega C}$

电容电流与电压的相位关系为 $\theta_i = \theta_u + 90°$

所以 $\qquad\qquad\qquad\qquad \dot{I}_C = \mathrm{j}\omega C\dot{U}_C$ 或 $\dot{U}_C = \dfrac{\dot{I}_C}{\mathrm{j}\omega C}$ $\qquad\qquad\qquad$（6-7）

式（6-7）即电容元件 VCR 的相量形式。电容元件的电压、电流相位相差 $\dfrac{\pi}{2}$，其相量形式及相量图分别如图 6-6（c）、图 6-6（d）所示。注意，式（6-7）中的 $\dfrac{1}{\omega C}$ 具有与电阻相同的量纲。

当 $\omega = 0$ 时，$\dfrac{1}{\omega C} \to \infty$，此时电容相当于开路。

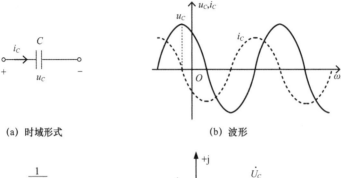

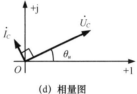

(a) 时域形式　　(b) 波形

(c) 相量形式　　(d) 相量图

图 6-6　电容中的电压、电流

3．电感元件 VCR 的相量形式

如图 6-7（a）所示，当电感 L 通有正弦电流 $i_L = \sqrt{2}I_L\cos(\omega t+\theta_i)$ 时，根据 $u_L = L\dfrac{di_L}{dt}$，则有

$$u_L = \sqrt{2}\omega L I_L\cos\left(\omega t+\theta_i+\frac{\pi}{2}\right) \tag{6-8}$$

式（6-8）表明，电感电流 i_L 的相位滞后电感电压的相位 $\dfrac{\pi}{2}$，其波形如图 6-7（b）所示。

令　　　　　　　　　　　$\dot U_L = U_L\angle\theta_u$，$\dot I_L = I_L\angle\theta_i$

则电感电流与电压有效值的关系为 $U_L = \omega L I_L$ 或 $I_L = \dfrac{U_L}{\omega L}$

电感电流与电压的相位关系为 $\theta_u = \theta_i + 90°$

所以　　　　　　　　　　$\dot U_L = j\omega L\dot I_L$ 或 $\dot I_L = \dfrac{\dot U_L}{j\omega L}$ \tag{6-9}

式（6-9）即电感元件 VCR 的相量形式。电感元件的电压与电流之间的相位相差 $\dfrac{\pi}{2}$，其相量形式及相量图分别如图 6-7（c）和图 6-7（d）所示。需要注意的是，式（6-9）中的 ωL 具有与电阻相同的量纲。当 $\omega = 0$ 时，$\omega L = 0$，此时电感相当于短路。

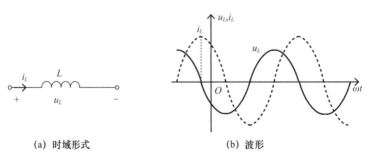

(a) 时域形式　　(b) 波形

图 6-7　电感中的电压、电流

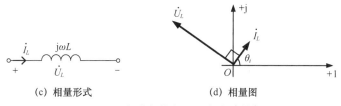

(c) 相量形式　　　　　(d) 相量图

图 6-7　电感中的电压、电流（续）

例 6-3　设 RLC 串联电路通正弦交流电流 $i = 2\sqrt{2}\cos(100t + 30°)\text{A}$ ，已知 $R=2\Omega$ ，$L=0.1\text{H}$ ，$C=50\mu\text{F}$ ，求 u_R 、u_L 、u_C 的表达式。

解：由题目可知 $\dot{I} = 2\angle 30°\,\text{A}$ ，

由 $\dot{U}_R = R\dot{I} = 4\angle 30°\,\text{V}$ ，得 $u_R = 4\sqrt{2}\cos(100t + 30°)\text{V}$

$$\dot{U}_L = \text{j}\omega L\dot{I} = \text{j}100 \times 0.1 \times 2\angle 30° = 20\angle 120°(\text{V})$$

则 $u_L = 20\sqrt{2}\cos(100t + 120°)\text{V}$ ，

可得 $\dot{U}_C = \dfrac{\dot{I}}{\text{j}\omega C} = \dfrac{2\angle 30°}{\text{j}100 \times 50 \times 10^{-6}} = 400\angle -60°(\text{V})$

则 $u_C = 400\sqrt{2}\cos(100t - 60°)\text{V}$ 。

6.3.2　基尔霍夫定律的相量形式

由第 1 章已知，基尔霍夫定律的一般表示式为

$$\sum_{k=1}^{n} i_k(t) = 0 \qquad \sum_{k=1}^{n} u_k(t) = 0$$

在线性非时变的正弦稳态电路中，各支路电流和支路电压均为同频率的正弦量，因此可以将 KCL 和 KVL 转换为相量形式。根据正弦量的加减运算法则，其相量形式为

$$\sum_{k=1}^{n} \dot{I}_k = 0 \qquad\qquad \sum_{k=1}^{n} \dot{U}_k = 0 \qquad\qquad （6-10）$$

基尔霍夫定律的相量形式表明：在正弦稳态电路中，流出（或流入）任意节点的各支路电流相量的代数和等于零；沿任意回路的各支路电压相量的代数和等于零。

例 6-4　如图 6-8 所示，在正弦稳态电路中，电流表 A_1 的读数为 6A，电流表 A_2 的读数为 8A，求总电流 i 的有效值。

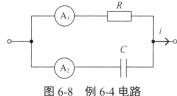

图 6-8　例 6-4 电路

解：设 RC 并联电路端电压 $\dot{U}$ 为参考相量，$\dot{U} = U\angle 0°$ 。因电阻元件两端电压与通过的电流同相，A_1 的读数为 6A，所以 $\dot{I}_R = 6\angle 0°\,\text{A}$ 。

而电容元件两端电压滞后其流过的电流 90°，A_2 的读数为 8A，

所以 $\dot{I}_C = 8\angle 90° \text{ A}$。

根据 KCL，有 $\dot{I} = \dot{I}_R + \dot{I}_C = 6 + j8 = 10\angle 53.3°(A)$

因此，总电流 i 的有效值为 10A。

6.4 阻抗与导纳

在正弦稳态电路中，3 种基本元件的 VCR 相量形式可以归结为统一的表达式。仿照电阻的欧姆定律，本节将引入阻抗与导纳的概念，并将其推广到无源一端口电路，最后讨论元件串联或并联后的阻抗和导纳的计算方法。

6.4.1 R、L、C元件的阻抗与导纳

在正弦稳态电路中，当元件的电压与电流采用关联参考方向时，若将正弦电压的相量 $\dot{U}$ 与正弦电流的相量 $\dot{I}$ 之比定义为元件的阻抗，并以 Z 表示，即

$$Z = \frac{\dot{U}}{\dot{I}}$$

而 3 种基本元件的 VCR 相量形式分别为

$$\dot{U}_R = R\dot{I}_R , \qquad \dot{U}_C = \frac{1}{j\omega C}\dot{I}_C , \qquad \dot{U}_L = j\omega L\dot{I}_L$$

这样 3 种基本元件的 VCR 相量形式可归结为统一的形式：

$$\dot{U} = Z\dot{I} \qquad\qquad (6\text{-}11)$$

我们把式（6-11）称为欧姆定律的相量形式，其中电压、电流相量为关联参考方向。

这样电阻、电容、电感的阻抗分别为

$$Z_R = R$$

$$Z_C = \frac{1}{j\omega C} = -j\frac{1}{\omega C}$$

$$Z_L = j\omega L$$

其中 $X_C = -\frac{1}{\omega C}$，称为电容的容抗，简称容抗。$X_L = \omega L$，简称感抗。显然阻抗具有电阻的量纲。

阻抗的倒数定义为导纳，并以 Y 表示

$$Y = \frac{1}{Z} \quad 或 \quad Y = \frac{\dot{I}}{\dot{U}}$$

电阻、电容、电感的导纳分别为

$$Y_R = \frac{1}{R} = G , \qquad Y_C = j\omega C , \qquad Y_L = \frac{1}{j\omega L} = -j\frac{1}{\omega L}$$

因此，基本元件的 VCR 相量形式也可归结为

$$\dot{I} = Y\dot{U} \qquad\qquad （6\text{-}12）$$

6.4.2　无源一端口的阻抗与导纳

将阻抗与导纳的概念推广到仅含线性电阻、电感、电容等元件的无源一端口 N_0，如图 6-9 所示。设端口处的电压、电流相量分别为 $\dot{U} = U\angle\theta_u$、$\dot{I} = I\angle\theta_i$，在正弦电源激励下，稳态时定义该端口的阻抗为

$$Z = \frac{\dot{U}}{\dot{I}} = \frac{U\angle\theta_u}{I\angle\theta_i} = \frac{U}{I}\angle(\theta_u - \theta_i) = |Z|\angle\varphi_Z \qquad\qquad （6\text{-}13）$$

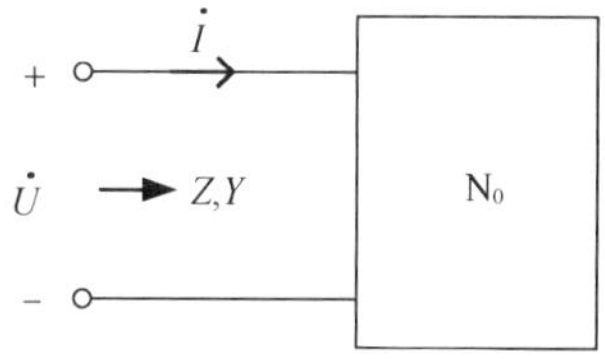

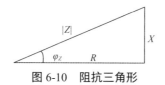

图 6-9　无源一端口

式（6-13）中，Z 的模值称为阻抗的模，它的辐角 φ_Z 称为阻抗角。$|Z| = \dfrac{U}{I}$，$\varphi_Z = \theta_u - \theta_i$。阻抗 Z 的复数形式为 $Z = R + jX$。实部 $\mathrm{Re}[Z] = |Z|\cos\varphi_Z = R$，称为电阻分量；虚部 $\mathrm{Im}[Z] = |Z|\sin\varphi_Z = X$，称为电抗分量。其关系满足图 6-10 中直角三角形的关系。

图 6-10　阻抗三角形

无源一端口的导纳

$$Y = \frac{1}{Z} = \frac{\dot{I}}{\dot{U}} = \frac{I}{U}\angle(\theta_i - \theta_u) = |Y|\angle\varphi_Y \qquad\qquad （6\text{-}14）$$

Y 的模值 $|Y|$ 称为导纳的模，它的辐角 φ_Y 称为导纳角。

通常由式（6-13）定义的阻抗 Z 又称为一端口 N_0 的等效阻抗、输入阻抗或驱动点阻抗。Z 是与外施正弦激励角频率 ω 有关的函数。当不同频率的正弦激励作用于 N_0 时，φ_Z 会有下列 3 种可能的取值：

$\varphi_Z > 0$，表明端口电压超前于电流，此时称阻抗 Z 为感性阻抗；

$\varphi_Z < 0$，表明端口电压滞后于电流，此时称阻抗 Z 为容性阻抗；

$\varphi_Z = 0$，表明端口电压与电流同相，此时称阻抗 Z 为电阻性阻抗。

如果 N_0 仅由 R、L、C 元件组成，则一定有 $|\varphi_Z| \leqslant 90°$，当一端口 N_0 中有受控源时，可能会有 $|\varphi_Z| > 90°$ 的情况发生。

例6-5 求图6-11所示的 *RLC* 串联电路的阻抗。

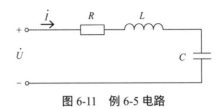

图6-11 例6-5电路

解： 元件 *R*、*L*、*C* 串联，各元件阻抗分别为 R、$j\omega L$、$1/(j\omega C)$，所以串联后总阻抗为

$$Z = R + j(\omega L - \frac{1}{\omega C}) = R + jX = |Z|\angle\varphi_z$$

其中 $X = \omega L - \frac{1}{\omega C}$，$|Z| = \sqrt{R^2 + X^2}$，$\varphi_z = \tan^{-1}\frac{X}{R}$

可见，有以下3种情况。

（1）$\omega L = \frac{1}{\omega C}$ 即 $\omega = \frac{1}{\sqrt{LC}}$ 时，$Z = R$，$\varphi_Z = 0$，Z 为电阻性阻抗；

（2）$\omega L > \frac{1}{\omega C}$ 即 $\omega > \frac{1}{\sqrt{LC}}$ 时，$\varphi_Z > 0$，Z 为感性阻抗；

（3）$\omega L < \frac{1}{\omega C}$ 即 $\omega < \frac{1}{\sqrt{LC}}$ 时，$\varphi_Z < 0$，Z 为容性阻抗。

6.4.3 阻抗、导纳的串联和并联

阻抗和导纳的串并联类似于电阻和电导的串并联。图6-12（a）表示 *n* 个阻抗串联的电路。

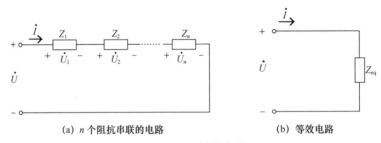

（a）*n* 个阻抗串联的电路　　（b）等效电路

图6-12 阻抗的串联

由KVL得 $\dot{U} = Z_1\dot{I} + Z_2\dot{I} + \cdots + Z_n\dot{I} = (Z_1 + Z_2 + \cdots + Z_n)\dot{I}$

所以 $$Z_{eq} = Z_1 + Z_2 + \cdots + Z_n \tag{6-15}$$

n 个阻抗串联，其等效阻抗为这 *n* 个阻抗之和，等效电路如图6-12（b）所示。各阻抗的分压关系为

$$\dot{U}_k = \frac{Z_k}{Z}\dot{U} \tag{6-16}$$

同理，对于由 *n* 个导纳并联而成的电路，如图6-13（a）所示，其等效电路如图6-13（b）所示，其中等效导纳为

$$Y_{\text{eq}} = Y_1 + Y_2 + \cdots + Y_n \qquad (6\text{-}17)$$

各导纳的分流公式为

$$\dot{I}_k = \frac{Y_k}{Y}\dot{I} \qquad (6\text{-}18)$$

式中 $\dot{I}$ 为总电流，$\dot{I}_k$ 为第 k 个导纳的电流。当两个阻抗并联时，有

$$Z_{\text{eq}} = \frac{Z_1 \cdot Z_2}{Z_1 + Z_2}$$

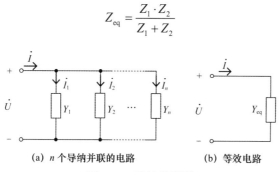

(a) n 个导纳并联的电路   (b) 等效电路

图 6-13 导纳的并联

例 6-6   电路如图 6-14 所示，$R_1 = 10\,\Omega$，$L{=}0.5\text{H}$，$R_2 = 1000\,\Omega$，$C{=}10\mu\text{F}$，$U_s{=}100\text{V}$，$\omega{=}314\text{rad/s}$。求各支路电流。

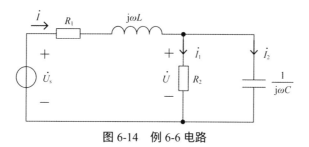

图 6-14 例 6-6 电路

解：设 $\dot{U}_s = 100\angle 0°\text{V}$，则并联部分阻抗为

$$Z_{//} = \frac{1}{1/R_2 + j\omega C} \approx \frac{1}{10^{-3} + j314 \times 10^{-5}} \approx 303.45\angle -72.33°(\Omega)$$

总阻抗 $Z = R_1 + j\omega L + Z_{//} \approx 10 + j314 \times 0.5 + 303.45\angle -72.33° \approx 166.99\angle -52.30°(\Omega)$

故 $\dot{I} = \dfrac{\dot{U}_s}{Z} \approx 0.60\angle 52.30°(\text{A})$

$$\dot{I}_1 = \dot{I}\,\frac{\dfrac{1}{j\omega C}}{R_2 + \dfrac{1}{j\omega C}} \approx 0.18\angle -20.03°(\text{A})$$

$$\dot{I}_2 = \dot{I}\,\frac{R_2}{R_2 + \dfrac{1}{j\omega C}} \approx 0.57\angle 69.97°(\text{A})$$

6.5 正弦稳态电路的计算

综前所述，电路中频率一致的各正弦电压和电流量，基尔霍夫定律与欧姆定律均可用相量表示，即 $\sum_{k=1}^{n}\dot{I}_k=0$、$\sum_{k=1}^{n}\dot{U}_k=0$、$\dot{U}=Z\dot{I}$，这些定律的形式与电阻电路中的完全相同，因此，在正弦稳态电路的计算中，可以直接应用电阻电路中所采用的公式和方法。换言之，以基尔霍夫定律为基础，在电阻电路中推导出的基本分析方法，如等效变换法、支路电流法、网孔电流法、节点电压法以及戴维南定理等，都可以推广并应用于正弦稳态电路的分析中。

正弦稳态电路的一般分析步骤如下。

（1）根据时域模型图绘制相量模型图。在保持原正弦稳态电路拓扑结构不变的条件下，将电路中的正弦电压、电流全部用相应的相量表示，方向保持不变。原电路中的各个元件则分别用阻抗或导纳表示，电阻元件表示为具有 R 值的阻抗（或 G）；电容元件表示为具有 $\frac{1}{j\omega C}$ 值的阻抗（或导纳 $j\omega C$）；电感元件表示为具有 $j\omega L$ 值的阻抗（或导纳 $\frac{1}{j\omega L}$ ）。

（2）根据相量模型，参照电阻电路的分析方法，求出电压或电流的相量解。

（3）如果需要，可将求解结果转换为正弦时间函数进行表示。

下面通过几个例题说明相量法解题的具体过程。

例 6-7 电路如图 6-15（a）所示，列写电路的网孔电流方程。

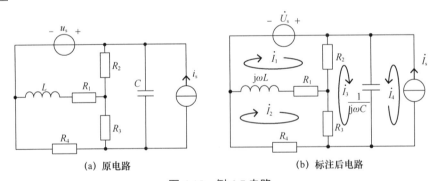

（a）原电路　　　　（b）标注后电路

图 6-15　例 6-7 电路

解： 根据图 6-15（a）所示电路绘制相量模型，如图 6-15（b）所示，选择网孔作为基本回路，并设网孔电流，可列出网孔电流方程如下。

$$(R_1+R_2+j\omega L)\dot{I}_1-(R_1+j\omega L)\dot{I}_2-R_2\dot{I}_3=\dot{U}_s$$

$$(R_1+R_3+R_4+j\omega L)\dot{I}_2-(R_1+j\omega L)\dot{I}_1-R_3\dot{I}_3=0$$

$$(R_2+R_3+\frac{1}{j\omega C})\dot{I}_3-R_2\dot{I}_1-R_3\dot{I}_2+\frac{1}{j\omega C}\dot{I}_4=0$$

$$\dot{I}_4=\dot{I}_s$$

例 6-8 列写图 6-16 所示电路的节点电压方程。

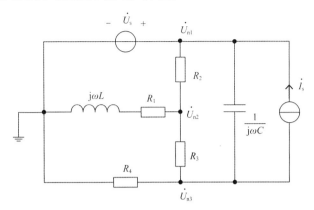

图 6-16 例 6-8 电路

解： 电路中共有 4 个节点，选图 6-16 所示接地的节点为参考节点，其余节点的节点电压相量分别为 $\dot{U}_{\mathrm{n1}}$、$\dot{U}_{\mathrm{n2}}$、$\dot{U}_{\mathrm{n3}}$。

据节点电压法可列出节点电压方程为

$$\dot{U}_{\mathrm{n1}} = \dot{U}_{\mathrm{s}}$$

$$\left(\frac{1}{R_1 + \mathrm{j}\omega L} + \frac{1}{R_2} + \frac{1}{R_3}\right)\dot{U}_{\mathrm{n2}} - \frac{1}{R_2}\dot{U}_{\mathrm{n1}} - \frac{1}{R_3}\dot{U}_{\mathrm{n3}} = 0$$

$$\left(\frac{1}{R_3} + \frac{1}{R_4} + \mathrm{j}\omega C\right)\dot{U}_{\mathrm{n3}} - \frac{1}{R_3}\dot{U}_{\mathrm{n2}} - \mathrm{j}\omega C \dot{U}_{\mathrm{n1}} = -\dot{I}_{\mathrm{s}}$$

例 6-9 在图 6-17（a）所示电路中，已知 $U = 115\mathrm{V}$，$U_1 = 55.4\mathrm{V}$，$U_2 = 80\mathrm{V}$，$R_1 = 32\Omega$，$f = 50\mathrm{Hz}$，求线圈的电阻 R_2 和电感 L_2。

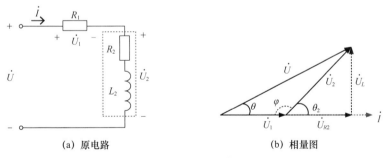

(a) 原电路   (b) 相量图

图 6-17 例 6-9 电路

解： 画相量图，进行定性分析，如图 6-17（b）所示。

因为 $\dot{U} = \dot{U}_1 + \dot{U}_2 = \dot{U}_1 + \dot{U}_{R2} + \dot{U}_{L2}$，所以 $U^2 = U_1^2 + U_2^2 + 2U_1U_2\cos\varphi$，代入各电压有效值，得

$\cos\varphi \approx -0.4237$ 故 $\varphi \approx 115.1°$

有 $\theta_2 = 180° - \varphi = 64.9°$

又因为 $I = U_1 / R_1 = 55.4 / 32 \approx 1.73(\mathrm{A})$

$U_{L2} = U_2 \sin\theta_2 = 80 \times \sin 64.9° \approx 72.45(\mathrm{V})$ $U_{R2} = U_2 \cos\theta_2 = 80 \times \cos 64.9° \approx 33.9(\mathrm{V})$

所以 $R_2 = U_{R2}/I = 33.9/1.73 \approx 19.6(\Omega)$

$\omega L = U_{L2}/I = 72.45/1.73 \approx 41.88(\Omega)$

$L = \omega L/\omega \approx 41.88/314 \approx 0.133(\text{H})$

或

$|Z_2| = U_2/I = 80/1.73 \approx 46.2(\Omega)$

$R_2 = |Z_2|\cos\theta_2 \approx 19.6(\Omega)$

$X_2 = |Z_2|\sin\theta_2 \approx 41.8(\Omega)$

$L = X_2/(2\pi f) \approx 0.133(\text{H})$

例 6-10　电路如图 6-18（a）所示，求 i_1 和 i_2。

解：绘制图 6-18（a）所示电路的相量模型，如图 6-18（b）所示。

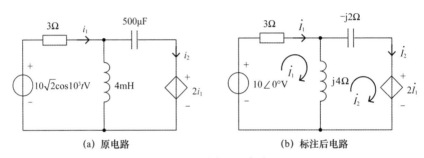

(a) 原电路　　　　　　　　　　　(b) 标注后电路

图 6-18　例 6-10 电路

因为 $Z_L = \mathrm{j}\omega L = \mathrm{j}10^3 \times 4 \times 10^{-3} = \mathrm{j}4(\Omega)$，$Z_C = \dfrac{1}{\mathrm{j}\omega C} = -\mathrm{j}\dfrac{10^6}{10^3 \times 500} = -\mathrm{j}2(\Omega)$

列网孔电流方程，有

$$(3 + \mathrm{j}4)\dot{I}_1 - \mathrm{j}4\dot{I}_2 = 10\angle 0°$$

$$-\mathrm{j}4\dot{I}_1 + (\mathrm{j}4 - \mathrm{j}2)\dot{I}_2 = -2\dot{I}$$

由上式解出

$$\dot{I}_1 = \frac{10}{7 - \mathrm{j}4} \approx 1.24\angle 29.7°(\text{A})$$

$$\dot{I}_2 = \frac{10(2 - \mathrm{j}4)}{7 - \mathrm{j}4} \times \frac{1}{(-\mathrm{j}2)} = \frac{20 + \mathrm{j}30}{13} \approx 2.77\angle 56.3°(\text{A})$$

因此

$$i_1 = 1.24\sqrt{2}\cos\left(10^3 t + 29.7°\right)\text{A}$$

$$i_2 = 2.77\sqrt{2}\cos\left(10^3 t + 56.3°\right)\text{A}$$

6.6　正弦稳态电路的功率

本节将讨论正弦稳态下的一端口电路及其基本元件的功率特性。通过瞬时功率引出有功功率、无功功率、视在功率和复功率等概念，并重点分析基本元件的功率特性。

6.6.1　一端口电路的功率

正弦电路中，电压和电流都是关于时间的函数。L、C 是动态元件，因此功率和能量的计算不同于直流电路中的计算。下面我们首先分析正弦信号作用下无源一端口的功率情况，然后研究 R、L、C 这 3 种基本元件的功率特点。

多种功率的定义及
物理意义

如图 6-19 所示，无源一端口 N_0 是由电阻、电容、电感等无源元件组成。在正弦稳态情况下，设端口电压、电流分别为

$$u = \sqrt{2}U \cos \omega t$$

$$i = \sqrt{2}I \cos(\omega t - \varphi)$$

图 6-19　一端口

1．瞬时功率

在任意时刻 t，N_0 所吸收的功率

$$p = u \cdot i = 2UI \cos \omega t \cos(\omega t - \varphi)$$

$$= UI \cos \varphi + UI \cos(2\omega t - \varphi) \tag{6-19}$$

图 6-20（a）所示是瞬时功率的波形。可以看出：瞬时功率有两个分量，第一个为恒定分量，第二个为正弦量，其频率为电压或电流频率的两倍。由三角函数变换，式（6-19）也可表示为

$$p = UI \cos \varphi [1 + \cos(2\omega t)] + UI \sin \varphi \sin(2\omega t) \tag{6-20}$$

式（6-20）中第一项始终大于零（$\varphi \leqslant \dfrac{\pi}{2}$），表示一端口吸收的能量；第二项是关于时间的正弦函数，其值正负交替，这说明能量在外施电源与一端口之间来回交换。瞬时功率的两个分量如图 6-20（b）所示。

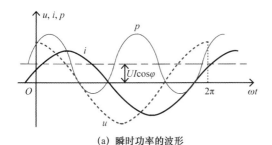

（a）瞬时功率的波形

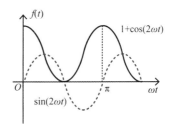

（b）瞬时功率的两个分量

图 6-20　一端口的功率

2．有功功率

瞬时功率不便于测量，且在实际工程中意义不大，通常引入有功功率的概念来衡量功率的大

小。有功功率是瞬时功率在一个周期内的平均值，因此也称为有功功率，用大写字母 P 表示。

$$P = \frac{1}{T}\int_0^T p\,\mathrm{d}t = \frac{1}{T}\int_0^T UI[\cos\varphi + \cos(2\omega t - \varphi)]\mathrm{d}t = UI\cos\varphi \tag{6-21}$$

式（6-21）中，$\cos\varphi$ 称为一端口的功率因数，并用 λ 表示，即 $\lambda = \cos\varphi$。功率因数的值取决于电压和电流之间的相位差，$\varphi = \theta_u - \theta_i$，称为功率因数角。

有功功率代表一端口实际消耗的功率，单位为瓦特（W），它不仅与电压、电流有效值的乘积有关，还与它们之间的相位差相关。

需要注意的是，有功功率并不等于电压与电流有效值的简单乘积，还需乘以一个小于 1 的系数。通常在工程中，有功功率常被简称为"功率"。例如，电动机的功率指的就是有功功率。

3．无功功率

式（6-20）中的右端第二项反映了一端口与电源之间的能量交换，能量交换的最大速率定义为无功功率，用 Q 表示。

$$Q = UI\sin\varphi \tag{6-22}$$

无功功率的单位为乏（var）。需要注意的是，无功功率并非一端口实际消耗的功率，而是体现了一端口与电源之间能量交换的快慢程度。

4．视在功率

用电压和电流的有效值的乘积表示某些电气设备的容量，这种功率称为视在功率，用 S 表示，即

$$S = UI \tag{6-23}$$

视在功率的单位是伏安（V·A）。视在功率即电气设备额定电压与额定电流的乘积，表示电气设备的容量，也就是能够发出或吸收的最大功率。功率因数则反映设备容量的利用程度。

由上述关系式可知，P、Q 和 S 之间具有内在联系，呈直角三角形的关系，如图 6-21 所示。

$$S = \sqrt{P^2 + Q^2} \qquad \varphi = \tan^{-1}\frac{Q}{P}$$

$$P = S \times \cos\varphi \qquad Q = S \times \sin\varphi$$

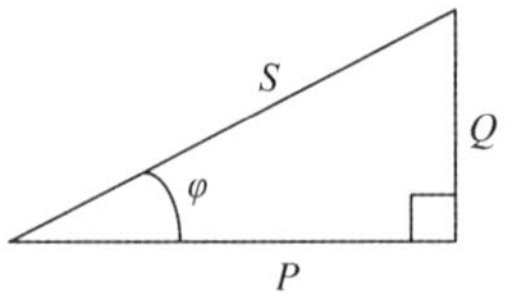

图 6-21　一端口的 P、Q、S 的关系

5．复功率

有功功率和无功功率也可以根据电压相量、电流相量来计算。若一端口 N_0 的电压相量为 $\dot{U} = U\angle\theta_u$，电流相量为 $\dot{I} = I\angle\theta_i$，且 $\dot{I}^* = I\angle-\theta_i$，为 $\dot{I}$ 的共轭复数，则在关联参考方向下有

$$\dot{U}\dot{I}^* = UI\angle\theta_u - \theta_i = UI\angle\varphi = UI[\cos\varphi + \mathrm{j}\sin\varphi] = P + \mathrm{j}Q$$

我们把复数 $\dot{U}\dot{I}^*$ 称为复功率，用 $\bar{S}$ 表示，即

$$\bar{S} = \dot{U}\dot{I}^* = P + \mathrm{j}Q \tag{6-24}$$

$$\left|\overline{S}\right| = \sqrt{P^2 + Q^2} = \sqrt{(UI\cos\varphi)^2 + (UI\sin\varphi)^2} = UI = S \qquad （6\text{-}25）$$

$$\arg\overline{S} = \arctan\frac{Q}{P} = \varphi$$

显然，复功率的模即视在功率；复功率的实部代表一端口中各电阻元件的总有功功率；复功率的虚部则表示一端口中各电抗元件的总无功功率。

复功率的作用在于将正弦稳态电路中的功率和功率因数统一用一个公式表达，从而简化计算。然而，复功率本身并无任何物理意义。

6.6.2　基本元件的功率

设基本元件的电压为 $u = \sqrt{2}U\cos\omega t$，电流为 $i = \sqrt{2}I\cos(\omega t - \varphi)$，且二者参考方向为关联参考方向。

1．电阻的功率

对于电阻来说，因其电压、电流同相位，即 $\varphi = 0$，所以电阻的瞬时功率 $p_R(t) = UI(1 + \cos 2\omega t)$
$p_R(t)$ 始终大于或等于零，这说明电阻一直在吸收能量。

电阻的有功功率

$$P_R = UI\cos 0° = UI = RI^2 = GU^2$$

电阻的无功功率

$$Q_R = UI\sin 0° = 0$$

2．电感的功率

对于电感来说，因其电压超前电流 $\pi/2$，即 $\varphi = \pi/2$，所以电感的瞬时功率为

$$p_L(t) = UI\cos\varphi[1 + \cos 2\omega t] + UI\sin\varphi\sin 2\omega t = UI\sin 2\omega t$$

电感的有功功率

$$P_L = UI\cos\frac{\pi}{2} = 0$$

有功功率为零，说明电感不消耗能量。但是瞬时功率 p_L 正负交替变化，说明电感与外界有能量的交换。

电感的无功功率

$$Q_L = UI\sin\varphi = UI = \omega LI^2$$

电感的无功功率是其瞬时功率的最大值，代表电感与外界交换能量的最大速率。

3．电容的功率

对于电容来说，由于其电压滞后电流 $\pi/2$，即 $\varphi = -\pi/2$，所以电容的瞬时功率

$$p_C(t) = UI\cos\varphi[1 + \cos 2\omega t] + UI\sin\varphi\sin 2\omega t = -UI\sin 2\omega t$$

电容的有功功率

$$P_C = UI\cos(-\frac{\pi}{2}) = 0$$

电容的有功功率为零，说明电容不消耗能量。但是瞬时功率 p_C 正负交替变化，说明电容与外

界有能量的交换。

电容的无功功率

$$Q_C = UI\sin\varphi = -UI = -\frac{1}{\omega C}I^2 = -\omega CU^2$$

可见，当通过电感和电容的电流相同时，$p_L(t)$ 和 $p_C(t)$ 反号，这表明当电感吸收电能时，电容释放电能；当电感释放电能时，电容吸收电能。这说明电感和电容的无功功率互补。为分析方便，一般认为电感吸收无功功率，电容释放无功功率。

例 6-11 求图 6-22 所示电路负载端的有功功率、无功功率和功率因数。

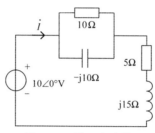

图 6-22　例 6-11 电路

解： 负载端总阻抗

$$Z = 5 + j15 + \frac{-j100}{10 - j10} = 10 + j10 = 10\sqrt{2}\angle45°(\Omega)$$

所以 $I = \dfrac{U}{|Z|} = \dfrac{10}{10\sqrt{2}} = \dfrac{\sqrt{2}}{2}(A)$

因此有

$$\cos\varphi = \cos45° \approx 0.707$$

$$P = UI\cos\varphi = 10 \times \frac{\sqrt{2}}{2}\cos45° = 5(W)$$

$$Q = UI\sin\varphi = 10 \times \frac{\sqrt{2}}{2}\sin45° = 5(var)$$

例 6-12 三表法测线圈参数原理的电路如图 6-23 所示，已知 f=50Hz，且测得 U=50V，I=1A，P=30W，确定线圈参数。

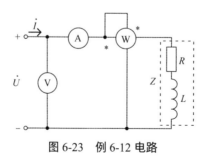

图 6-23　例 6-12 电路

解：

由 $P = I^2R$　　　得 $R = \dfrac{P}{I^2} = \dfrac{30}{1^2} = 30(\Omega)$

又因为

$$|Z| = \frac{U}{I} = \frac{50}{1} = 50(\Omega)$$

$$|Z| = \sqrt{R^2 + (\omega L)^2}$$

所以　　$L = \frac{1}{\omega}\sqrt{|Z|^2 - R^2} \approx \frac{1}{314}\sqrt{50^2 - 30^2} \approx 0.127(\text{H})$

6.6.3　有功功率的测量

有功功率可以用功率表测量。如图 6-24 所示，功率表的电流线圈（固定线圈）与负载串联，流过的电流即为负载电流；功率表的电压线圈（活动线圈）与负载并联，其两端的电压即为负载电压。两个线圈标注"*"号的端子通常连接在一起。功率表的示数取决于通过电流线圈的电流 i 和电压线圈上的电压 $\dot{U}$ 。当标"*"端时即为电流流入端，也是电压正极性端，功率表的示数等于二者的有效值与它们相位差的余弦值的乘积，即

$$P = UI\cos\varphi$$

式中 φ 为电压 $\dot{U}$ 与电流 i 的相位差。

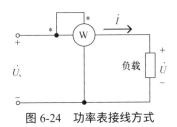

图 6-24　功率表接线方式

将功率表按照图 6-24 所示的接线方式接入电路，读数为负载所吸收的有功功率。

6.7　正弦稳态电路的最大功率传输

在直流电路中，负载电阻从电源获得最大功率的条件已经进行了探讨。本节将进一步讨论正弦稳态电路中，负载从电源获得最大功率的条件。如图 6-25 所示，含源一端口的戴维南等效电路与负载阻抗相连接。

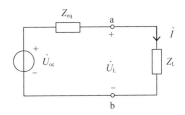

图 6-25　最大功率传输

设负载阻抗 $Z_L = R_L + jX_L$ ，含源一端口等效阻抗 $Z_{eq} = R_{eq} + jX_{eq}$ ，等效电源为 $\dot{U}_{oc}$ 。由图 6-25

可知，电路中的电流

$$\dot{I} = \frac{\dot{U}_{oc}}{(R_{eq} + R_L) + j(X_{eq} + X_L)}$$

则负载吸收的有功功率

$$P_L = I^2 R_L = \frac{U_{oc}^2}{(R_{eq} + R_L)^2 + (X_{eq} + X_L)^2} R_L$$

由上式可以看出，负载获得的功率与端口内部参数以及负载参数均有关系。负载获得最大功率的条件是电路参数的匹配问题。下面以负载 Z_L 的两种常见变化情况为例进行分析。

1．负载可以随意调节，即电阻及电抗分量均可独立变化

由 P_L 的表达式可知，获得最大功率的条件是

$$X_L + X_{eq} = 0 \text{ 和 } \frac{dP_L}{dR_L} = 0$$

解得　　$X_L = -X_{eq}$ ， $R_L = R_{eq}$ ，因此，在 R_L 和 X_L 均可变的情况下，负载获得最大功率的条件是

$$Z_L = Z_{eq}^* \tag{6-26}$$

这时负载获得的最大功率　　　　$$P_{max} = \frac{U_{oc}^2}{4R_{eq}} \tag{6-27}$$

上述获得最大功率的条件称为最佳功率匹配，或共轭匹配。

2．负载阻抗角固定而模值可改变

设负载阻抗为　$Z_L = |Z_L| \angle \varphi_L = |Z_L| \cos \varphi_L + j|Z| \sin \varphi_L$

则　　　　　　　　$$\dot{I} = \frac{\dot{U}_{oc}}{(R_{eq} + |Z_L| \cos \varphi_L) + j(X_{eq} + |Z_L| \sin \varphi_L)}$$

负载阻抗吸收的功率　　$$P_L = \frac{U_{oc}^2 |Z_L| \cos \varphi_L}{(R_{eq} + |Z_L| \cos \varphi_L)^2 + (X_{eq} + |Z_L| \sin \varphi_L)^2}$$

要使 P_L 取得最大值，应有 $\dfrac{dP_L}{d|Z_L|} = 0$ ，则 $|Z_L|^2 = R_{eq}^2 + X_{eq}^2$

即　　　　　　　　　　$$|Z_L| = \sqrt{R_{eq}^2 + X_{eq}^2} \tag{6-28}$$

我们把这种情况下负载获得最大功率的条件称为模匹配。当负载为纯电阻时，其获得最大功率的条件符合模匹配，即 $R_L = \sqrt{R_{eq}^2 + X_{eq}^2}$ 。

例 6-13　电路如图 6-26 所示， Z_L 的实部、虚部均可变，若使 Z_L 获得最大功率， Z_L 应取何值？最大功率是多少？

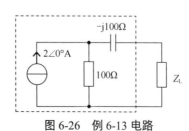

图 6-26　例 6-13 电路

解： 用戴维南定理分析图示虚线部分，有

$$\dot{U}_{oc} = 100 \times 2\angle 0° = 200\angle 0°(V)$$

$$Z_{eq} = 100 - j100 = 100\sqrt{2}\angle -45°(\Omega)$$

当 $Z_L = Z_{eq}^* = 100 + j100(\Omega)$ 时，共轭匹配。

最大功率

$$P_{max} = \frac{U_{oc}^2}{4R_{eq}} = \frac{200^2}{4\times 100} = 100(W)$$

此例题中若负载阻抗 Z_L 只是一个电阻元件 R_L，则最大功率转变为模匹配情况。当 $R_L = |Z_{eq}| = 100\sqrt{2}(\Omega)$ 时模匹配，此时负载两端电压

$$\dot{U}_L = \dot{U}_{oc}\frac{R_L}{Z_{eq}+R_L} = 108\angle 22.5°(V)$$

此情况下的最大功率 $P'_{max} = \frac{U_L^2}{R_L} \approx 82.5(W)$。

6.8 功率因数的提高

电气设备的铭牌上都标有额定电压、额定电流和容量（视在功率）这 3 个表示设备性能的参数。如果一台发电机在额定电压、额定电流及负载功率因数等于 1 的情况下运行，那么发电机产生的有功功率就等于其额定容量，这代表这台发电机的容量得到了充分利用；但如果在负载功率因数为 0.8 的情况下运行，那么发电机发出的有功功率仅为其额定容量的 80%，发电机的容量没有得到充分利用。显然，负载功率因数越低，发电机利用程度越低。另外，用电设备在一定的电压和功率下工作时，其功率因数不同，将导致输电线上的电流不同

$$I = \frac{P}{U\cos\varphi}$$

显然，功率因数越低，输电线上的电流越大，而输电线本身是有一定阻抗的，因此线路上电流越大，输电线损耗的功率就越大，而且会导致线路压降增加，用电端电压降低。

以上分析可知，功率因数低不仅会导致电气设备不能得到充分利用，而且会增加线路损耗、降低用电端电压，因此需要采取措施提高负载功率因数。

负载功率因数低是因为负载不是纯电阻性的，导致负载与电源之间存在无功交换。电源的一部分能量为负载的电阻分量提供有功功率，而另一部分能量与负载的电抗分量进行能量交换。这部分交换的能量不能被利用来产生有功功率，但额外增加了线路的损耗。

由于电感与电容之间存在相互的无功补偿关系，且通常情况下用电端负载均为感性负载，为提高负载的功率因数，可在负载两端并联适当容量的电容。负载的电感分量与并联的电容交换一部分能量，从而减少与电源交换的能量，使电源能够发出更多的有功功率。由于电容并联在负载两端，

因此不会影响负载支路的用电情况。而且电容本身不消耗有功功率，因此电源提供的有功功率保持不变。然而，并联电容后，电容的无功功率"补偿"了负载中电感所需的无功功率，减少了电源的无功功率，从而提高了电路的功率因数。下面通过例题来说明无功补偿的具体应用。

例 6-14 提高日光灯功率因数的电路如图 6-27（a）所示，日光灯额定电压 U=220V，电流 I=0.4A，功率 P=40W，电源频率为 50Hz。求电源的视在功率、无功功率和功率因数 $\cos\varphi$。若日光灯并联电容 C=4.75 μF，求并联电容后电源的视在功率、有功功率、无功功率和功率因数 $\cos\varphi'$。

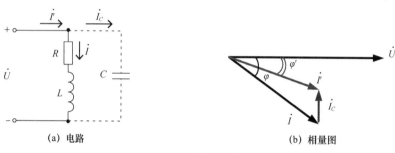

(a) 电路　　　　　　　　(b) 相量图

图 6-27　例 6-14 电路

解： 并联电容前，有

电源视在功率 $S = UI = 220\times0.4 = 88(\text{V}\cdot\text{A})$

电源功率因数 $\cos\varphi = \dfrac{P}{S} = \dfrac{40}{88} \approx 0.455$

电源功率因数角 $\varphi = \arccos 0.455 \approx 63°$

电源无功功率 $Q = S\sin\varphi = 88\times\sin 63° \approx 78.4(\text{var})$

设电源电压初相位为 0，并联电容以后流过电容元件的电流

$$\dot{I}_C = \text{j}\omega C\dot{U} \approx \text{j}2\times3.14\times50\times4.75\times10^{-6}\times220\angle0° \approx \text{j}0.328(\text{A})$$

而日光灯等效电路 R 与 L 串联部分电流不变，仍为 $\dot{I} = 0.4\angle-63°(\text{A})$

则电源电流 $\dot{I}' = \dot{I} + \dot{I}_C = 0.4\angle-63° + \text{j}0.328 \approx 0.184\angle-8.75°\text{A}$

所以，电源功率因数角为 $\varphi' = 8.75°$

电源功率因数 $\cos\varphi' = \cos 8.75° \approx 0.99$

电源视在功率 $S' = UI' = 220\times0.184 \approx 40.5(\text{V}\cdot\text{A})$

电源有功功率 $P' = S'\cdot\cos\varphi' = 40.5\times0.99 \approx 40(\text{W})$

电源无功功率 $Q' = S'\cdot\sin\varphi' = 40.5\times\sin 8.75° \approx 6.16(\text{var})$

可见并联 C 后，电源向负载输送的有功功率 P 保持不变，但无功功率减少。减少的部分由电容"产生"来补偿，使负载吸收的无功功率保持不变，同时提高了电源的功率因数，从而显著减少了电源提供的电流。并联电容后，降低了电源的无功功率，提高了电源设备的利用率，并减少了传输线上的损耗。

图 6-27（b）所示为并联电容后的相量图。并联电容后，负载的工作情况没有任何改变，电流仍然为 $\dot{I}$；而电源的电流由并联电容前的 $\dot{I}$ 变化为其与电容电流 $\dot{I}_C$ 之和 $\dot{I}'$，且电源电流与电源电压的相位差由 φ 变化为 φ'。从相量图可以看出：并联参数合适的电容后，电源电流有效值减小，功率因数角也减小，功率因数得以提高。可以证明，若希望将整个负载的功率因数由 $\cos\varphi$ 提高到

$\cos\varphi'$，并联的电容值为

$$C = \frac{P(\tan\varphi - \tan\varphi')}{\omega U^2} \qquad (6\text{-}29)$$

6.9　谐振电路

本节将介绍发生在正弦稳态电路中的特殊现象——谐振，着重讨论谐振发生的条件及谐振的特点。

6.9.1　谐振的定义

图 6-28 所示的多元件混联网络 N 的输入阻抗

$$Z(\omega) = \frac{1}{\mathrm{j}\omega C + \dfrac{1}{R + \mathrm{j}\omega L}}$$

输入导纳

$$Y(\omega) = \mathrm{j}\omega C + \frac{1}{R + \mathrm{j}\omega L}$$

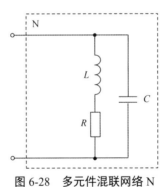

图 6-28　多元件混联网络 N

改变电源频率 ω，或者改变电感参数 L 和电容参数 C，都可以使输入阻抗或输入导纳的虚部为零，从而使端口上的电压与电流同相。在工程中，将电路的这种工作状态称为"谐振"，对应的工作频率则称为"谐振频率"。

因此，谐振是指在正弦激励下端口电压与电流同相的工作状态，其发生的条件是

$$\mathrm{Im}[Z(\omega)] = 0 \text{ 或 } \mathrm{Im}[Y(\omega)] = 0 \qquad (6\text{-}30)$$

当电路发生谐振时的角频率 ω_0 和频率 f_0 分别称为谐振角频率和谐振频率。这些频率也被称为电路的固有频率，是由电路的结构和元件参数决定的。

可以看出，对于图 6-28 所示电路，令其输入导纳的虚部为 0，可以求得谐振角频率

$$\omega_0 = \sqrt{\frac{L - R^2 C}{L^2 C}}$$

6.9.2 串联谐振

图 6-29 所示的 RLC 串联电路的输入阻抗

$$Z(\omega) = R + \mathrm{j}(\omega L - \frac{1}{\omega C})$$

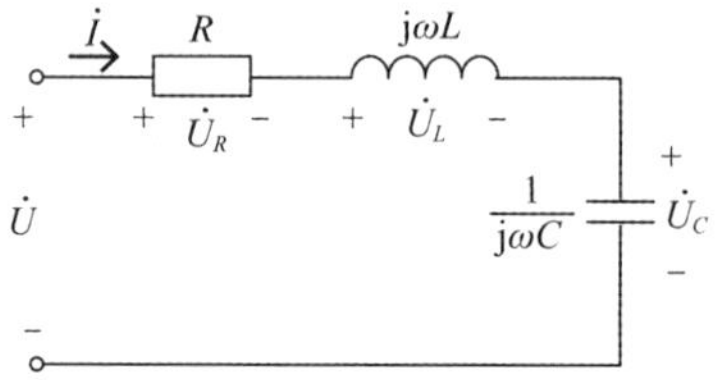

图 6-29 RLC 串联电路

当电抗分量为零，即 $X(\omega) = \omega L - \frac{1}{\omega C} = 0$ 时，电路发生谐振。由于 RLC 为串联电路，所以称为串联谐振。

对于串联谐振电路，谐振时 $\omega_0 L - \frac{1}{\omega_0 C} = 0$

所以 $$\omega_0 = \frac{1}{\sqrt{LC}}, \quad f_0 = \frac{1}{2\pi \sqrt{LC}} \tag{6-31}$$

ω_0、f_0 仅由 L、C 决定，与 R 无关。改变 L 或 C 都能改变电路的固有频率，使电路在某一频率下发生谐振或者避免谐振。

RLC 串联电路发生谐振时有如下特点。

（1）阻抗模最小。

谐振时，$Z(\omega_0) = R + \mathrm{j}(\omega_0 L - \frac{1}{\omega_0 C}) = R$，阻抗的虚部为 0。在无源元件的参数固定而电源频率可变的情况下，阻抗模最小。

（2）在输入电压有效值 U 不变的情况下，端口电流有效值 I 和电阻电压有效值 U_R 为最大值。

谐振时，$I = \frac{U}{|Z|} = \frac{U}{R}$，　　$U_R = RI = U$

谐振时，电阻上的电压有效值与端口电压有效值相同，工程中常以此判定串联谐振电路是否发生谐振。

（3）谐振时，电容电压与电感电压之和为 0，即

$$\dot{U}_L + \dot{U}_C = 0$$

所以串联谐振又称为电压谐振。对外而言，谐振时电容和电感的组合相当于短路。但值得注意的是，单个电容或者电感上的电压均不为 0。

（4）谐振时，电容电压与电感电压的有效值相等。

RLC 串联电路谐振时的相量图如图 6-30 所示,可以看出,电容电压与电感电压的有效值相等,$U_L = U_C$,且相位反相,即

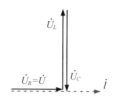

图 6-30 RLC 串联电路谐振时的相量图

$$\dot{U}_L(\omega_0) = \mathrm{j}\omega_0 L \dot{I} = \mathrm{j}\omega_0 L \frac{\dot{U}}{R} = \mathrm{j}\frac{\omega_0 L}{R}\dot{U} = \mathrm{j}Q\dot{U}$$

$$\dot{U}_C(\omega_0) = -\mathrm{j}\frac{1}{\omega_0 C}\dot{I} = -\mathrm{j}\frac{\dot{U}}{R\omega_0 C} = \mathrm{j}\frac{\omega_0 L}{R}\dot{U} = -\mathrm{j}Q\dot{U}$$

式中 Q 称为串联谐振电路的品质因数,即

$$Q = \frac{U_L(\omega_0)}{U} = \frac{U_C(\omega_0)}{U} = \frac{\omega_0 L}{R} = \frac{1}{\omega CR} = \frac{1}{R}\sqrt{\frac{L}{C}}$$

当 $R < \sqrt{\dfrac{L}{C}}$ 时,$Q > 1$,则有 $U_L = U_C > U$,表明在谐振或接近谐振时,可能会在电感和电容两端出现高于外施电压 U 的高电压。若 $Q \gg 1$,则可能会出现过电压现象。

(5)谐振时,电路吸收的无功功率为 0,电源供给电路的能量全部由电阻消耗。

由于谐振时电路呈电阻性,端口的功率因数角为 0,因此无功功率为 0,这说明电源供给电路的能量全部由电阻消耗。电路内部的电感与电容会周期性地进行磁场能量与电场能量的交换,二者无须与电源交换能量。

串联谐振在无线电工程中应用较为广泛。例如,收音机的输入电路就是利用电压谐振的原理来选择信号的,其电路相当于 RLC 串联电路。天线接收到各个电台发出的不同频率的信号,通过改变可调电容的大小,可以使电路在对应的某一信号频率下发生谐振,从而在回路中引起较大的电流,达到选择信号的目的。

6.9.3 并联谐振

设 RLC 并联电路如图 6-31 所示。

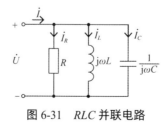

图 6-31 RLC 并联电路

因为 $Y(\omega_0) = \dfrac{1}{R} + \mathrm{j}(\omega_0 C - \dfrac{1}{\omega_0 L})$,所以谐振角频率 ω_0 和谐振频率 f_0 分别为

$$\omega_0 = \frac{1}{\sqrt{LC}}, \qquad f_0 = \frac{1}{2\pi\sqrt{LC}} \tag{6-32}$$

RLC 并联电路发生谐振时有如下特点。

（1）导纳模最小。

谐振时，$Y(\omega_0) = \frac{1}{R} + \mathrm{j}(\omega_0 C - \frac{1}{\omega_0 L}) = \frac{1}{R}$，导纳的虚部为 0。在无源元件参数固定而电源频率可变的情况下，导纳模值最小。

（2）在输入电流有效值 I 不变的情况下，端口电压有效值 U 为最大值。

谐振时，$U = \frac{I}{|Y|} = IR$，$I_R = \frac{U}{R} = I$

谐振时电阻上的电流有效值与输入电流有效值相同，且端口电压达到最大值。工程中常以此来判定并联谐振电路是否发生谐振。

（3）谐振时，电容电流、电感电流之和为 0，即

$$\dot{I}_L + \dot{I}_C = 0$$

所以并联谐振又称为电流谐振。对外而言，谐振时电容和电感的组合相当于开路。但值得注意的是，单个电容或者电感上的电流均不为 0。

（4）谐振时，电容电流与电感电流的有效值相等。

RLC 并联电路谐振时的相量图如图 6-32 所示，可以看出，电容电流与电感电流的有效值相等，$I_L = I_C$，且相位相反，即

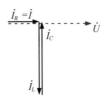

图 6-32　*RLC* 并联电路谐振时的相量图

$$\dot{I}_L(\omega_0) = \frac{\dot{U}}{\mathrm{j}\omega_0 L} = \frac{\dot{I}R}{\mathrm{j}\omega_0 L} = -\mathrm{j}\frac{R}{\omega_0 L}\dot{I} = -\mathrm{j}Q\dot{I}$$

$$\dot{I}_C(\omega_0) = \mathrm{j}\omega_0 C\dot{U} = \mathrm{j}\omega_0 C\dot{I}R = \mathrm{j}\omega_0 CR\dot{I} = \mathrm{j}Q\dot{I}$$

式中 Q 称为并联谐振电路的品质因数，即

$$Q = \frac{I_L(\omega_0)}{I} = \frac{I_C(\omega_0)}{I} = \frac{R}{\omega_0 L} = \omega CR = \frac{1}{G}\sqrt{\frac{C}{L}}$$

同样，在谐振或接近谐振时，可能会在电感和电容中出现大于外施电流 I 的大电流。若 $Q \gg 1$，可能会出现过电流现象。

（5）谐振时，电路吸收的无功功率为 0，电源供给电路的能量全部由电阻消耗。

与串联谐振类似，此时电路呈电阻性，端口的无功功率为 0，电源供给电路的能量完全由电阻消耗。电路内部的电感与电容会周期性地进行磁场能量与电场能量的交换，二者无须与电源进行能量交换。

实际工程中常用电感线圈与电容元件并联组成谐振电路，如图 6-33（a）所示。

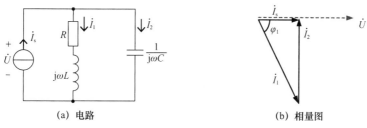

(a) 电路　　　　　　　　　(b) 相量图

图 6-33　一种实际的并联谐振电路

由图可得

$$Y(\omega) = j\omega C + \frac{1}{R + j\omega L} = j\omega C + \frac{R}{R^2 + (\omega L)^2} - j\frac{\omega L}{R^2 + (\omega L)^2}$$

谐振时　　　　　　$\text{Im}\left[Y(\omega_0)\right] = 0$，所以　　　$\omega_0 C - \frac{\omega_0 L}{R^2 + (\omega_0 L)^2} = 0$

解得　　　　　　　$\omega_0 = \frac{1}{\sqrt{LC}}\sqrt{1 - \frac{CR^2}{L}} < \frac{1}{\sqrt{LC}}$

显然，只有当 $1 - \frac{CR^2}{L} > 0$，即 $R < \sqrt{\frac{L}{C}}$ 时，ω_0 才是实数。所以 $R > \sqrt{\frac{L}{C}}$ 时，电路不会发生谐振。

谐振时电流的相量图如图 6-33（b）所示，有

$$Y(\omega_0) = \frac{R}{R^2 + (\omega_0 L)^2} = \frac{CR}{L}$$

输入导纳并不是最小值，（即输入阻抗也不是最大值），所以谐振时端电压不是最大值。并且只有当 $R \ll \sqrt{\frac{L}{C}}$ 时，它发生谐振时的特点才与 RLC 并联谐振电路的特点相近。

例 6-15　电路如图 6-34 所示，试求谐振频率。

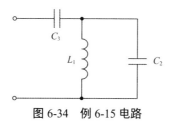

图 6-34　例 6-15 电路

解：

$$Z(\omega_1) = \frac{1}{j\omega C_3} + \frac{j\omega L_1 \cdot \dfrac{1}{j\omega C_2}}{j\omega L_1 + \dfrac{1}{j\omega C_2}}$$

$$= \frac{1}{j\omega C_3} + \frac{j\omega L_1}{1 - \omega^2 L_1 C_2}$$

$$= -j\frac{1 - \omega^2 L_1 (C_2 + C_3)}{\omega C_3 (1 - \omega^2 L_1 C_2)}$$

分别令分子、分母为 0，可得

$$\omega_1 = \frac{1}{\sqrt{L_1(C_2 + C_3)}}, \quad \omega_2 = \frac{1}{\sqrt{L_1 C_2}}$$

可见，L_1 与 C_2 并联后，在低频时呈感性。在某一角频率 ω_1 下，与 C_3 可形成串联谐振。当 $\omega > \omega_1$ 时，随着频率的升高，并联部分的性质会从感性转变为容性，并在某一角频率 ω_2 下发生并联谐振，且 $\omega_2 > \omega_1$。

6.10 走近科学家

6.10.1 特斯拉简介

尼古拉·特斯拉（Nikola Tesla，1856—1943 年），美国发明家、物理学家、机械工程师、电气工程师，其肖像如图 6-35 所示。

在 19 世纪下半叶，直流电体系与交流电体系之间的竞争中，特斯拉发明的多相交流发电机成为交流电体系的核心技术，使交流电体系最终取得胜利。特斯拉一生致力于科学研究与技术创新。为纪念他，人们以他的名字命名了磁感应强度单位。

图 6-35　特斯拉肖像

6.10.2 威斯汀豪斯简介

乔治·威斯汀豪斯（George Westinghouse，1846—1914 年），美国发明家、电工企业家，也是西屋电气公司的创始人，其肖像如图 6-36 所示。

1886 年，他创立了西屋电气公司，并购买了尼古拉·特斯拉的交流电动机专利，推动交流电动机的发电和交流输电技术在美国的应用。1890 年前后，威斯汀豪斯在与爱迪生关于交直流输电的论战中获胜，这一胜利对交流电在美国的普及产生了深远影响。

图 6-36　威斯汀豪斯肖像

6.10.3　施泰因梅茨简介

查尔斯·普罗蒂厄斯·施泰因梅茨（Charles Proteus Steinmetz，1865—1923 年），美国电机工程师，其肖像如图 6-37 所示。

施泰因梅茨对交流电系统的发展做出了卓越贡献。1893 年，他发表了一篇论文，首次使用复数分析交流电路，这成为相量法的起源。1897 年，他出版了关于交流电的著作《交流电现象的理论与计算》（*Theory and Calculation of Alternating Current Phenomena*）。

图 6-37　施泰因梅茨肖像

《《 本章小结 》》

1．正弦交流电的基本概念

（1）三要素：振幅、角频率、初相位。

（2）同频率正弦量的相位关系。

① 正弦量 1 超前正弦量 2：$\varphi_{12} > 0$。

② 正弦量 1 滞后正弦量 2：$\varphi_{12} < 0$。

③ 正弦量 1 与正弦量 2 同相：$\varphi_{12} = 0$。

（3）有效值。

① 定义：$I = \sqrt{\dfrac{1}{T}\displaystyle\int_0^T i^2 \mathrm{d}t}$

② 正弦量的有效值：$I = \dfrac{1}{\sqrt{2}}I_{\mathrm{m}}$

2．正弦量的相量表示

（1）相量与正弦量的关系：$\dot{I} = I\mathrm{e}^{\mathrm{j}\theta} = I\angle\theta = |\dot{I}|\angle\theta$

（2）相量的适用范围：单一频率线性电路的正弦稳态计算。

（3）正弦量的计算：转化为相量的计算。

① 同频加减：

$$i = i_1 + i_2 + \cdots + i_k + \cdots + i_n \Rightarrow \dot{I} = \dot{I}_1 + \dot{I}_2 + \cdots + \dot{I}_k + \cdots + \dot{I}_n$$

② 微分：

$$f = \frac{\mathrm{d}i}{\mathrm{d}t} \Rightarrow \dot{F} = \mathrm{j}\omega\dot{I}$$

③ 积分：

$$f = \int i\,\mathrm{d}t \Rightarrow \dot{F} = \frac{\dot{I}}{\mathrm{j}\omega}$$

3．电路基本元件 VCR 的相量形式

（1）电阻元件 VCR 的相量形式：$\dot{U}_R = R\dot{I}_R \Rightarrow$ 阻抗 $Z_R = R$

（2）电容元件 VCR 的相量形式：$\dot{I}_C = \mathrm{j}\omega C\dot{U}_C \Rightarrow$ 阻抗 $Z_C = \dfrac{1}{\mathrm{j}\omega C} = -\mathrm{j}\dfrac{1}{\omega C}$

（3）电感元件 VCR 的相量形式：$\dot{U}_L = \mathrm{j}\omega L\dot{I}_L \Rightarrow$ 阻抗 $Z_L = \mathrm{j}\omega L$

4．基尔霍夫定律的相量形式

（1）KCL 的相量形式：$\displaystyle\sum_{k=1}^n \dot{I}_k = 0$

（2）KVL 的相量形式：$\displaystyle\sum_{k=1}^n \dot{U}_k = 0$

5．正弦稳态电路的计算：应用电阻电路所采用的公式和方法

6．正弦稳态电路的功率

（1）瞬时功率：非正弦量，频率为电压和电流频率的 2 倍。

（2）有功功率：$P = \dfrac{1}{T}\displaystyle\int_0^T p\,\mathrm{d}t = UI\cos\varphi$，单位为 W

（3）无功功率：$Q = UI\sin\varphi$，单位为 var

（4）视在功率：$S = UI$，单位为 V·A

（5）复功率：$\bar{S} = \dot{U}\dot{I}^* = P + \mathrm{j}Q$

7．基本元件的功率

（1）电阻元件：

$$P_R = UI = RI^2 = GU^2 \qquad Q_R = 0$$

（2）电感元件：

$$P_L = 0 \qquad Q_L = UI = \omega LI^2 = 2\omega W_L$$

（3）电容元件：

$$P_C = 0 \qquad Q_C = -UI = -\omega CU^2 = -2\omega W_C$$

8．正弦稳态电路的最大功率传输

（1）最佳功率匹配：$Z_L = Z_{eq}^*$

（2）最大功率：$P_{max} = \dfrac{U_{oc}^2}{4R_{eq}}$

9．谐振电路

（1）谐振发生的条件：$\mathrm{Im}[Z(\omega)] = 0$。
（2）谐振种类：串联谐振、并联谐振。

《 **本章思维导图** 》

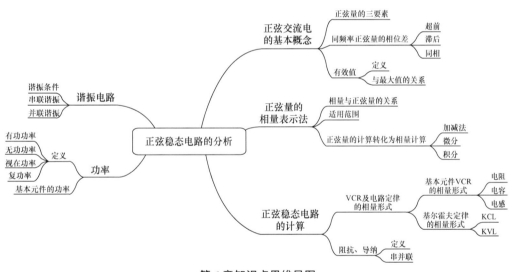

第 6 章知识点思维导图

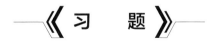

基础题

6-1. 电路如题 6-1 图所示，$u_s = 10\cos(2t + 30°)\mathrm{V}$，试求每个元件吸收的有功功率。

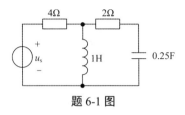

题 6-1 图

6-2. 电路如题 6-2 图所示，$i_g = 30\cos(2500t)\text{mA}$，试求理想电流源发出的有功功率。

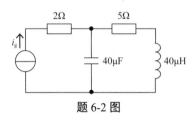

题 6-2 图

6-3. 判断题 6-3 图所示各电路能否发生谐振，并求出各谐振角频率。

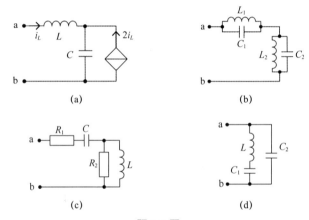

题 6-3 图

进阶题

6-4. 电路如题 6-4 图所示，试求 4Ω 电阻吸收的有功功率。

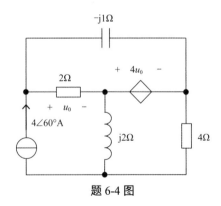

题 6-4 图

6-5. 电路如题 6-5 图所示，试求 10Ω 电阻吸收的有功功率。

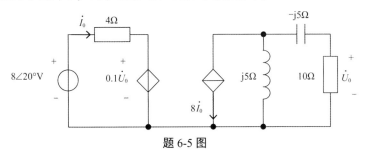

题 6-5 图

6-6. 电路如题 6-6 图所示，求该一端口的戴维南（或诺顿）等效电路。

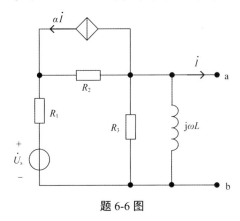

题 6-6 图

6-7. 电路如题 6-7 图所示，求该一端口的戴维南（或诺顿）等效电路。

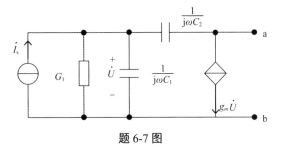

题 6-7 图

应用题

6-8. 电路如题 6-8 图所示，负载 1 吸收的功率为 18kW 和 24kvar；负载 2 吸收的功率为 60kW，功率因数为 0.6；负载 3 吸收的功率为 18kW，无功功率为 0var，吸收的功率为 18kW。试求：

（1）输入端（ab 端）的等效阻抗；

（2）输入端（ab 端）的功率因数。

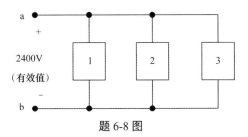

题 6-8 图

6-9. 电路如题 6-9 图所示，负载 1 吸收的功率为 24kW 和 18kvar；负载 2 吸收的功率为 48kW，同时发出无功功率 30kvar；负载 3 由 60Ω 电阻和感抗为 480Ω 的电感并联组成。若负载电压有效值 $U_0=2400$V，选取其为参考相量，试求电压源 U_s 的幅值和初相位。

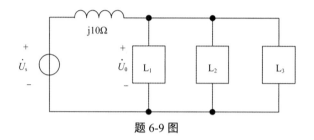

题 6-9 图

6-10. 电路如题 6-10 图所示，3 个负载的复功率分别为 $S_1=5+j2$kV·A，$S_2=3.75+j1.5$kV·A，$S_3=8+j0$kV·A。

（1）试求两个电压源 U_{s1} 和 U_{s2} 的复功率。

（2）证明该网络中有功功率和无功功率均守恒。

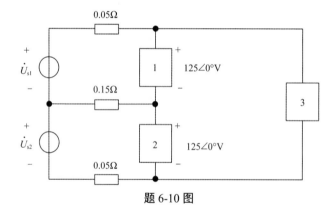

题 6-10 图

6-11. 正弦稳态电路如题 6-11 图所示，$\omega=400$rad/s，已知电流 $I_0=3$A，滑动触点 c 使电压表读数为最小。试求此最小读数与表示触点位置的 K 值。

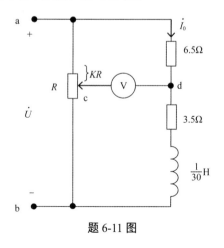

题 6-11 图

6-12. 电路如题 6-12 图所示，已知 $R=1\Omega$，$Z_C=-\mathrm{j}1\Omega$，$\dot{I}_s=1\angle 0°$ A。若负载阻抗 Z 可调，试问 Z 为何值时可获得最大功率？并求出该最大功率。

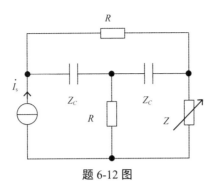

题 6-12 图

6-13. 电路如题 6-13 图所示，已知 $u_s=4\sqrt{2}\cos 10^3 t$V，$i_s=\sqrt{2}\cos 10^3 t$V，$R_1=1\Omega$，$R_2=6\Omega$，$L=12$mH，$C=250\mu$F。若负载阻抗 Z 可调，试问 Z 为何值时可获得最大功率？并求出该最大功率。

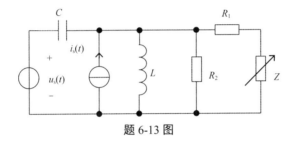

题 6-13 图

6-14. 测量线圈品质因数 Q 与电感或电容的 Q 的原理电路如题 6-14 图所示，其中电压源 U_s 的幅值恒定但频率可以调节，两个电压表可以分别读取电压的有效值 U_1 和 U_2。当电源频率 $f=450$kHz、调节电容 $C=450$pF 时，电路达到谐振，读电压表得 $U_1=10$mV，$U_2=1.5$V。

（1）试求此时的 R 与 L 以及品质因数 Q，并说明在调节 C 时如何能判定电路已达到谐振。

（2）电路谐振时把一待测电容 C_x 并联在 C 两端，重新调节 C 使电路达到谐振时，得知 $C=220$pF，求此时 C_x 的取值。

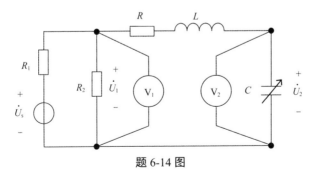

题 6-14 图

第 **7** 章

含耦合电感电路的分析

📇 **本章内容概要**

前文涉及的元件，如理想电源、电阻、电感和电容等，均为二端元件。本章将要介绍的耦合电感元件和变压器属于多端元件。在实际电路中，例如振荡线圈和整流电源中使用的变压器等，都是耦合电感元件。熟悉这类多端元件的特性，掌握包含这类多端元件的电路问题的分析方法是非常必要的。

本章首先介绍耦合电感的互感，包括同名端及互感电压的概念。在此基础上，利用网孔电流法分析含耦合电感的电路，同时介绍使用广泛的去耦等效法。最后，简要介绍变压器的原理及理想变压器的特点及应用。

📇 **本章学习目标**

1. 同名端、互感电压等基本概念

（1）能根据耦合电感元件的绕向和相对位置正确判断同名端；

（2）能根据同名端的标示及电流，准确写出自感电压和互感电压的表达式。

2. 含耦合电感电路的求解

（1）利用网孔电流法列写含耦合电感电路的方程；

（2）利用去耦等效法分析含耦合电感电路。

3. 变压器

（1）能正确写出变压器和理想变压器的 VCR；

（2）能利用理想变压器的阻抗变换关系简化电路求解。

7.1 互感

互感

本节将讨论互感的相关概念，包括同名端、自感电压和互感电压。主要内容包括同名端的定义和辨识，以及利用同名端的标记和电流确定自感电压和互感电压的表达式。

7.1.1 同名端

磁耦合是指载流线圈之间通过彼此的磁场相互作用的物理现象，而互感元件则是耦合线圈的电路模型。如图 7-1 所示，有两个相距较近的电感线圈。当线圈 1 中通电流 i_1 时，不仅在线圈 1 中产生磁通 Φ_{11}，同时还有部分磁通 Φ_{21} 穿过邻近的线圈 2。同理，当在线圈 2 中通电流 i_2 时，不仅在线圈 2 中产生磁通 Φ_{22}，同时还有部分磁通 Φ_{12} 穿过线圈 1。这种现象就是两线圈之间的磁耦合。当线圈 1 的匝数为 N_1、线圈 2 的匝数为 N_2 时，互感磁通链分别为 $\psi_{12} = N_1\Phi_{12}$，$\psi_{21} = N_2\Phi_{21}$，它们分别与施感电流 i_2 和 i_1 成正比，比例系数分别为 M_{12} 和 M_{21}，即

$$\psi_{12} = M_{12}i_2 \qquad \psi_{21} = M_{21}i_1$$

式中，M_{12} 和 M_{21} 称为互感系数，单位为 H，本书中 M 恒取正值。可以证明，$M_{12} = M_{21}$，因此当只有两个线圈（电感）耦合时，可省略 M 的下标，即 $M = M_{12} = M_{21}$。

当两个线圈都有电流时，每一个线圈的磁链为自磁链与互磁链之和，即

$$\psi_1 = \psi_{11} + \psi_{12} = L_1 i_1 + M_{12} i_2$$

$$\psi_2 = \psi_{22} + \psi_{21} = L_2 i_2 + M_{21} i_1$$

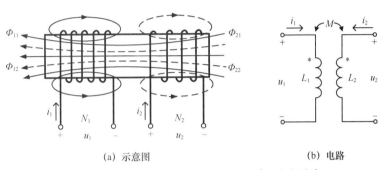

(a) 示意图　　　　　　(b) 电路

图 7-1　具有耦合关系的两个载流线圈（同向耦合）

不难看出，若改变线圈 2 的绕向，如图 7-2 所示，则磁通 Φ_{22} 和 Φ_{12} 的方向也随之变化，每个线圈中的磁通相互削弱，具体有

$$\psi_1 = \psi_{11} - \psi_{12} = L_1 i_1 - M i_2$$

$$\psi_2 = \psi_{22} - \psi_{21} = L_2 i_2 - M i_1$$

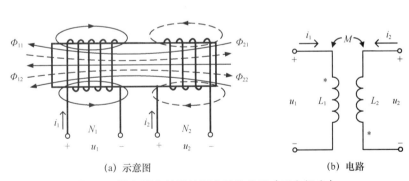

(a) 示意图　　　　　　(b) 电路

图 7-2　具有耦合关系的两个载流线圈（反向耦合）

比较图 7-1 和图 7-2 可以看出，磁耦合中的互感作用存在两种可能性。在图 7-1 中，自感磁通与互感磁通方向一致，互感起"增助"作用，使自感方向的磁场得到加强，这种情况称为同向耦合；而在图 7-2 中，自感磁通与互感磁通方向相反，互感起"削弱"作用，使自感方向的磁场减弱，这种情况称为"反向耦合"。

为了便于体现"增助"和"削弱"的作用，并简化图形表示，在电路图中采用同名端标记的方法。当两个电流分别从两个线圈的对应端子同时流入或流出时，如果产生的磁通相互增强，则这两

个对应端子被称为互感线圈的同名端，并用小圆点或星号等符号标记，如图 7-1（b）、图 7-2（b）所示。

注意，当多个线圈之间存在互感作用时，同名端必须通过线圈两两之间的关系来确定。图 7-3（a）中，线圈 1 和线圈 2 以星号标记的端子为同名端。当电流同时从这两个端子流入或流出时，互感将起到增助作用。同样地，在图 7-3（b）中，线圈 1 和线圈 2 以星号标记的端子为同名端；线圈 2 和线圈 3 以三角形标记的端子为同名端；线圈 1 和线圈 3 以小圆点标记的端子为同名端。

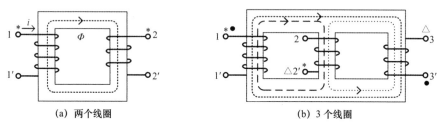

(a) 两个线圈　　　　　　　　　　　(b) 3 个线圈

图 7-3　同名端的判断与标记

7.1.2　互感电压

当耦合电感中的电流为时变电流时，磁通也将随时间变化，从而在线圈两端产生感应电压。

如果每个线圈的电压、电流的参考方向对线圈关联，如图 7-1 和图 7-2 所示，根据电磁感应定律和楞次定律，每个线圈两端的电压为

$$\begin{cases} u_1 = \dfrac{\mathrm{d}\psi_1}{\mathrm{d}t} = \dfrac{\mathrm{d}\psi_{11}}{\mathrm{d}t} \pm \dfrac{\mathrm{d}\psi_{12}}{\mathrm{d}t} = L_1\dfrac{\mathrm{d}i_1}{\mathrm{d}t} \pm M\dfrac{\mathrm{d}i_2}{\mathrm{d}t} = u_{11} \pm u_{12} \\ u_2 = \dfrac{\mathrm{d}\psi_2}{\mathrm{d}t} = \dfrac{\mathrm{d}\psi_{22}}{\mathrm{d}t} \pm \dfrac{\mathrm{d}\psi_{21}}{\mathrm{d}t} = L_2\dfrac{\mathrm{d}i_2}{\mathrm{d}t} \pm M\dfrac{\mathrm{d}i_1}{\mathrm{d}t} = u_{22} \pm u_{21} \end{cases}$$

$u_{11} = L_1\dfrac{\mathrm{d}i_1}{\mathrm{d}t}$、$u_{22} = L_2\dfrac{\mathrm{d}i_2}{\mathrm{d}t}$ 称为自感电压，$u_{12} = M\dfrac{\mathrm{d}i_2}{\mathrm{d}t}$、$u_{21} = M\dfrac{\mathrm{d}i_1}{\mathrm{d}t}$ 称为互感电压。u_{12} 是时变电流 i_2 在线圈 1 中产生的互感电压，u_{21} 是时变电流 i_1 在线圈 2 中产生的互感电压。在正弦交流电路中，其相量形式的方程为

$$\begin{cases} \dot{U}_1 = \mathrm{j}\omega L_1\dot{I}_1 \pm \mathrm{j}\omega M\dot{I}_2 \\ \dot{U}_2 = \pm\mathrm{j}\omega M\dot{I}_1 + \mathrm{j}\omega L_2\dot{I}_2 \end{cases}$$

互感电压 $M\dfrac{\mathrm{d}i_2}{\mathrm{d}t}$、$M\dfrac{\mathrm{d}i_1}{\mathrm{d}t}$ 的 "+""-" 符号可由 "同名端一致" 的原则来确定，即施感电流流入端与互感电压正极性端构成一对同名端。需要注意的是，这里的方向都是参考方向。以图 7-2（b）为例，电流 i_1 的流入端与它在线圈 2 中产生的互感电压的正极性端构成一对同名端。由于 i_1 从标星端流入，因此它在线圈 2 中产生的互感电压 $M\dfrac{\mathrm{d}i_1}{\mathrm{d}t}$ 的正极性端也是标星端。这样的极性与 u_2 的极性相反，所以取 "–"；同样地，如果 i_2 从未标星端流入，则它在线圈 1 中产生的互感电压 $M\dfrac{\mathrm{d}i_2}{\mathrm{d}t}$

的正极性端也是未标星端。这种极性同样与 u_1 的极性相反，所以取"–"。

例 7-1　写出图 7-4 所示互感元件的端口伏安特性表达式。

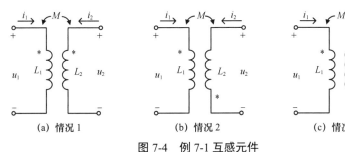

(a) 情况 1　　　　　(b) 情况 2　　　　　(c) 情况 3

图 7-4　例 7-1 互感元件

解：对于图 7-4（a），$u_1 = L_1 \dfrac{\mathrm{d}i_1}{\mathrm{d}t} + M \dfrac{\mathrm{d}i_2}{\mathrm{d}t}$，$u_2 = M \dfrac{\mathrm{d}i_1}{\mathrm{d}t} + L_2 \dfrac{\mathrm{d}i_2}{\mathrm{d}t}$

对于图 7-4（b），$u_1 = L_1 \dfrac{\mathrm{d}i_1}{\mathrm{d}t} - M \dfrac{\mathrm{d}i_2}{\mathrm{d}t}$，$u_2 = -M \dfrac{\mathrm{d}i_1}{\mathrm{d}t} + L_2 \dfrac{\mathrm{d}i_2}{\mathrm{d}t}$

对于图 7-4（c），$u_1 = L_1 \dfrac{\mathrm{d}i_1}{\mathrm{d}t} + M \dfrac{\mathrm{d}i_2}{\mathrm{d}t}$，$u_2 = -M \dfrac{\mathrm{d}i_1}{\mathrm{d}t} - L_2 \dfrac{\mathrm{d}i_2}{\mathrm{d}t}$

7.2　含耦合电感电路的计算

本节将讨论含耦合电感电路的计算方法，包括如何利用网孔电流法列写含耦合电感电路的方程，以及特殊条件下的去耦等效法。

7.2.1　利用网孔电流法计算含耦合电感电路

含耦合电感电路的正弦稳态分析仍然可以采用相量法，但需要注意的是，互感线圈上的电压除了自感电压外，还包含互感电压。一般情况下，我们采用网孔电流法进行分析和计算，因为耦合电感支路的电压不仅与该支路的电流相关，还与其他某些支路的电流有关，若直接列写节点电压方程可能会遇到较大困难，因此通常避免使用节点电压法来计算含耦合电感的电路。

1. 顺向串联

图 7-5（a）所示为耦合电感的串联电路，电流均从同名端流入，称为顺向串联。

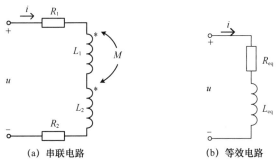

(a) 串联电路　　　　　　(b) 等效电路

图 7-5　顺向串联的两个电感线圈

按图 7-5 所示电压、电流的参考方向，KVL 方程为

$$u = R_1 i + L_1 \frac{\mathrm{d}i}{\mathrm{d}t} + M\frac{\mathrm{d}i}{\mathrm{d}t} + R_2 i + L_2 \frac{\mathrm{d}i}{\mathrm{d}t} + M\frac{\mathrm{d}i}{\mathrm{d}t} = (R_1 + R_2)i + (L_1 + L_2 + 2M)\frac{\mathrm{d}i}{\mathrm{d}t}$$

其无耦合等效电路如图 7-5（b）所示。等效电路的参数为

$$R_{\mathrm{eq}} = R_1 + R_2 \qquad L_{\mathrm{eq}} = L_1 + L_2 + 2M$$

对正弦稳态电路可采用相量形式表示为

$$\dot{U} = R_1\dot{I} + \mathrm{j}\omega L_1\dot{I} + \mathrm{j}\omega M\dot{I} + R_2\dot{I} + \mathrm{j}\omega L_2\dot{I} + \mathrm{j}\omega M\dot{I} = R_{\mathrm{eq}}\dot{I} + \mathrm{j}\omega L_{\mathrm{eq}}\dot{I}$$

2．反向串联

图 7-6（a）所示为耦合电感的串联电路，电流从异名端流入，称为反向串联。

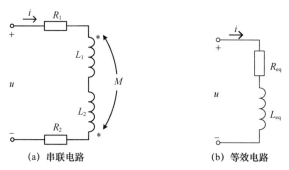

(a) 串联电路   (b) 等效电路

图 7-6 反向串联的两个电感线圈

按图示电压、电流的参考方向，KVL 方程为

$$u = R_1 i + L_1 \frac{\mathrm{d}i}{\mathrm{d}t} - M\frac{\mathrm{d}i}{\mathrm{d}t} + R_2 i + L_2 \frac{\mathrm{d}i}{\mathrm{d}t} - M\frac{\mathrm{d}i}{\mathrm{d}t} = (R_1 + R_2)i + (L_1 + L_2 - 2M)\frac{\mathrm{d}i}{\mathrm{d}t}$$

其无耦合等效电路如图 7-6（b）所示。等效电路的参数为

$$R_{\mathrm{eq}} = R_1 + R_2 \qquad L_{\mathrm{eq}} = L_1 + L_2 - 2M$$

对正弦稳态电路可采用相量形式表示为

$$\dot{U} = R_1\dot{I} + \mathrm{j}\omega L_1\dot{I} - \mathrm{j}\omega M\dot{I} + R_2\dot{I} + \mathrm{j}\omega L_2\dot{I} - \mathrm{j}\omega M\dot{I} = (R_1 + R_2)\dot{I} + \mathrm{j}\omega(L_1 + L_2 - 2M)\dot{I}$$

根据上述讨论，可以给出测量互感系数的方法：将两个线圈顺向串联一次，反向串联一次，则互感系数为 $M = (L_{顺} - L_{反})/4$。

3．同侧并联

图 7-7（a）所示为耦合电感的并联电路。由于同名端连接在同一个节点上，该连接方式被称为同侧并联。在正弦稳态电路的分析中，利用相量法并依据 KVL，可得出同侧并联电路的方程为

$$\dot{I} = \dot{I}_1 + \dot{I}_2$$

$$\dot{U} = Z_1\dot{I}_1 + Z_M\dot{I}_2 = (R_1 + \mathrm{j}\omega L_1)\dot{I}_1 + \mathrm{j}\omega M\dot{I}_2$$

$$\dot{U} = Z_2\dot{I}_2 + Z_M\dot{I}_1 = (R_2 + \mathrm{j}\omega L_2)\dot{I}_2 + \mathrm{j}\omega M\dot{I}_1$$

由上述方程可以解出：

$$\dot{U} = [R_1 + j\omega(L_1 - M)]\dot{I}_1 + j\omega M\dot{I}$$

$$\dot{U} = [R_2 + j\omega(L_2 - M)]\dot{I}_2 + j\omega M\dot{I}$$

从而得到同侧并联的等效电路，如图 7-7（b）所示。此电路又称为同侧并联的去耦等效电路。

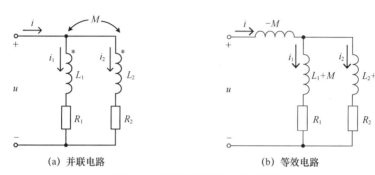

(a) 并联电路　　　　　　　　　(b) 等效电路

图 7-7　同侧并联的两个电感线圈

4．异侧并联

图 7-8（a）所示电路中耦合电感的异名端连接在同一个节点上，称为异侧并联。

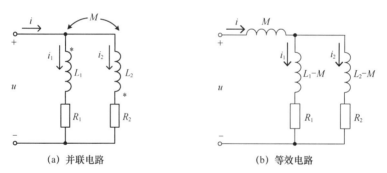

(a) 并联电路　　　　　　　　　(b) 等效电路

图 7-8　异侧并联的两个电感线圈

此时电路的方程为

$$\dot{I} = \dot{I}_1 + \dot{I}_2$$

$$\dot{U} = Z_1\dot{I}_1 - Z_M\dot{I}_2 = (R_1 + j\omega L_1)\dot{I}_1 - j\omega M\dot{I}_2$$

$$\dot{U} = Z_2\dot{I}_2 - Z_M\dot{I}_1 = (R_2 + j\omega L_2)\dot{I}_2 - j\omega M\dot{I}_1$$

同样可以得到异侧并联的去耦等效电路，如图 7-8（b）所示。

7.2.2　利用去耦等效法计算含耦合电感电路

有时，将含有耦合电感的电路化简为无耦合关系的等效电路模型，可以显著简化电路分析过程。当两个端子（分别属于两个不同的电感）的电势相等（视为

利用去耦等效法计算
含耦合电感电路

公共节点）时，可以直接得到去耦的等效电路，如图 7-9 所示。

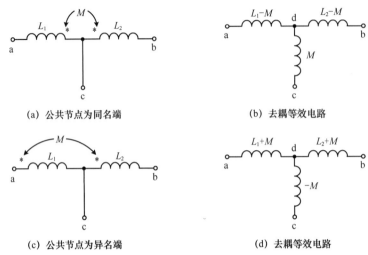

(a) 公共节点为同名端

(b) 去耦等效电路

(c) 公共节点为异名端

(d) 去耦等效电路

图 7-9　利用去耦等效法计算含耦合电感的电路

当公共节点是一对同名端时，如图 7-9（a）所示，其去耦等效电路如图 7-9（b）所示；当公共节点是一对异名端时，如图 7-9（c）所示，其去耦等效电路如图 7-9（d）所示。需要注意的是两种等效电路中互感系数 M 前符号的不同。

此外，还需关注等效前后电路节点数量的变化。等效前的电路只有 3 个节点，如图 7-9（a）和图 7-9（c）所示电路中的节点 a、b 和 c；而等效后的电路则具有 4 个节点，如图 7-9（b）和图 7-9（d）所示，其中新增的节点 d 在原电路中并没有对应的节点。

例 7-2　已知电路如图 7-10（a）所示，$U_s = 6\text{V}$，$R_1 = R_2 = 6\Omega$，$\omega L_1 = \omega L_2 = 10\Omega$，$\omega M = 5\Omega$，求其戴维南等效电路。

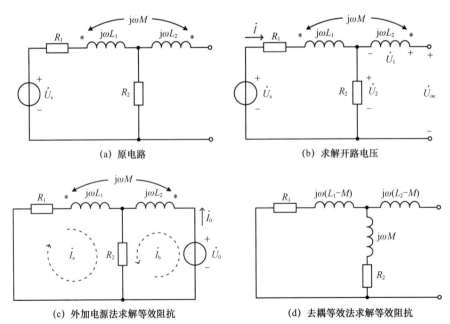

(a) 原电路

(b) 求解开路电压

(c) 外加电源法求解等效阻抗

(d) 去耦等效法求解等效阻抗

图 7-10　例 7-2 电路

解：（1）计算开路电压 $\dot{U}_{oc}$。如图 7-10（b）所示，有

$$\dot{I} = \frac{\dot{U}_s}{R_1 + j\omega L_1 + R_2} = \frac{6\angle 0°}{12 + j10} \approx \frac{6\angle 0°}{15.62\angle 39.8°} \approx 0.384\angle -39.8°(A)$$

$$\dot{U}_{oc} = \dot{U}_1 + \dot{U}_2 = j\omega M \dot{I} + R_2 \dot{I} = (6 + j5)\times 0.384\angle -39.8° \approx 3\angle 0°(V)$$

（2）求等效阻抗 Z_i。

利用外加电源法，将内部独立源置零，外加电源后电路如图 7-10（c）所示，列网孔电流方程

$$(R_1 + R_2 + j\omega L_1)\dot{I}_a + R_2\dot{I}_b + j\omega M\dot{I}_b = 0$$

$$(R_2 + j\omega L_2)\dot{I}_b + R_2\dot{I}_a + j\omega M\dot{I}_a = \dot{U}_0$$

解出 $\dot{I}_0 = \dot{I}_b = \dfrac{\dot{U}_0}{3 + j7.5}$，$Z_i = \dfrac{\dot{U}_0}{\dot{I}_0} = 3 + j7.5 \approx 8.08\angle 68.2°(\Omega)$

或利用去耦等效法求戴维南等效阻抗，如图 7-10（d）所示，有

$$Z_i = j\omega(L_2 - M) + \frac{[R_1 + j\omega(L_1 - M)](R_2 + j\omega M)}{R_1 + j\omega(L_1 - M) + R_2 + j\omega M}$$

$$= j5 + \frac{(6 + j5)(6 + j5)}{(6 + j5) + (6 + j5)} = 3 + j7.5 \approx 8.08\angle 68.2°(\Omega)$$

7.3 变压器的原理

本节将讨论变压器的原理，主要内容包括变压器的电路模型和等效电路。

变压器由两个具有互感作用的线圈构成，其中一个线圈作为输入端口，接入电源后形成一条回路，称为原边回路（或一次侧、一次回路、初级回路）；另一个线圈作为输出端口，接入负载后形成一条回路，称为副边回路（或二次侧、二次回路、次级回路）。变压器通过互感作用实现能量或信号从一个电路向另一个电路的传输。当变压器线圈的芯材为非铁磁材料时，称为空心变压器。

图 7-11 所示为空心变压器的电路模型，在正弦稳态情况下，依据变压器原边、副边回路列出的电路方程为

$$(R_1 + j\omega L_1)\dot{I}_1 + j\omega M\dot{I}_2 = \dot{U}_1$$

$$j\omega M\dot{I}_1 + (R_2 + j\omega L_2)\dot{I}_2 + (R_L + jX_L)\dot{I}_2 = 0$$

令 $Z_M = j\omega M$，$Z_{11} = R_1 + j\omega L_1$ 为原边回路阻抗，副边回路阻抗为 $Z_{22} = (R_2 + R_L) + j(\omega L_2 + X_L)$，则上述方程简写为

$$Z_{11}\dot{I}_1 + Z_M\dot{I}_2 = \dot{U}_1$$

$$Z_M\dot{I}_1 + Z_{22}\dot{I}_2 = 0$$

从上述方程解出原边电流为

$$\dot{I}_1 = \frac{\dot{U}_1}{Z_{11} + (\omega M)^2 Y_{22}}$$

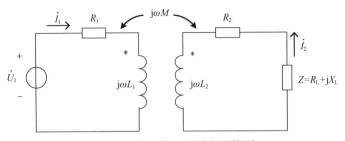

图 7-11　空心变压器的电路模型

由此方程可以得出变压器原边等效电路，如图 7-12 所示。可以看出，变压器原边等效电路的输入阻抗等效为两个阻抗串联，其中 $(\omega M)^2 Y_{22}$ 称为引入阻抗（或反映阻抗），是副边回路阻抗 Z_{22} 通过互感反映到原边的等效阻抗，容感性质与 Z_{22} 相反，即感性变为容性，容性变为感性。从物理意义上讲，虽然原边和副边之间没有直接的联系，但由于互感作用，使闭合的副边回路产生电流，而这个电流又会反过来影响原边的电流和电压。

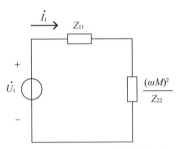

图 7-12　变压器原边等效电路

由前面的方程同样可以得出副边电流的表达式，也可以画出变压器副边等效电路，如图 7-13 所示。应用戴维南定理也可以求得空心变压器副边电流，即

$$\dot{I}_2 = \frac{-\dot{U}_1 Y_{11} Z_M}{Z_{22} + (\omega M)^2 Y_{11}}$$

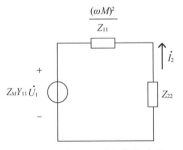

图 7-13　变压器副边等效电路

求原边等效电路是分析空心变压器的一种常用方法。由原边等效电路解出原边电流，将原边电流代入 $Z_M \dot{I}_1 + Z_{22} \dot{I}_2 = 0$ 就可以解出副边电流。

例 7-3 已知图 7-14（a）所示空心变压器电路的参数为 $L_1 = 3.6\text{H}$，$L_2 = 0.06\text{H}$，$M = 0.465\text{H}$，$R_1 = 20\Omega$，$R_2 = 0.08\Omega$，$R_L = 42\Omega$，$\omega = 314\text{rad/s}$，$\dot{U}_s = 115\angle0°\text{V}$，求原边、副边电流 $\dot{I}_1$、$\dot{I}_2$。

解： 应用图 7-14（b）所示的原边等效电路，得

$$Z_{11} = R_1 + j\omega L_1 = 20 + j1130.4(\Omega)$$

$$Z_{22} = R_2 + R_L + j\omega L_2 = 42.08 + j18.84\ (\Omega)$$

$$Z_1 = \frac{\omega M}{Z_{22}} \approx \frac{146^2}{46.11\angle24.1°} \approx 422 - j188.8\ (\Omega)$$

所以

$$\dot{I}_1 = \frac{\dot{U}_s}{Z_{11} + Z_1} = \frac{115\angle0°}{20 + j1130.4 + 422 - j188.8} \approx 0.111\angle-64.9°(\text{A})$$

$$\dot{I}_2 = \frac{j\omega M\dot{I}_1}{Z_{22}} = \frac{j146\times0.111\angle-64.9°}{42.08 + j18.84} \approx 0.351\angle1°(\text{A})$$

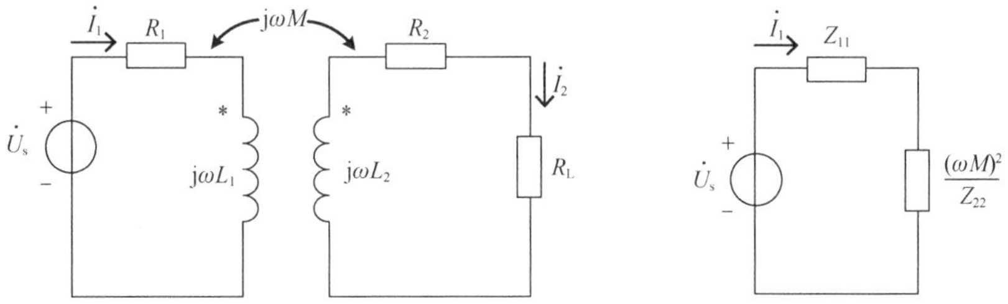

(a) 原电路　　　　　　　　　　　　(b) 原边等效电路

图 7-14　例 7-3 电路

7.4　理想变压器

本节将讨论理想变压器的特点、阻抗变换原理。

实际变压器的电磁性能比较复杂，理想变压器是实际变压器的理想化模型。理想变压器满足以下理想化条件：全耦合；无损耗，认为绕组线圈的导线无电阻，铁芯的铁磁材料磁导率无限大；自感系数 L_1、L_2 和互感系数 M 无限大，但满足

$$\sqrt{L_1/L_2} = N_1/N_2 = n$$

以上 3 个条件意味着忽略了变压器的铁芯损耗和线圈电阻的损耗，并将铁芯的磁导率看作无限大，从而使磁场全部集中在铁芯内而无漏磁。由于电感无限大，因此建立有限的磁场所需的激磁电流极小。在实际工程中，这些条件不可能完全满足，但在一些实际工程概算中，在误差允许的范围内，可以将实际变压器当作理想变压器处理，以简化计算过程。

图 7-15（a）所示为满足 3 个理想条件的耦合线圈。由于是全耦合，则绕组的互感磁通等于自感磁通，即 $\Phi_{21} = \Phi_{11}$，$\Phi_{12} = \Phi_{22}$，穿过原边和副边线圈的磁通相同，即 $\Phi_1 = \Phi_2 = \Phi_{11} + \Phi_{22} = \Phi$。

式中，Φ 为主磁通。那么与原边、副边线圈交链的磁链分别为

$$\psi_1 = N_1\Phi \ , \ \psi_2 = N_2\Phi$$

因此，初、次级电压分别为

$$u_1 = \frac{\mathrm{d}\psi_1}{\mathrm{d}t} = N_1\frac{\mathrm{d}\Phi}{\mathrm{d}t} \ , \ u_2 = \frac{\mathrm{d}\psi_2}{\mathrm{d}t} = N_2\frac{\mathrm{d}\Phi}{\mathrm{d}t}$$

所以

$$\frac{u_1}{u_2} = \frac{N_1}{N_2} = n \ \text{或} \ u_1 = nu_2$$

其中，n 为原边线圈与副边线圈的匝数比，或称变比。其电路模型如图 7-15（b）所示。

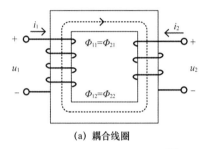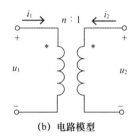

(a) 耦合线圈　　　　　　　　　　　　　(b) 电路模型

图 7-15　理想变压器

理想变压器的电流关系为

$$N_1 i_1 + N_2 i_2 = 0 \ \text{或} \ \frac{i_1}{i_2} = -\frac{1}{n}$$

将上述理想变压器电压方程和电流方程相乘得

$$u_1 i_1 + u_2 i_2 = 0$$

上式表示理想变压器从两个端口吸收的瞬时功率。可见，理想变压器在能量传输过程中既不耗能，也不储能，仅将一侧吸收的能量全部传递到另一侧输出，是一种无损耗的磁耦合元件。

在正弦稳态电路中，设理想变压器副边接阻抗 Z，如图 7-16（a）所示。由理想变压器的变压、变流关系得原边的输入阻抗

$$Z_{\text{in}} = \frac{\dot{U}_1}{\dot{I}_1} = \frac{n\dot{U}_2}{-1/n\dot{I}_2} = n^2(-\frac{\dot{U}_2}{\dot{I}_2}) = n^2 Z$$

(a) 原电路　　　　　　　　　(b) 原边等效电路

图 7-16　理想变压器的副边外接阻抗 Z

上式表明，当副边接阻抗 Z 时，对原边来说相当于在原边接入一个值为 $n^2 Z$ 的阻抗，即理想变压器具有变换阻抗的作用。理想变压器的原边等效电路如图 7-16（b）所示。

例 7-4　已知图 7-17（a）所示电路的电源内阻 $R_s = 1\text{k}\Omega$，负载电阻 $R_L = 10\Omega$。为使 R_L 获得最大功率，求理想变压器的变比 n。

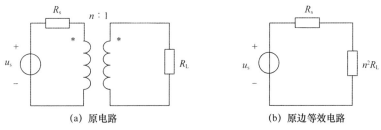

(a) 原电路　　　　　　　　　　(b) 原边等效电路

图 7-17　例 7-4 电路

解：把副边阻抗折射到原边，得原边等效电路如图 7-17（b）所示，因此当 $n^2 R_L = R_s$ 时电路处于匹配状态，由此得

$$10n^2 = 1000$$

即　　　　$n^2 = 100$，$n = 10$

例 7-5　求图 7-18（a）所示电路负载电阻上的电压 $\dot{U}_2$。

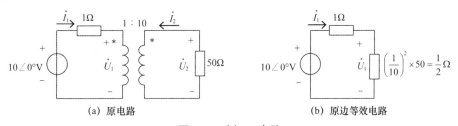

(a) 原电路　　　　　　　　　　(b) 原边等效电路

图 7-18　例 7-5 电路

解：

解法 1，列方程求解。

原边回路有：$1 \times \dot{I}_1 + \dot{U}_1 = 10\angle 0°$

副边回路有：$50\dot{I}_2 + \dot{U}_2 = 0$

将以上两式代入理想变压器的特性方程：$\dot{U}_1 = \dfrac{1}{10}\dot{U}_2$，$\dot{I}_1 = -10\dot{I}_2$

解得 $\dot{U}_2 \approx 33.33\angle 0°\text{V}$

解法 2，应用阻抗变换得原边等效电路如图 7-18（b）所示，则 $\dot{U}_1 = \dfrac{10\angle 0°}{1 + 1/2} \times \dfrac{1}{2} = \dfrac{10}{3}\angle 0°\text{V}$

所以 $\dot{U}_2 = n\dot{U}_1 = 10\,\dot{U}_1 \approx 33.33\angle 0°\text{V}$

7.5　走近科学家

詹姆斯·克拉克·麦克斯韦（James Clerk Maxwell，1831—1879 年），出生于英国苏格兰的爱

丁堡，物理学家、数学家，经典电动力学的创始人之一，统计物理学的重要奠基人之一，英国皇家学会会员，其肖像如图 7-19 所示。

图 7-19　麦克斯韦肖像

麦克斯韦以麦克斯韦方程组而闻名于世。1864 年，他发表了一篇具有里程碑意义的论文，在数学上统一了法拉第定律和安培定律。麦克斯韦方程组建立了磁场与电场之间的关系，并为电磁场与电磁波理论奠定了坚实的基础。

《 本章小结 》

1. 互感

（1）同名端。

① 定义：当两个电流分别从两个线圈的对应端子同时流入或流出时，若产生的磁通相互增强，则这两个对应端子称为互感线圈的同名端。

② 标记：用相同的小圆点或星号等符号标记。

（2）互感电压。

① 大小：与互感系数和施感电流对时间的变化率成正比。

② 极性："同名端一致"的原则，即施感电流流入端与互感电压正极性端是一对同名端。

2. 含耦合电感电路的分析

（1）利用网孔电流法：互感线圈上的电压除自感电压外，还包含互感电压。

（2）去耦等效法。

① 适用于两个耦合电感有公共节点的情况。

② 注意节点对应关系。

3．空心变压器

（1）电路模型：原边、副边、互感。

（2）原边等效电路中，引入阻抗 $(\omega M)^2 Y_{22}$ 是副边回路阻抗 Z_{22} 通过互感反映到原边的等效阻抗。

4．理想变压器

（1）VCR：$u_1 = n u_2 \qquad i_1 = -\dfrac{1}{n} i_2$

（2）变换阻抗作用：$Z_{\text{in}} = \dfrac{\dot{U}_1}{\dot{I}_1} = n^2 Z$

《 本章思维导图 》

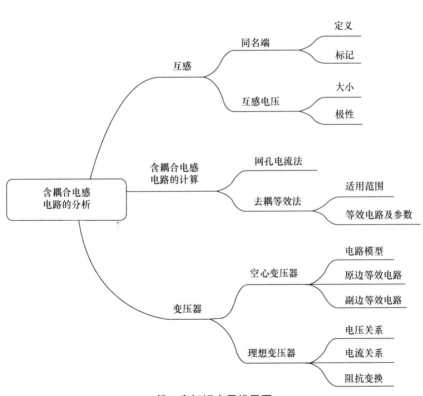

第 7 章知识点思维导图

《 习　题 》

基础题

7-1. 标出题 7-1 图中耦合线圈的同名端。

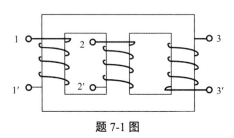

题 7-1 图

7-2. 求题 7-2 图所示电路中的等效电感 L_{eq}。

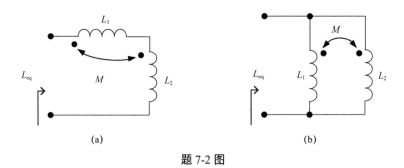

(a)　　　　　　　　　　　　(b)

题 7-2 图

进阶题

7-3. 电路如题 7-3 图所示，试求电压 $\dot{U}_0$。

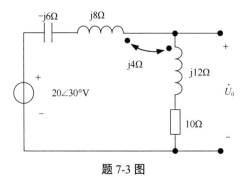

题 7-3 图

7-4. 电路如题 7-4 图所示，已知 $R_1 = R_2 = 10\Omega$，$\omega L_1 = 30\Omega$，$\omega L_2 = 20\Omega$，$\omega M = 20\Omega$，$\dot{U}_s = 100\angle 0°V$。试求电压相量 $\dot{U}_2$。

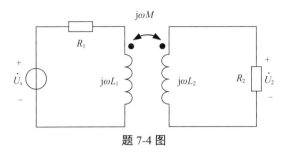

题 7-4 图

7-5. 电路如题 7-5 图所示，试求端口 a、b 看进去的戴维南等效电路。

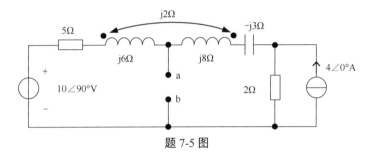

题 7-5 图

7-6. 电路如题 7-6 图所示，列写其网孔电流方程。

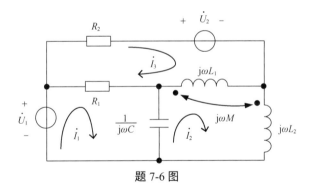

题 7-6 图

7-7. 电路如题 7-7 图所示，试求电压相量 $\dot{U}_x$。

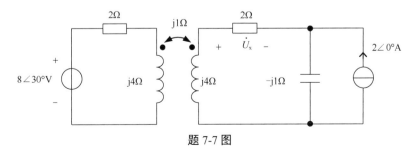

题 7-7 图

应用题

7-8. 列写题 7-8 图所示正弦稳态电路的网孔电流方程。

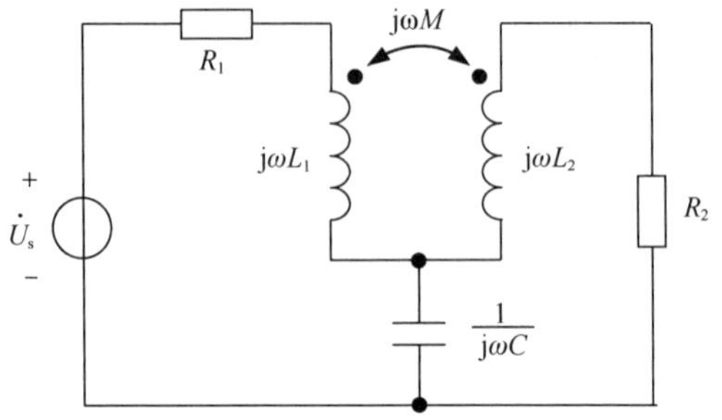

(a)

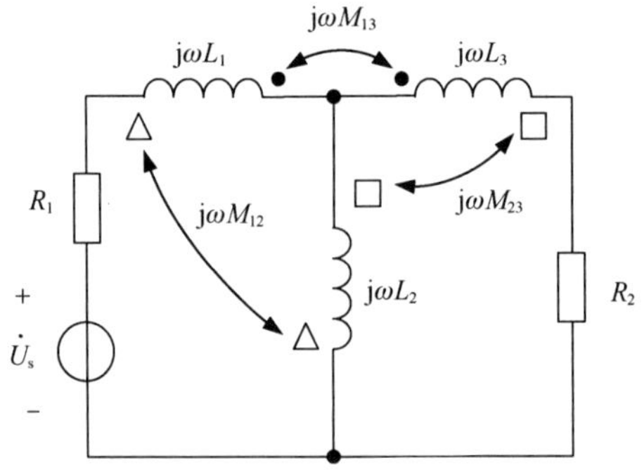

(b)

题 7-8 图

7-9. 电路如题 7-9 图所示：

（1）试求各支路电流 $I_a \sim I_f$；

（2）试求各支路复功率；

（3）根据上述复功率计算结果，证明有功功率守恒；

（4）根据上述复功率计算结果，证明无功功率守恒。

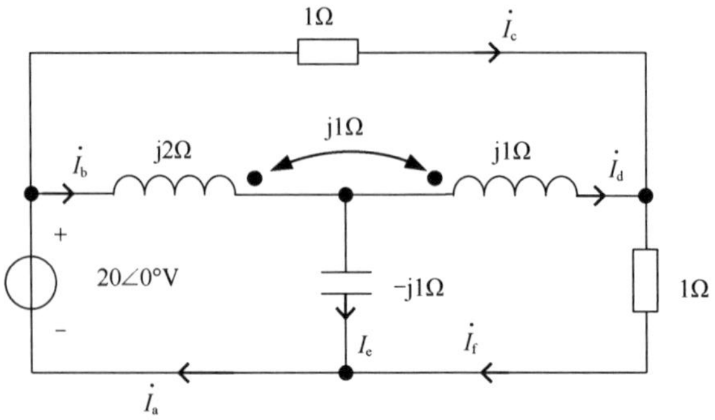

题 7-9 图

7-10. 电路如题 7-10 图所示：

（1）试求 40Ω 电阻吸收的有功功率；

（2）试求理想电压源发出的有功功率；

（3）试求等效阻抗 Z_{ab}；

（4）证明整个网络的有功功率守恒。

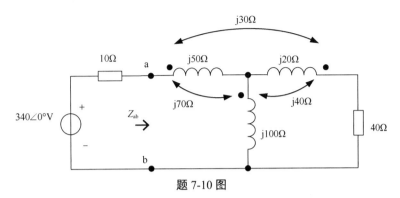

题 7-10 图

7-11. 电路如题 7-11 图所示，试求：

（1）电压的有效值 U_0；

（2）70Ω 电阻吸收的有功功率；

（3）电压源发出的总功率。

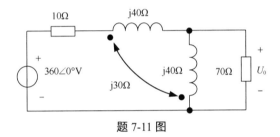

题 7-11 图

第 **8** 章

三相电路

本章内容概要

目前，全世界普遍采用三相制供电方式，因为三相交流电在生产、输送和应用等方面具有突出的优点。本章主要介绍对称三相电路的分析和计算方法、不对称三相正弦交流电路的分析方法，并简要讲解安全用电知识。

本章学习目标

1. 三相电路的基本概念

（1）能正确区分线电流、相电流及线电压、相电压；

（2）能判断电路是否属于对称三相电路并辨别电路类型。

2. 对称三相电路

（1）能根据对称三相四线制电路的特点绘制单相等效电路，并计算各相电压、相电流、线电压、线电流及中性线电流；

（2）能根据对称三相电路功率的特点计算功率。

3. 不对称三相电路

（1）能区分不对称三相电路与对称三相电路；

（2）能复述不对称三相电路的通用计算方法。

8.1 三相电路概述

所谓三相制供电方式，是由 3 个频率相同、最大值相等、相位互差 120°的正弦电压源所组成的三相电源供电方式。目前，全世界普遍采用三相制供电方式。照明设备及家电的单相电源，就是由三相电源中的一相供电的。

三相制供电方式比单相制供电方式具有明显的优越性，具体如下。

（1）三相交流发电机和变压器比同容量的单相交流发电机和变压器节省材料、体积更小，有利于制造大容量发电机组。

（2）在输电电压、输送功率和线路损耗相同的条件下，三相输电线路比单相输电线路节省有色金属。

（3）三相交流电能产生旋转磁场，从而制造出结构简单、性能良好、运行可靠的三相异步电动机。

我们在正弦交流电路的基础上讨论三相交流电路（简称三相电路）。本章主要讨论由三相电源供电的三相电路的计算问题。前文讨论的交流电路可以认为是三相电路中的一相，故也称为单相交流电路。三相电路的分析是在单相交流电路的基础上进行的，因而其相量法同样适用于三相电路。

本节将讨论三相电路的基本特点和联结形式。

8.1.1 对称三相电源

三相电源是由 3 个幅值（或最大值）相等、频率相同且彼此间具有 120° 相位差的正弦对称电源组成的供电系统。

一组对称三相正弦电压的特点是：幅值相同，频率相同，相位互差 120°。其中每一个电源称为一相，依次称为 A 相、B 相、C 相，其电压分别记为 u_A、u_B、u_C，如图 8-1 所示。

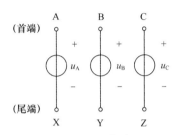

图 8-1　对称三相电压

以 A 相为参考，对称三相电压的表达式如下。

（1）瞬时值表示：

$$u_A = \sqrt{2}U\cos\omega t$$
$$u_B = \sqrt{2}U\cos(\omega t - 120°)$$
$$u_C = \sqrt{2}U\cos(\omega t + 120°)$$

式中，U 为电压有效值。

（2）用相量表示：

$$\dot{U}_A = U\angle 0°$$
$$\dot{U}_B = U\angle -120°$$
$$\dot{U}_C = U\angle 120°$$

（3）用相量图和波形表示，分别如图 8-2 和图 8-3 所示。

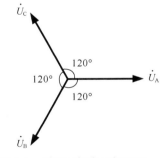

图 8-2　对称三相电压相量图

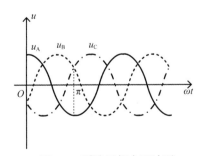

图 8-3　对称三相电压波形

对称三相电压的瞬时值之和为 0，即

$$u_A + u_B + u_C = 0 \tag{8-1}$$

或 $$\dot{U}_A + \dot{U}_B + \dot{U}_C = 0 \qquad (8\text{-}2)$$

对称三相电源每相电压出现最大值（或最小值）的先后次序称为相序，如 A—B—C 称为正相序。

8.1.2　三相电源的联结

三相电源的联结包括 Y 联结和△联结。

1．三相电源的 Y 联结

三相电源的 Y 联结如图 8-4 所示。

将绕组的 3 个末端 X、Y、Z 连在一起，形成一个公共节点，此节点称为电源的中性点，用 N 表示。由首端 A、B、C 和中性点 N 引出 4 根导线与外电路连接，可以构成三相四线制电路。其中，从首端引出的 3 根导线称为相线或端线，用字母 A、B、C 表示。从中性点引出的导线称为中性线。

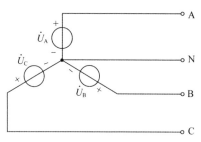

图 8-4　三相电源的 Y 联结

2．三相电源的△联结

三相电源的△联结如图 8-5 所示。电源的首端和尾端依次相连接，即 A 与 Z、B 与 X 和 C 与 Y 连在一起，形成一个封闭的三角形。各连接点以 A、B、C 标示引出端线，构成了△联结的对称三相电源。△联结没有中性点，也没有中性线。

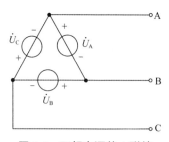

图 8-5　三相电源的△联结

8.1.3　三相负载的联结

1．三相负载的 Y 联结

如图 8-6 所示，3 个负载 Z_A、Z_B 和 Z_C 连接在一个公共点 N′ 上，构成了一个 Y 联结的三相负载。若 3 个负载均相等，则称为对称三相负载。

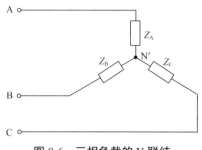

图 8-6　三相负载的 Y 联结

2．三相负载的△联结

如图 8-7 所示，3 个负载 Z_A、Z_B 和 Z_C 首尾依次相连构成△联结的三相负载。若 3 个负载均相等，则称为对称三相负载。负载端没有中性点，可与电源组成三相三线制电路。

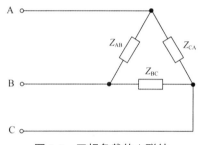

图 8-7　三相负载的△联结

8.1.4　三相电路的联结

通常，三相电路由三相电源、端线阻抗和三相负载等联结而成。根据电源与负载的不同联结形式，三相电路可以分为 4 种类型：Y-Y、Y-△、△-Y、△-△，分别如图 8-8（a）、图 8-8（b）、图 8-8（c）和图 8-8（d）所示。在图 8-8（a）所示的 Y-Y 接法中，若中性线存在，则称为三相四线制；若无中性线，则称为三相三线制。

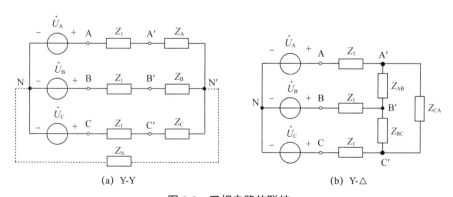

(a) Y-Y　　　　　　　　　　　　(b) Y-△

图 8-8　三相电路的联结

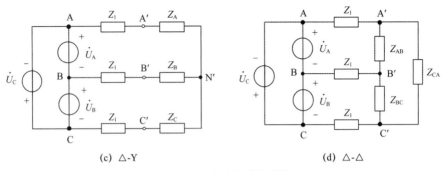

图 8-8 三相电路的联结（续）

只有当三相电源对称、端线阻抗均相等且负载阻抗也对称时，三相电路才称为对称三相电路。

此外，在实际电路中，端线阻抗 Z_1 通常比负载阻抗小，因此在计算中有时可以忽略端线阻抗的影响。

8.2 对称三相电路的线与相的关系

本节将讨论对称三相电路的线与相的关系，包括两种联结情况下线电压与相电压的关系和线电流与相电流的关系。

8.2.1 基本概念

在讨论三相的相、线电压与相、线电流之前，先介绍几个基本概念。

端线：电源正极性向外引出的输出线。如图 8-4、图 8-5 中的 A、B、C 这 3 条线。

中性线：从中性点（N）引出的导线。如图 8-4 中从节点 N 引出的导线。

相电压：一个电源（或负载）被视为一相，每相的电压称为相电压。通常以下标 p 标示，其有效值用 U_A、U_B、U_C 或一般用 U_p 表示。例如，图 8-4、图 8-5 中 U_A、U_B、U_C 分别表示 A、B 和 C 三相的相电压有效值。

相电流：流过每相的电流。通常也以下标 p 标示。

线电压：各端线间的电压。通常以下标 1 标示。如图 8-9（a）中的电压 U_{AB}、U_{BC}、U_{CA} 均表示线电压的有效值。

线电流：端线中的电流。通常也以下标 1 标示。

8.2.2 相电压与线电压的关系

1．Y 联结

如图 8-9（a）所示，在 Y 联结的三相电源系统中，可以获得两种电压：相电压和线电压。相电压的有效值分别为 U_A、U_B、U_C，也可以用 U_p 表示；线电压的有效值分别为 U_{AB}、U_{BC}、U_{CA}，也可以用 U_1 表示。

根据 KVL，有

$$\dot{U}_{AB} = \dot{U}_A - \dot{U}_B$$
$$\dot{U}_{BC} = \dot{U}_B - \dot{U}_C$$
$$\dot{U}_{CA} = \dot{U}_C - \dot{U}_A$$

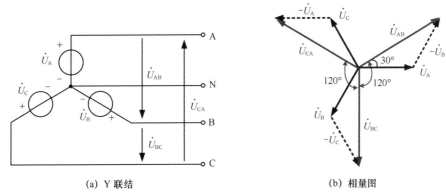

(a) Y 联结　　　　　(b) 相量图

图 8-9　Y 联结时相、线电压关系

在对称三相电路中，相电压、线电压的相量图如图 8-9（b）所示，有

$$\dot{U}_{AB} = \sqrt{3}\dot{U}_A\angle 30°$$
$$\dot{U}_{BC} = \sqrt{3}\dot{U}_B\angle 30°$$
$$\dot{U}_{CA} = \sqrt{3}\dot{U}_C\angle 30°$$

（8-3）

式（8-3）表明：Y 联结的对称三相电路中，线电压的有效值为相电压的 $\sqrt{3}$ 倍。同时，线电压的相位超前相应的相电压 30°。这一结论同样适用于 Y 形联结的对称三相负载。

2．△联结

如图 8-10 所示，△联结的对称三相电源没有中性点。可以很容易看出，相电压等于线电压，其有效值关系为

$$U_l = U_p$$

（8-4）

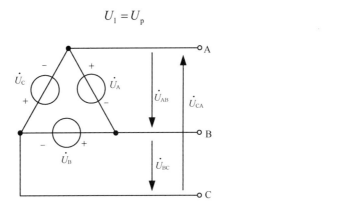

图 8-10　△联结时相、线电压关系

8.2.3　线电流与相电流的关系

1．Y 联结

Y 联结时线电流和相电流的关系如图 8-11 所示。其相电流分别为 $\dot{I}_a$、$\dot{I}_b$、$\dot{I}_c$；线电流分别为 $\dot{I}_A$、$\dot{I}_B$、$\dot{I}_C$；中性线电流 $\dot{I}_N = \dot{I}_A + \dot{I}_B + \dot{I}_C$。

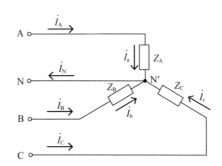

图 8-11　Y 联结时线电流和相电流的关系

由图 8-11 可知：在 Y 联结的三相负载中，相电流等于线电流，其有效值关系为

$$I_1 = I_p \tag{8-5}$$

虽然这一结论是由负载推导得出，但它同样适用于 Y 联结的三相电源。

2．△联结

△联结时线电流和相电流的关系如图 8-12 所示。其相电流为 $\dot{I}_{AB}$、$\dot{I}_{BC}$、$\dot{I}_{CA}$；线电流为 $\dot{I}_A$、$\dot{I}_B$、$\dot{I}_C$。

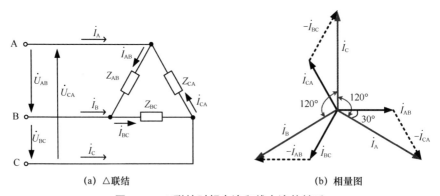

(a) △联结　　　　　　　　　(b) 相量图

图 8-12　△联结时相电流和线电流的关系

根据 KCL，有

$$\dot{I}_A = \dot{I}_{AB} - \dot{I}_{CA}$$
$$\dot{I}_B = \dot{I}_{BC} - \dot{I}_{AB}$$
$$\dot{I}_C = \dot{I}_{CA} - \dot{I}_{BC}$$

在对称三相电路中，相、线电流的相量图如图 8-12（b）所示，有

$$\dot{I}_A = \sqrt{3}\dot{I}_{AB}\angle-30°$$
$$\dot{I}_B = \sqrt{3}\dot{I}_{BC}\angle-30° \tag{8-6}$$
$$\dot{I}_C = \sqrt{3}\dot{I}_{CA}\angle-30°$$

式（8-6）表明：△联结的对称三相电路中，线电流的有效值为相电流的 $\sqrt{3}$ 倍，同时，线电流的相位滞后相应的相电流 30°。这一结论同样适用于△联结的对称三相电源。

8.3 对称三相电路的计算

对称三相电路的计算

对称三相电路是指各相电源对称，端线阻抗相等且负载阻抗相等的电路。本节将讨论对称三相电路的计算。

8.3.1 对称 Y-Y 电路的计算

先考虑三相四线制电路。三相负载 Z 的中性点 N′通过中性线与电源中性点 N 相连接，组成具有中性线的三相四线制电路，如图 8-13 所示。在三相电源电压已知且电路元件参数已知的情况下，可以计算负载各相电流、负载各相电压以及中性线电流。

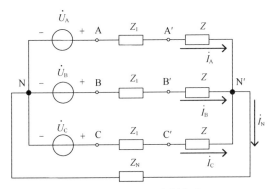

图 8-13　三相四线制电路

1．计算过程

设端线阻抗为 Z_1，中性线阻抗为 Z_N。
由节点电压法，以电源中性点 N 为参考节点，得

$$(\frac{1}{Z_N}+\frac{3}{Z+Z_1})\dot{U}_{N'N} = \frac{1}{Z+Z_1}(\dot{U}_A+\dot{U}_B+\dot{U}_C)$$

三相电源对称，由式（8-2）可知

$$\dot{U}_{N'N} = 0 \tag{8-7}$$

这说明在对称 Y-Y 三相电路中，负载中性点 N 与电源中性点 N′等电势，中性线相当于短路，

中性线阻抗 Z_N 失效。

这样，A 相负载的相电流、相电压分别为

$$\dot{I}_A = \frac{\dot{U}_A - \dot{U}_{N'N}}{Z + Z_1} = \frac{\dot{U}_A}{Z + Z_1} \qquad \dot{U}_{A'N'} = Z\dot{I}_A$$

B 相负载的相电流、相电压分别为

$$\dot{I}_B = \frac{\dot{U}_B}{Z + Z_1} = \dot{I}_A\angle-120° \qquad \dot{U}_{B'N'} = Z\dot{I}_B = \dot{U}_{A'N'}\angle-120°$$

C 相负载的相电流、相电压分别为

$$\dot{I}_C = \frac{\dot{U}_C}{Z + Z_1} = \dot{I}_A\angle120° \qquad \dot{U}_{C'N'} = Z\dot{I}_C = \dot{U}_{A'N'}\angle120°$$

中性线电流 $\quad \dot{I}_N = \dfrac{\dot{U}_{N'N}}{Z_N} = \dot{I}_A + \dot{I}_B + \dot{I}_C = 0$

总结一下，对称 Y-Y 电路的特点如下。

（1）负载中性点 N 与电源中性点 N′ 等电势，此时中性线相当于短路，中性线阻抗 Z_N 失效。

（2）中性线电流为 0，此时中性线相当于开路。

（3）三相负载的相（线）电流独立，只与相应的相电源电压有关。

（4）三相负载的相电流、相电压也分别对称，分别构成对称组。

由此，在计算对称 Y-Y 电路时，可以尝试一个思路：在计算负载响应时，可以将中性线短路，同时根据三相负载情况独立，将三相计算转化为单相计算。先计算某一相响应，再利用对称性直接写出其他两相响应。

2. 对称 Y-Y 电路简化算法：三相计算转化为单相计算

具体的简化计算步骤如下。

（1）对于图 8-13 所示的三相四线制电路，由于负载中性点 N 与电源中性点 N′ 等电势，中性线相当于短路，因此得到 A 相的等效电路如图 8-14 所示。

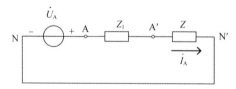

图 8-14   单相等效电路

由图 8-14，可以计算出 A 相负载中的响应：

$$\dot{I}_A = \frac{\dot{U}_A}{Z + Z_1} \qquad \dot{U}_{A'N'} = Z\dot{I}_A$$

（2）将单相等效电路与原电路比较，根据对称性，直接写出其他两相响应：

$$\dot{I}_B = \dot{I}_A\angle-120° \qquad \dot{U}_{B'N'} = \dot{U}_{A'N'}\angle-120°$$

$$\dot{I}_C = \dot{I}_A\angle120° \qquad \dot{U}_{C'N'} = \dot{U}_{A'N'}\angle120°$$

（3）由原电路，计算中性线电流：$\dot{I}_{\mathrm{N}}=\dfrac{\dot{U}_{\mathrm{N'N}}}{Z_{\mathrm{N}}}=\dot{I}_{\mathrm{A}}+\dot{I}_{\mathrm{B}}+\dot{I}_{\mathrm{C}}=0$

可以看出，对称 Y-Y 三相四线制电路中，由于中性线无电流，因此中性线可以除去，直接联结为三相三线制。因此，对称的 Y-Y 三相三线制电路的各处响应情况与三相四线制电路完全相同。

8.3.2　其他联结形式的对称三相电路的计算

其他联结形式的对称三相电路，可以通过△-Y 等效变换，转换为对称 Y-Y 联结形式，继而计算。需要注意的是，等效前后，线电压和线电流保持不变。

例 8-1　对称三相电路如图 8-15 所示，线电压为 380V，端线阻抗 $Z_1 = 3 + j4\Omega$，负载阻抗 $Z=19.2+j14.4\Omega$。求：负载端的线电压、线电流、相电流。

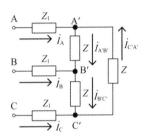

图 8-15　例 8-1 电路

解：这是一个负载△联结而电源联结形式未知的三相电路。

（1）将电路化为 Y-Y 联结形式。

首先，将△联结负载变换为 Y 联结负载，等效后的负载

$$Z' = \frac{Z}{3} = \frac{19.2+j14.4}{3} = 6.4 + j4.8(\Omega)$$

其次，设电源为 Y 联结，由电源线电压求出电源的相电压

$$U_{\mathrm{p}} = \frac{U_1}{\sqrt{3}} = \frac{380}{\sqrt{3}} \approx 220(\mathrm{V})$$

从而得到相应的 Y-Y 电路，如图 8-16 所示。

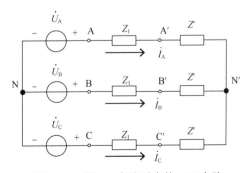

图 8-16　例 8-1 电路对应的 Y-Y 电路

（2）将三相电路化为单相计算。由于负载中性点 N 与电源中性点 N′ 等电势，A 相的等效电路如图 8-17 所示。由于等效前后线电流不发生变化，即通过端线阻抗的电流保持不变，因此可以确定，图 8-17 中端线阻抗上的电流仍然与图 8-16 和图 8-15 中的电流 $\dot{I}_A$ 一致。

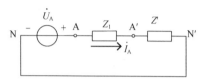

图 8-17　例 8-1 电路对应的 A 相的等效电路

设 $\dot{U}_A = 220\angle 0°\text{V}$ ，由图 8-17 容易计算出

$$\dot{I}_A = \frac{\dot{U}_A}{Z' + Z_1} = 17.1\angle -43.2°(\text{A})$$

（3）利用单相计算的结果求解所有待求量。

回到图 8-15 所示的原始电路，电流 $\dot{I}_A$ 为负载端 A 相的线电流。由对称性可得，所有负载端的线电流为

$$\begin{cases} \dot{I}_A = 17.1\angle -43.2°(\text{A}) \\ \dot{I}_B = \dot{I}_A\angle -120° = 17.1\angle -163.2°(\text{A}) \\ \dot{I}_C = \dot{I}_A\angle 120° = 17.1\angle 76.8°(\text{A}) \end{cases}$$

由△联结线电流与相电流的关系，求得负载端的相电流为

$$\begin{cases} \dot{I}_{A'B'} = \dfrac{\dot{I}_A}{\sqrt{3}\angle -30°} = 9.9\angle -13.2°(\text{A}) \\ \dot{I}_{B'C'} = \dot{I}_{A'B'}\angle -120° = 9.9\angle -133.2°(\text{A}) \\ \dot{I}_{C'A'} = \dot{I}_{A'B'}\angle 120° = 9.9\angle 106.8°(\text{A}) \end{cases}$$

负载端的线电压为

$$\begin{cases} \dot{U}_{A'B'} = \dot{I}_{A'B'}Z = 236.9\angle 23.7°(\text{V}) \\ \dot{U}_{B'C'} = \dot{U}_{A'B'}\angle -120° = 236.9\angle -96.3°(\text{V}) \\ \dot{U}_{C'A'} = \dot{U}_{A'B'}\angle 120° = 236.9\angle 143.7°(\text{V}) \end{cases}$$

8.4 不对称三相电路的概念

本节讨论不对称三相电路的基本概念，主要内容包括不对称三相电路的一般分析方法、不对称 Y-Y 电路在无中性线情况下的中性点位移，以及不对称 Y-Y 电路中性线的作用。

8.4.1 负载不对称的 Y-Y 无中性线电路的分析

本节仅考虑负载不对称的情况。无中性线的不对称三相电路如图 8-18 所示。设电源中性点 N′ 与负载中性点 N 之间的电压为 $\dot{U}_{\text{N'N}}$。根据节点电压法,得

$$\left(\frac{1}{Z_{\text{A}}} + \frac{1}{Z_{\text{B}}} + \frac{1}{Z_{\text{C}}}\right)\dot{U}_{\text{N'N}} = \frac{\dot{U}_{\text{A}}}{Z_{\text{A}}} + \frac{\dot{U}_{\text{B}}}{Z_{\text{B}}} + \frac{\dot{U}_{\text{C}}}{Z_{\text{C}}} \neq 0$$

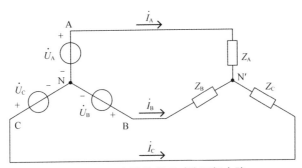

图 8-18　无中性线的不对称三相电路

说明无中性线的不对称三相电路中,负载中性点 N 与电源中性点 N′ 电位不相等,其相量图如图 8-19 所示。N、N′ 不重合,这一现象称为负载中性点位移。此时,各相负载的相电压为

$$\dot{U}_{\text{AN'}} = \dot{U}_{\text{A}} - \dot{U}_{\text{N'N}}, \quad \dot{U}_{\text{BN'}} = \dot{U}_{\text{B}} - \dot{U}_{\text{N'N}}, \quad \dot{U}_{\text{CN'}} = \dot{U}_{\text{C}} - \dot{U}_{\text{N'N}}$$

由此,负载的各相电压不对称,可能造成负载工作不正常。同时,三相相互关联,相互影响,三相不再独立。

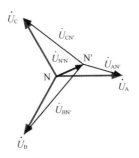

图 8-19　相量图

例 8-2　在图 8-18 所示的电路中,电源电压对称,相电压 $U_{\text{p}} = 220\text{V}$;负载不对称,电灯电阻分别为 $Z_{\text{A}} = 5\Omega$、$Z_{\text{B}} = 10\Omega$、$Z_{\text{C}} = 20\Omega$,电灯额定电压为 220V,求各相负载相电压和负载相电流。

解:根据节点电压法有

$$\dot{U}_{\text{N'N}} = \frac{\dfrac{\dot{U}_{\text{A}}}{Z_{\text{A}}} + \dfrac{\dot{U}_{\text{B}}}{Z_{\text{B}}} + \dfrac{\dot{U}_{\text{C}}}{Z_{\text{C}}}}{\dfrac{1}{Z_{\text{A}}} + \dfrac{1}{Z_{\text{B}}} + \dfrac{1}{Z_{\text{C}}}} = \frac{\dfrac{220\angle 0°}{5} + \dfrac{220\angle -120°}{10} + \dfrac{220\angle 120°}{20}}{\dfrac{1}{5} + \dfrac{1}{10} + \dfrac{1}{20}}$$

$$\approx 78.6 - \text{j}27.2 \approx 83.5\angle -19°(\text{V})$$

各相负载相电压为

$$\dot{U}_{AN'} = \dot{U}_A - \dot{U}_{N'N} = 220\angle 0° - 83.5\angle -19° \approx 144\angle 11°(V)$$

$$\dot{U}_{BN'} = \dot{U}_B - \dot{U}_{N'N} = 220\angle -120° - 83.5\angle -19° \approx 249.4\angle -139°(V)$$

$$\dot{U}_{CN'} = \dot{U}_C - \dot{U}_{N'N} = 220\angle -120° - 83.5\angle -19° \approx 288\angle 131°(V)$$

各相负载相电流为

$$\dot{I}_A = \frac{\dot{U}_{AN'}}{Z_A} = \frac{144\angle 11°}{5} = 28.8\angle 11°(A)$$

$$\dot{I}_B = \frac{\dot{U}_{BN'}}{Z_B} = \frac{249.4\angle -139°}{10} = 24.94\angle -139°(A)$$

$$\dot{I}_C = \frac{\dot{U}_{CN'}}{Z_C} = \frac{288\angle 131°}{20} = 14.4\angle 131°(A)$$

8.4.2 负载不对称的 Y-Y 有中性线电路的分析

为了避免三相之间的相互影响，通常在 Y-Y 联结的三相电路中加入中性线，如图 8-20 所示。而且使中性线阻抗模尽可能小，通过结构设计使电源中性点 N 与负载中性点 N′的电势相等。

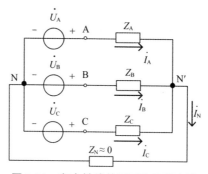

图 8-20　有中性线的不对称三相电路

由此，负载端的相电流分别为

$$\dot{I}_A = \frac{\dot{U}_A}{Z_A} \qquad \dot{I}_B = \frac{\dot{U}_B}{Z_B} \qquad \dot{I}_C = \frac{\dot{U}_C}{Z_C}$$

而中性线电流

$$\dot{I}_N = \dot{I}_A + \dot{I}_B + \dot{I}_C \neq 0$$

可以看出，由于中性线的存在，各相负载之间互不影响，彼此独立。尽管负载不对称，负载的相电压仍然对称，但负载端的相电流却表现为不对称。与此同时，由于负载电流的不对称，中性线上的电流不为 0，有时甚至可能很大。

8.5　对称三相电路的功率

本节讨论对称三相电路的功率，主要内容包括瞬时功率的特点、有功功率的计算和测量，以及无功功率的计算。

8.5.1　对称三相电路的瞬时功率

设电路为 Y-Y 联结，如图 8-13 所示，则每相的瞬时功率分别为

$$p_A(t) = u_{AN}i_A = \sqrt{2}U\cos(\omega t) \times \sqrt{2}I\cos(\omega t - \varphi)$$
$$= UI[\cos\varphi + \cos(2\omega t - \varphi)]$$
$$p_B(t) = u_{BN}i_B = \sqrt{2}U\cos(\omega t - 120°) \times \sqrt{2}I\cos(\omega t - \varphi - 120°)$$
$$= UI[\cos\varphi + \cos(2\omega t - \varphi - 240°)]$$
$$p_C(t) = u_{CN}i_C = \sqrt{2}U\cos(\omega t + 120°) \times \sqrt{2}I\cos(\omega t - \varphi + 120°)$$
$$= UI[\cos\varphi + \cos(2\omega t - \varphi + 240°)]$$

三相电路总的瞬时功率等于各相瞬时功率之和，即

$$p(t) = p_A(t) + p_B(t) + p_C(t) = 3UI\cos\varphi$$

可以看出，虽然每相的瞬时功率随时间变化，但对称三相电路的总瞬时功率恒定，与时间无关。这也是许多用电设备采用三相供电的原因之一。

8.5.2　对称三相电路的有功功率

不论负载是 Y 联结还是△联结，三相电路总的有功功率等于各相有功功率之和，即

$$P = P_A + P_B + P_C \tag{8-8}$$

当负载对称时，每相有功功率相等，即

$$P = 3P_A = 3U_pI_p\cos\varphi$$

当负载为 Y 联结时，有 $U_p = U_1\big/\sqrt{3}$，$I_p = I_1$

当负载为△联结时，有 $U_p = U_1$，$I_p = I_1\big/\sqrt{3}$

将上述关系分别代入式（8-8），可以得到：对于对称三相电路，无论负载是 Y 联结还是△联结，其三相总功率均可写成便于测量的线电压和线电流的表达式，即

$$P = \sqrt{3}U_1I_1\cos\varphi \tag{8-9}$$

需要注意的是，此式中的 φ 是相电压与相电流的相位差，它仅取决于负载每相的阻抗，而与负载的联结方式无关。

8.5.3　对称三相电路的无功功率和视在功率

三相电路的无功功率为其各相无功功率的代数和，即

$$Q = Q_A + Q_B + Q_C$$

在三相对称的情况下，有

$$Q_A = Q_B = Q_C = U_p I_p \sin\varphi$$

所以总的三相电路无功功率

$$Q = 3U_p I_p \sin\varphi = \sqrt{3} U_1 I_1 \sin\varphi \qquad (8\text{-}10)$$

三相电路的视在功率规定为

$$S = \sqrt{P^2 + Q^2}$$

当三相负载对称时可写为

$$S = 3U_p I_p = \sqrt{3} U_1 I_1$$

例 8-3 对称三相三线制电路的线电压为 380V，每相负载阻抗 $Z = 10\angle 53.1°\Omega$，求负载 Y 联结和 △ 联结时的电流和三相功率。

解：（1）负载 Y 联结时，电路如图 8-21（a）所示。

相电压有效值

$$U_p = \frac{U_1}{\sqrt{3}} = \frac{380}{\sqrt{3}} \approx 220(\text{V})$$

令 $\dot{U}_A = 220\angle 0°\text{V}$，则

$$\dot{I}_A = \frac{\dot{U}_A}{Z} = \frac{220\angle 0°}{10\angle 53.1°} = 22\angle -53.1°(\text{A})$$

$$\dot{I}_B = \frac{\dot{U}_B}{Z} = \frac{220\angle -120°}{10\angle 53.1°} = 22\angle -173.1°(\text{A})$$

$$\dot{I}_C = \frac{\dot{U}_C}{Z} = \frac{220\angle 120°}{10\angle 53.1°} = 22\angle 66.9°(\text{A})$$

$$P = \sqrt{3} U_1 I_1 \cos\varphi = \sqrt{3} \times 380 \times 22 \times \cos 53.1° \approx 8.69(\text{kW})$$

（2）负载 △ 联结时，电路如图 8-21（b）所示。

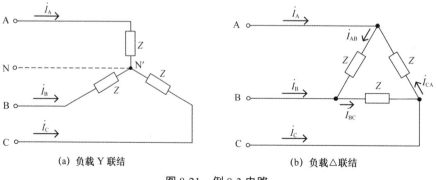

(a) 负载 Y 联结　　　　　　　　(b) 负载 △ 联结

图 8-21　例 8-3 电路

令 $\dot{U}_{AB} = 380\angle 30°\text{V}$ ，则负载相电流为

$$\dot{I}_{AB} = \frac{\dot{U}_{AB}}{Z} = \frac{380\angle 30°}{10\angle 53.1°} = 38\angle -23.1°(\text{A})$$

$$\dot{I}_{BC} = 38\angle -143.1°(\text{A}) \qquad \dot{I}_{CA} = 38\angle 96.9°(\text{A})$$

则负载线电流有效值 $I_l = \sqrt{3}\times 38 \approx 65.8(\text{A})$

则功率 $P = \sqrt{3}U_lI_l\cos\varphi = \sqrt{3}\times 380\times\sqrt{3}\times 38\times\cos 53.1° \approx 26.0(\text{kW})$

例 8-4　线电压为 380V 的三相电源上接有两组对称的三相负载。一组是△联结的感性负载，每相阻抗为 $36.3\angle 37°\Omega$ ；另一组是 Y 联结的负载，每相电阻 $R_Y = 10\Omega$ ，如图 8-22 所示。求：（1）各组负载的相电流；（2）电路线电流；（3）三相电源的有功功率。

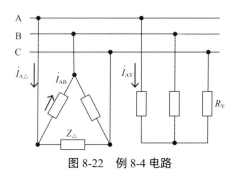

图 8-22　例 8-4 电路

解：设线电压 $\dot{U}_{AB} = 380\angle 0°\text{V}$ ，则相电压 $\dot{U}_A = 220\angle -30°\text{V}$ 。

对于△联结的负载，其相电流

$$\dot{I}_{AB} = \frac{\dot{U}_{AB}}{Z_A} = \frac{380\angle 0°}{36.3\angle 37°} \approx 10.47\angle -37°(\text{A})$$

对于 Y 联结的负载，其相电流即线电流，有

$$\dot{I}_{AY} = \frac{\dot{U}_A}{R_Y} = \frac{220\angle -30°}{10} = 22\angle -30°(\text{A})$$

$$\dot{I}_{A\triangle} = \sqrt{3}\dot{I}_{AB}\angle -30° = 10.47\sqrt{3}\angle(-30°-37°) \approx 18.13\angle -67°(\text{A})$$

$$\dot{I}_A = \dot{I}_{AY} + \dot{I}_{A\triangle} = 22\angle -30° + 18.13\angle -67° \approx 38\angle -46.7°(\text{A})$$

电路线电流也是对称的，故 $\dot{I}_B = 38\angle -166.7°\text{A}$　　　$\dot{I}_C = 38\angle 73.3°\text{A}$

电压与电流的相量图如图 8-23 所示。

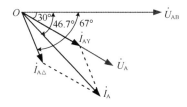

图 8-23　例 8-4 相量图

$$P = P_\triangle + P_Y = \sqrt{3}U_1 I_{A\triangle} \cos\varphi_\triangle + \sqrt{3}U_1 I_{AY} \cos\varphi_Y$$

$$= \sqrt{3} \times 380 \times 18.13 \times \cos 37° + \sqrt{3} \times 380 \times 22 \times \cos 0° \approx 24.0(\text{kW})$$

例 8-5 有一台三相电动机，每相的等效电阻 $R=29\Omega$，等效感抗 $X_L = 21.8\Omega$，试求下列两种情况下电动机的相电流、线电流及从电源输入的功率，并比较所得结果：（1）绕组联成星形接于 $U_1 = 380V$ 的三相电源上；（2）绕组联成三角形接于 $U_1 = 220V$ 的三相电源上。

解：（1）$I_1 = I_p = \dfrac{U_p}{|Z|} = \dfrac{220}{\sqrt{29^2 + 21.8^2}} \approx 6.1(\text{A})$

$$P_\Sigma = \sqrt{3}U_1 I_1 \cos\varphi = \sqrt{3} \times 380 \times 6.1 \times \frac{29}{\sqrt{29^2 + 21.8^2}} \approx 3.2(\text{kW})$$

（2）$I_p = \dfrac{I_p}{|Z|} = \dfrac{220}{\sqrt{29^2 + 21.8^2}} \approx 6.1(\text{A})$ $I_1 = \sqrt{3}I_p \approx 10.6(\text{A})$

$$\cos\varphi = \frac{29}{\sqrt{29^2 + 21.8^2}} \approx 0.8$$

$$P = \sqrt{3}U_1 I_1 \cos\varphi = \sqrt{3} \times 220 \times 10.5 \times 0.8 \approx 3.2(\text{kW})$$

有些电动机具有两种额定电压，例如 220V/380V。在这种情况下，当电源电压为 380V 时，电动机的绕组应联结成三角形；而当电源电压为 220V 时，电动机的绕组应联结成星形。

在△联结和 Y 联结这两种联结方式中，相电压、相电流及功率等参数均保持不变。然而，在△联结情况下，线电流是 Y 联结情况下线电流的 $\sqrt{3}$ 倍。

8.5.4 三相电路有功功率的测量

测量三相三线制电路有功功率常用的方法是两表法。

接线方式：将两个功率表的电流线圈分别串联在任意一相的端线上，"*"标端在电源侧。电压线圈的"*"标端分别与各自电流线圈的"*"标端短接，电压线圈的另一端则接到未连接电流线圈的端线上，如图 8-24 所示。在三相三线制电路中，无论负载是对称还是不对称，也无论是 Y 联结还是△联结，若两个功率表 W_1 和 W_2 测得的读数分别为 P_1 和 P_2，则三相电路功率 $P = P_1 + P_2$。

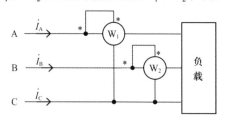

图 8-24 两表法测三相电路有功功率

在三相三线制电路中，3 个线电流的瞬时值关系为

$$i_A + i_B + i_C = 0 \quad 即 \quad i_C = -(i_A + i_B)$$

线电压与相电压的关系为

$$u_{AC} = u_A - u_C, \quad u_{BC} = u_B - u_C$$

两个功率表的瞬时功率之和为

$$\begin{aligned}
p_1 + p_2 &= u_{AC}i_A + u_{BC}i_B \\
&= (u_A - u_C)i_A + (u_B - u_C)i_B = u_Ai_A - u_Ci_A + u_Bi_B - u_Ci_B \\
&= u_Ai_A + u_Bi_B - u_C(i_A + i_B) = u_Ai_A + u_Bi_B + u_Ci_C \\
&= p_A + p_B + p_C
\end{aligned}$$

可见，两个功率表的瞬时功率之和等于三相负载瞬时功率之和。因此，$(p_1 + p_2)$ 在一个周期内的平均值等于三相负载瞬时功率之和在一个周期内的平均值，即 $P_A + P_B + P_C = P_1 + P_2$。

使用两表法测量三相三线制电路的总功率时，需要注意以下几点。

（1）当负载对称时，由图 8-25 所示的相量图可得，两个功率表的读数为

$$P_1 = U_{AC}I_A \cos\alpha = U_1I_1\cos(30° - \varphi)$$

$$P_2 = U_{BC}I_B \cos\beta = U_1I_1\cos(30° + \varphi)$$

式中，α 为线电压 $\dot{U}_{AC}$ 与线电流 $\dot{I}_A$ 的相位差；β 为线电压 $\dot{U}_{BC}$ 与线电流 $\dot{I}_B$ 的相位差；φ 为负载的阻抗角，即相电压与相电流的相位差。

由以上两式可知，当阻抗角 $\varphi = 0°$ 时，两功率表的读数相同：$P_1 = P_2$。

若 φ 大于 60° 或小于 60°，则 P_2 为负值，即功率表的指针反向偏转。

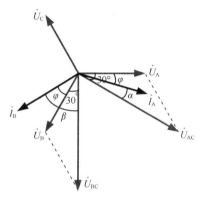

图 8-25　对称负载 Y 联结时的相量图

（2）无论负载是否对称，在使用两表法测量三相三线制电路的总功率时，都有可能出现功率表反转的现象。在这种情况下，应将反转的那个功率表的电流线圈两端对调。

8.6 安全用电常识

安全用电是保障人身安全和设备安全的重要前提。当发生人身触电事故时，可能导致触电者受伤甚至死亡；当电气设备发生故障时，不仅会损坏设备，还可能引发火灾，给国家财产造成重大损失。

电气危害主要体现在两个方面：一方面是对电气系统本身的危害，例如短路、过电压、绝缘老化等；另一方面是对用电设备、环境和人员的危害，例如触电、电气火灾、电压异常升高导致用电

设备损坏等。其中，触电和电气火灾的危害尤为严重。触电事故可能直接导致人员伤残甚至死亡。此外，静电的危害也不容忽视，它不仅是引发电气火灾的原因之一，对电气设备的正常运行也会造成不良影响。

本节将简要介绍安全用电的基本常识。

8.6.1 人身安全

1. 触电的危害

触电是指人体触及带电体后，电流对人体造成伤害。影响触电危险程度的因素如下。

（1）电流大小。通过人体的电流越大，危害就越严重。

（2）电流类型。工频交流电的危害大于直流电。一般认为，40～60Hz 的交流电对人体最危险。

（3）电流的作用时间。人体触电时，通过电流的时间越长，生命危险性就越高。据统计，触电后 1～5min 内进行急救，救活率约为 90%；5～10min 后救活率约为 60%；超过 15min，存活希望甚微。

（4）电流路径。电流通过头部可能使人昏迷；通过脊髓可能导致瘫痪；通过心脏会造成心跳停止，血液循环中断；通过呼吸系统会导致窒息。因此，从左手到胸部是最危险的电流路径；从手到手、从手到脚也是非常危险的电流路径；从脚到脚则危险性较小。

（5）人体电阻。人体电阻是不确定的电阻，皮肤干燥时一般为 100kΩ 左右，而一旦潮湿可降到 1kΩ。人体不同，对电流的敏感程度也不一样。一般来说，儿童较成年人敏感，女性较男性敏感。

（6）安全电压。安全电压是指人体不戴任何防护设备时，触及带电体不受电击或电伤的电压。国家标准制定了安全电压系列，称为安全电压等级或额定值，这些额定值指的是交流有效值，分别为 42V、36V、24V、12V、6V 等几种。

2. 常见的触电类型

人体触电的主要类型有两种：直接或间接接触带电体造成的直接触电，以及跨步电压触电。直接触电又可分为单极触电和双极触电。

（1）单极触电。

当人站在地面上或其他接地体上，人体的某一部位触及某一相带电体时，电流通过人体流入大地（或中性线），称为单极触电，如图 8-26 所示。图 8-26（a）所示为电源中性点直接接地时，单相触电的电流途径；图 8-26（b）所示为中性点不直接接地时的情况。一般情况下，接地电网中的单极触电比不接地电网中的危险性更大。

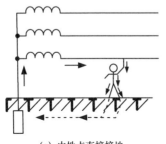
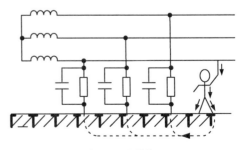

(a) 中性点直接接地　　　　　　　　　　(b) 中性点不直接接地

图 8-26　单极触电

（2）双极触电。

双极触电是指人体同时接触同一电源的两相带电体，或在高压系统中，人体与高压带电体的距离小于规定的安全距离，因电弧放电导致触电的情况，如图 8-27 所示。在双极触电的情况下，加在人体上的电压为线电压，因此无论电网的中性点是否接地，触电的危险性都极高。

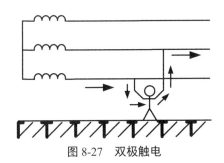

图 8-27　双极触电

（3）跨步电压触电。

当带电体接地时，电流会向大地扩散，并在以接地点为圆心、半径约 10m 的圆形区域内形成分布电位。如果人在接地点周围站立，两脚之间（按 0.8m 计算）的电位差称为跨步电压 U_k，如图 8-28 所示。由此引发的触电事故被称为跨步电压触电。在高压故障接地处或有大电流流过的接地装置附近，都可能出现较高的跨步电压。距离接地点越近，两脚距离越大，跨步电压值就越高。通常在距离接地点 10m 以外的区域不会有危险。

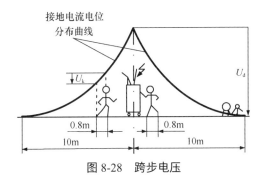

图 8-28　跨步电压

（4）剩余电荷触电。

剩余电荷触电是指当人触碰带有剩余电荷的设备时，设备上的电荷对人体进行放电，从而引发触电事故。设备带有剩余电荷通常是由于检修人员在检修过程中使用摇表测量停电后的并联电容器、电力电缆、电力变压器以及大容量电动机等设备时，未在检修前后对设备进行充分放电导致的。

3．防止触电

（1）触电事故产生的原因包括以下几点。

① 缺乏基本的用电常识，触碰带电的导线。

② 未遵守操作规程，导致人体直接接触带电体部分。

③ 用电设备管理不善，绝缘损坏发生漏电，人体触碰漏电设备的外壳。

④ 高压线掉落地面，产生跨步电压，对人体造成伤害。

⑤ 检修中，安全组织措施和安全技术措施不完善，接线错误，导致触电事故。

⑥ 其他偶然因素，如人体遭雷击等。

（2）安全制度。

① 在电气设备的设计、制造、安装、运行、使用和维护，以及专用保护装置的配置等环节，要严格遵守国家规定的标准和法规。

② 加强安全教育，普及安全用电知识。

③ 建立并完善安全规章制度，例如安全操作规程、电气安装规程、运行管理规程和维护检修制度等，并在实际工作中严格执行。

（3）安全措施。

在线路上作业或检修设备时，应在停电后进行，并采取以下安全技术措施。

① 切断电源。

② 验电。

③ 装设临时接地线。

此外，对电气设备还应采取以下安全措施。

① 对电气设备的金属外壳采取保护接地或接零措施。

② 安装自动断电装置。

③ 尽量采用安全电压。

④ 确保电气设备具有良好的绝缘性能。

⑤ 使用电气安全用具。

⑥ 设置保护装置。

⑦ 确保人与带电体之间保持安全距离。

⑧ 定期检查用电设备。

8.6.2　电气火灾

电器、照明设备、手持电动工具以及通常采用单相电源供电的小型电器等，可能会引发火灾。其原因通常包括电气设备选型不当、线路年久失修导致绝缘老化进而发生短路，或因用电量增加导致线路超负荷运行。此外，维修不善可能导致接头松动，而电器积尘、受潮、靠近热源或易燃物，以及通风和散热功能失效等因素，也可能成为火灾隐患。

其防护措施主要包括合理选用电气设备。例如，在干燥少尘的环境中，可采用开启式或封闭式设备；在潮湿多尘的环境中，应优先使用封闭式设备；在易燃易爆的危险环境中，则必须使用防爆式设备。

防止电气火灾，还要注意线路电器负荷不能过高，注意电气设备安装位置与可燃物的距离不能太近，注意电气设备工作是否异常，以及注意防潮等。

8.6.3　用电安全技术

低压配电系统是电力系统的末端，分布广泛，几乎遍及建筑的每一个角落。平常使用最多的是380V／220V 的低压配电系统。从安全用电等方面考虑，低压配电系统有 3 种接地形式，以此分为

IT 系统、TT 系统、TN 系统。TN 系统又分为 TN-S 系统、TN-C 系统、TN-C-S 系统 3 种形式。

1．IT 系统

IT 系统是指电源中性点不接地，用电设备外壳直接接地的系统，如图 8-29 所示。在 IT 系统中，连接用电设备外壳可导电部分和接地体的导线，就是 PE 线（地线）。

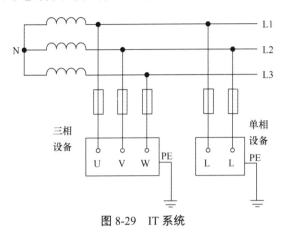

图 8-29　IT 系统

2．TT 系统

TT 系统是指电源中性点直接接地，同时用电设备外壳也直接接地的系统，如图 8-30 所示。通常将电源中性点的接地称为工作接地，而用电设备外壳的接地称为保护接地。在 TT 系统中，这两个接地必须相互独立。保护接地可以是每台设备分别拥有独立的接地装置，也可以是若干设备共用一个接地装置。例如，图 8-30 中单相设备和单相插座共用一个接地装置。

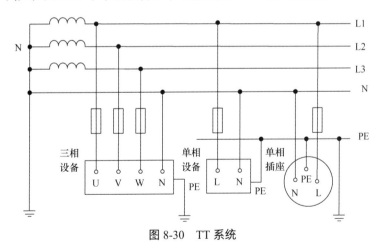

图 8-30　TT 系统

3．TN 系统

TN 系统即电源中性点直接接地、用电设备外壳等可导电部分与电源中性点有直接电气连接的系统。它有 3 种形式，分述如下。

（1）TN-S 系统

TN-S 系统如图 8-31 所示，其中性线 N 与 TT 系统的相同，均在电源中性点接地。而用电设备的外壳等可导电部分通过专门设置的保护线 PE 连接到电源中性点上。在这种系统中，中性线 N 和保护线 PE 是分开的。TN-S 系统的最大特点是中性线 N 与保护线 PE 在系统中性点分开后，不能再有任何电气连接。TN-S 系统是我国目前应用最广泛的一种系统（又称三相五线制系统），新建楼宇大多采用此系统。

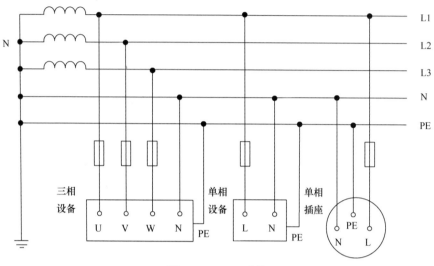

图 8-31　TN-S 系统

（2）TN-C 系统

TN-C 系统如图 8-32 所示，它将保护线 PE 和中性线 N 的功能综合起来，由一根称为保护中性线的 PEN 线同时实现保护线和中性线两者的功能。在用电设备处，PEN 线既连接到负荷中性点上，又连接到用电设备外壳等可导电部分。此时需要注意，端线（L）与中性线（N）必须接对，否则外壳会带电。

目前已很少采用 TN-C 系统，尤其是在民用配电中已基本不允许采用 TN-C 系统。

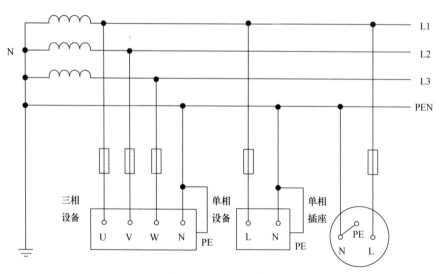

图 8-32　TN-C 系统

（3）TN-C-S 系统

TN-C-S 系统是 TN-C 系统和 TN-S 系统的结合形式，如图 8-33 所示。在 TN-C-S 系统中，电源输出端的那一段采用 TN-C 系统，主要用于能量的传输功能；而在用电设备附近的某一点处，PEN 线被分开为独立的中性线 N 和保护线 PE。从这一点开始，系统的运行方式相当于 TN-S 系统。TN-C-S 系统是目前应用较为广泛的一种供电系统，其采用重复接地技术。这种系统特别适用于旧楼改造工程。

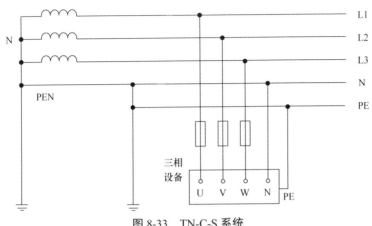

图 8-33　TN-C-S 系统

8.6.4 触电急救与电气消防

1．脱离电源的措施

人在触电后可能由于失去知觉或超过摆脱电流而无法自行脱离电源，此时抢救人员不要惊慌，必须在确保自身安全、不触电的情况下，使触电者迅速脱离电源。

（1）如果触电是由于接触电器引起的，应立即断开附近的电源，可以就近拔掉插头、关闭开关或打开保险丝盒。

（2）如果触电是由于碰到破损的电线引起，而附近又找不到开关，可以使用干燥的木棒、竹竿、手杖等绝缘工具将电线挑开。挑开的电线要妥善放置，避免再次接触其他人。

（3）如果一时无法实行上述方法，触电者又趴在电器上，可隔着干燥的衣物将触电者拉开。

（4）在触电者脱离电源的过程中，如果触电者处于高处，要防止脱离电源后触电者跌落而造成二次伤害。

（5）在使触电者脱离电源的过程中，抢救人员要注意防止自身触电。

2．脱离电源后的判断

触电者脱离电源后，应迅速判断其症状，根据其受电流伤害的不同程度，采取不同的急救方法。

（1）判断触电者是否有知觉。

（2）判断呼吸是否停止。

（3）判断脉搏是否跳动。

（4）判断瞳孔是否放大。

3．触电的急救方法

（1）口对口人工呼吸法。人的生命维持主要依靠心脏跳动产生血液循环，通过呼吸形成氧气与废气的交换。如果触电者伤害较严重，失去知觉，停止呼吸，但心脏仍有微弱跳动，就应采用口对口人工呼吸法。

① 迅速解开触电者的衣服、裤带，松开上身的衣服、护胸罩和围巾等，使其胸部能自由扩张，不妨碍呼吸。

② 使触电者仰卧，不垫枕头，头部侧向一边，清除其口腔内的血块、假牙及其他异物。

③ 抢救人员位于触电者头部的左侧或右侧，用一只手捏紧其鼻孔，防止漏气，另一只手将其下巴拉向前下方，使其嘴巴张开。嘴部可盖上一层纱布，准备进行人工吹气。

④ 抢救人员做深呼吸后，紧贴触电者的嘴巴，向其大口吹气。同时观察触电者胸部隆起的程度，一般以胸部略有起伏为宜。

⑤ 抢救人员吹气至需要换气时，应立即离开触电者的嘴巴，并放松触电者的鼻孔，让其自由排气。这时应注意观察触电者胸部的起伏情况，倾听口鼻处是否有呼吸声，从而检查呼吸是否通畅。

（2）人工胸外按压心脏法。若触电者伤害相当严重，心脏和呼吸都已停止，人完全失去知觉，则需同时采用口对口人工呼吸和人工胸外挤压心脏两种方法。如果现场仅有一个人抢救，可交替使用这两种方法，先胸外挤压心脏 4~6 次，然后口对口人工呼吸 2~3 次，再胸外挤压心脏，反复循环进行操作。

8.7 走近科学家

海因里希·鲁道夫·赫兹（Heinrich Rudorf Hertz，1857—1894 年），德国物理学家，其肖像如图 8-34 所示。

赫兹于 1888 年首次通过实验证实了电磁波的存在，并发表了相关论文。他的实验为无线电、雷达和电视等无线电电子技术的发展开辟了创新的道路。为纪念他的贡献，频率的单位以他的名字命名。

图 8-34　赫兹肖像

《 本章小结 》

1．三相电路

（1）对称三相电源：振幅相同、频率相同、相位互差 120°。

（2）对称三相电源特点：

$$u_A + u_B + u_C = 0 \text{ 或 } \dot{U}_A + \dot{U}_B + \dot{U}_C = 0$$

（3）三相电路的联结：电源、负载均可采用 Y 联结和△联结。

4 种类型：Y-Y、Y-△、△-Y、△-△。

2．线与相的关系

（1）Y 联结。

① 线电压的有效值为相电压的 $\sqrt{3}$ 倍，相位超前相应的相电压 30°。

② 相电流等于线电流。

（2）△联结。

① 相电压等于线电压。

② 线电流的有效值为相电流的 $\sqrt{3}$ 倍，相位滞后相应的相电流 30°。

3．对称三相电路的计算

（1）对称 Y-Y 电路的特点：负载中性点 N 与电源中性点 N′ 等电势，三相系统独立且对称。

（2）对称 Y-Y 电路的简化计算方法：将三相计算简化为单相计算。

（3）其他联结形式的对称三相电路，可以通过△-Y 等效变换，转换为对称 Y-Y 联结形式。需要注意的是，等效变换前后线电压和线电流保持不变。

4．不对称三相电路

（1）负载不对称的 Y-Y 无中性线电路，通常会出现中性点偏移，三相负载不再独立也不再对称。

（2）负载不对称的 Y-Y 有中性线电路，用结构强迫负载中性点 N′ 与电源中性点 N 等电势，三相负载独立但不对称。

5．对称三相电路的功率

（1）对称三相电路的瞬时功率平衡，与时间无关。

（2）对称三相电路的有功功率

$$P = 3U_p I_p \cos\varphi = \sqrt{3} U_l I_l \cos\varphi$$

（3）对称三相电路的无功功率

$$Q = 3U_p I_p \sin\varphi = \sqrt{3} U_l I_l \sin\varphi$$

（4）三相三线制电路和对称的三相四线制电路，均可使用两表法测量有功功率。

《 本章思维导图 》

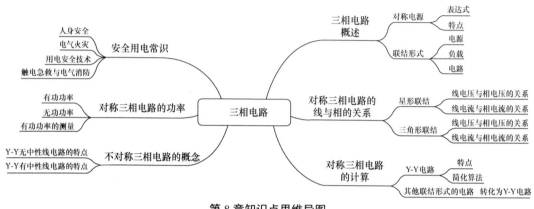

第 8 章知识点思维导图

《 习 题 》

基础题

8-1. 电路如题 8-1 图所示，三相负载 $Z=10+j5\Omega$，计算线电流、负载线电压和负载相电压。

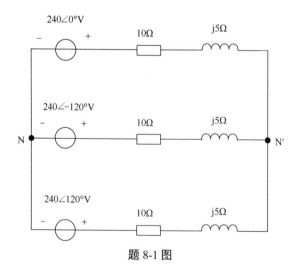

题 8-1 图

8-2. 电路如题 8-2 图所示，计算线电流 I_a、I_b、I_c。

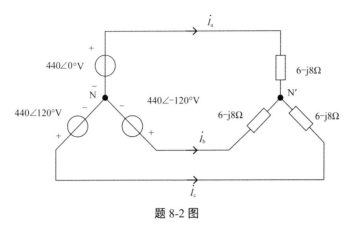

题 8-2 图

8-3. 电路如题 8-3 图所示，$Z=21+j24\Omega$，试求：
（1）三相负载 Z 吸收的总功率；
（2）三相负载 Z 的相电流有效值。

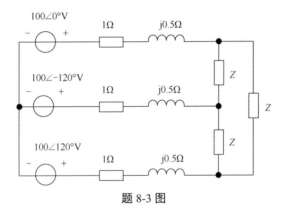

题 8-3 图

进阶题

8-4. 电路如题 8-4 图所示，计算中性线电流 I_0。

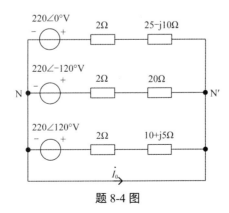

题 8-4 图

8-5. 电路如题 8-5 图所示，$Z=5031+j1380\Omega$，试求：

（1）I_{CA} 的有效值；

（2）三相负载 Z 吸收的总功率；

（3）三相电源发出的总功率。

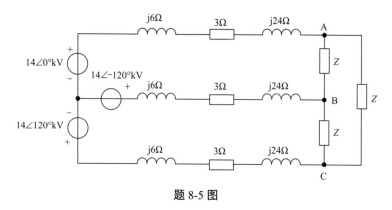

题 8-5 图

应用题

8-6. 电路如题 8-6 图所示，判断其是否为对称电路，试求中性线电流 I_0。

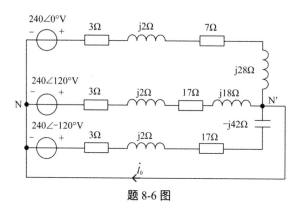

题 8-6 图

8-7. 电路如题 8-7 图所示，三相负载 $Z=600+j450\Omega$，试求：

（1）负载相电流 I_{AB}、I_{BC}、I_{CA}；

（2）线电流 I_{aA}、I_{bB}、I_{cC}；

（3）电源相电流 I_{ba}、I_{cb}、I_{ac}。

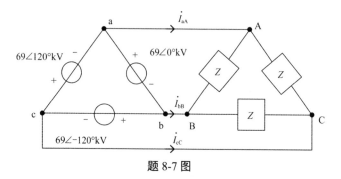

题 8-7 图

8-8. 一个三相电路有如下特征：

● Y-Y 联结。

● 电源线电压 $\dot{U}_{ab} = 120\sqrt{3}\angle 0°\text{V}$。

● 每相线路阻抗 $Z_{line} = 2 + j3\Omega$。

● 每相负载阻抗 $Z_{load} = 28 + j37\Omega$。

试：

（1）画出 A 相的等效电路；

（2）计算 A 相线电流；

（3）计算 A 相负载线电压。

8-9. 电路如题 8-9 图所示，计算三相负载 $9+j12\Omega$ 的总复功率。

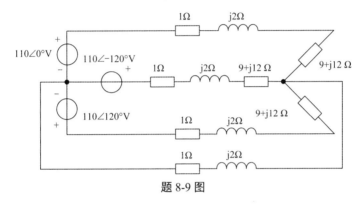

题 8-9 图

8-10. 电路如题 8-10 图所示，计算三相负载吸收的总功率。

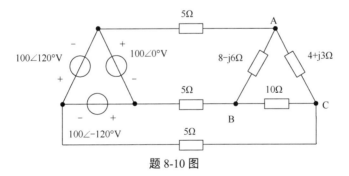

题 8-10 图

参考文献

REFERENCE

1. 邱关源，罗先觉. 电路：第 6 版[M]. 北京：高等教育出版社，2022.
2. 李瀚荪. 电路分析基础：上册：第 5 版[M]. 北京：高等教育出版社，2017.
3. 哈尔滨工业大学电工学教研室. 电工学：上册：电工技术：第 8 版[M]. 北京：高等教育出版社，2023.
4. 于歆杰，朱桂萍，陆文娟. 电路原理. 北京：清华大学出版社，2007.
5. James W. Nilsson, Susan A. Riedel. 电路：原书第 11 版[M]. 北京：电子工业出版社，2020.